»Salier«, »Habsburg«

Längsschnitt

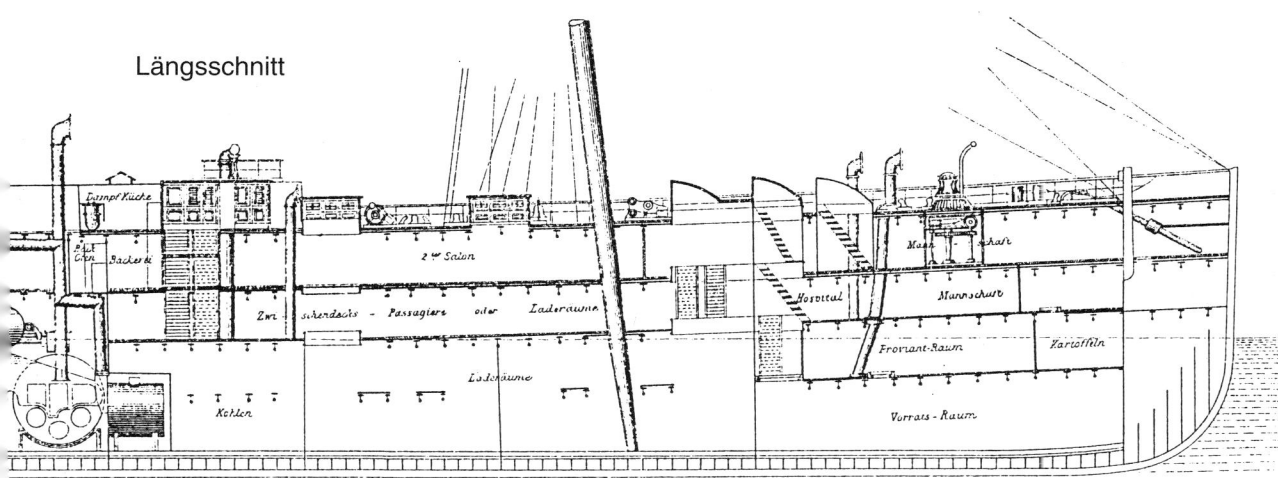

Hauptdeck

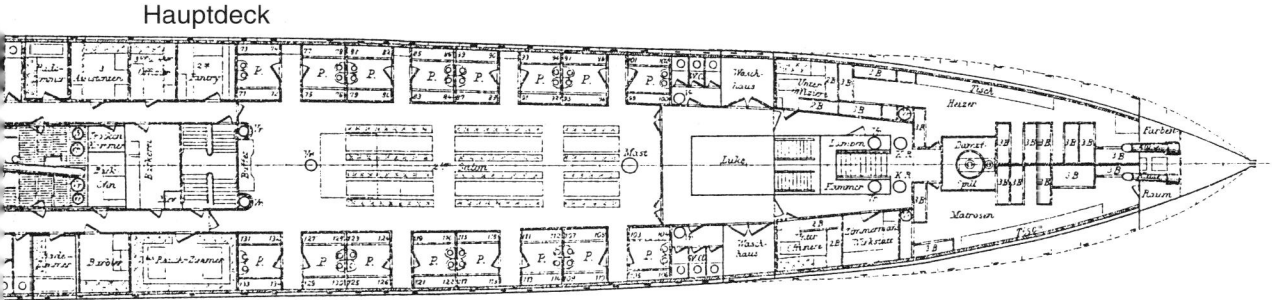

Zwischendeck

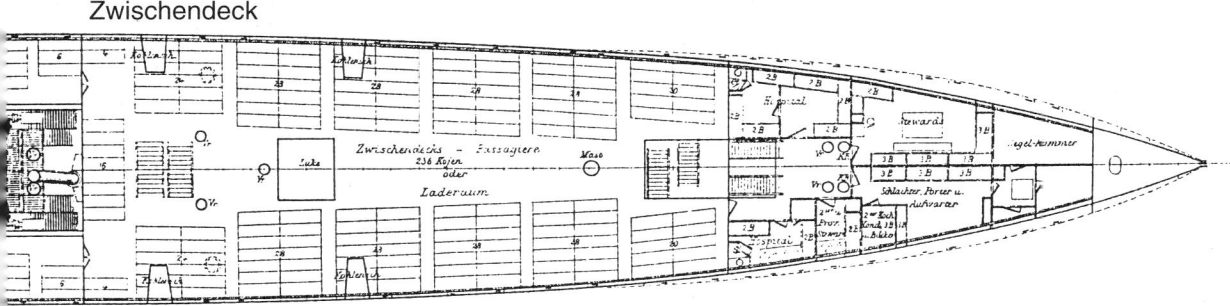

Christine Reinke-Kunze

Die Geschichte
der
Reichs-
Post-Dampfer

No. 1. **N. D. L.** 1910.

NORDDEUTSCHER LLOYD

BREMEN.

HANDBUCH

der

Reichspostdampferlinien

nach OST=ASIEN und AUSTRALIEN.

Christine Reinke-Kunze

Die Geschichte der Reichs-Post-Dampfer

*Verbindung
zwischen den Kontinenten
1886 – 1914*

Koehlers Verlagsgesellschaft mbH
Herford

Bildnachweis

Schwarz-Weiß-Abbildungen

Bessel, Georg: Norddeutscher Lloyd, Bremen 1957: S. 49.
Busley, Carl: Die neueren Schnelldampfer. Leipzig 1892: S. 16, 43.
Deutsche Afrika-Linien, Hamburg: S. 55, 56, 58 (2), 59, 62, 64, 65, 66, 68, 69 (2), 70, 72 o.,
72 o. r., 73 m., 74 (4), 75 (3).
Deutsches Postmuseum, Frankfurt: S. 19, 60 (2), 61, 62/63, 72 u., 73 u.
Deutsches Schiffahrtsmuseum, Bremerhaven: S. 34 o. l., 46.
Hapag-Lloyd AG, Hamburg: S. 21, 28 u., 30/31 (3), 32/33 (3), 34 u., 34/35 (3), 36/37 (4), 38, 39,
42, 43 m., 44, 45, 47, 48 u., 49 m., 49 u., 50 (2), 93, 95 r., 96, 97 u., 98, 99, 100, 101, 102/103 (5),
104 o., 105 (2), 106/107 (2), 108 (2), 109 o., 113 (2), 114 (2), 115 u., 116, 117 o., 118/119, 122 (2).
Hapag-Lloyd-Jahrbuch 1914/15: S. 118.
Himer, Kurt: 75 Jahre Hamburg-Amerika Linie, Hamburg 1922: S. 41.
Lehmann-Felskowski, G.: Der deutsche Schiffbau 1900–1906, Berlin o. J.: S. 67, 106, 109 u., 110,
111 (2), 112/113, 129, 130.
Petzet, Arnold: Heinrich Wiegand, Bremen 1932: S. 97 o.
Radunz, Karl: 100 Jahre Dampfschiffahrt 1897–1907, Rostock 1907: S. 126, 127, 128 o.
Siebzig Jahre Norddeutscher Lloyd Bremen 1857–1927, Berlin 1927: S. 10, 13, 14, 15, 24, 25,
28 o., 43 o., 48 o., 51, 52, 94/95 o., 94/95 u., 104 u., 115 o., 117 u., 125.

Farbabbildungen

Archiv Arnold Kludas: S. 90 o., 91 o.
Archiv Christine Reinke-Kunze: S. 83 o.
Deutsche Afrika-Linien, Hamburg: S. 85, 87 (4), 88 (3), 89 (3), 90 u., 91 u., 92.
Deutsches Postmuseum, Frankfurt: S. 77 (2), 78, 81 m.
Hapag-Lloyd AG, Hamburg: S. 2, 79 o. (2), 80 (2), 81 o. (2), 81 u., 82 (3), 83 u.
Postmuseum am Stephansplatz, Hamburg: S. 79 u., 84 (2), 86.

Die Deutsche Bibliothek – CIP-Einheitsaufnahme

Reinke-Kunze, Christine:
Die Geschichte der Reichs-Post-Dampfer: Verbindung
zwischen den Kontinenten 1886–1914 / Christine Reinke-
Kunze. – Herford: Koehler, 1994
    ISBN 3-7822-0618-5

ISBN 3-7822-0618-5; Warengruppe Nr. 41

© 1994 by Koehlers Verlagsgesellschaft mbH, Herford
Alle Rechte, insbesondere das der Übersetzung, vorbehalten
Schutzumschlaggestaltung: Regina Meinecke, Hamburg,
unter Verwendung zweier Dias aus dem Archiv der
Deutschen Afrika-Linien, Hamburg
Produktion: Heinz Kameier
Gesamtherstellung: Kunst- und Werbedruck, Bad Oeynhausen
Printed in Germany

Inhaltsverzeichnis

Danksagung

Ohne die Hilfe zahlreicher Personen wäre dieses Buch nicht zustande gekommen.

Besonderer Dank gilt Herrn Alfred Jungenitz, dem ehemaligen Leiter des Hamburger Postmuseums, der das Thema angeregt hat. Herr Uwe Diers (Deutsche Afrika-Linien) und Herr Hans-Jürgen Capell (Hapag-Lloyd AG) haben mich bei der Arbeit in den Archiven ihrer Reedereien unterstützt. Arnold Kludas half bei der Illustration, zudem waren seine Arbeiten über die deutsche Passagierschiffahrt wesentliche Basis meiner Recherchen. Heinz Kameier von der Verlagsgruppe Koehler/Mittler fügte Text und Bild in bewährter Manier zusammen.

Dank gilt ferner meinem Mann, Klaus Kunze, der die Entstehung des Manuskriptes wieder ebenso geduldig wie kritisch begleitet hat.

Christine Reinke-Kunze

>Gut eingerichtete Postdampferverbindungen bilden das eigentliche Rückgrat für alle Handelsbeziehungen, die sich auf überseeische Gebiete erstrecken«,[1] notierte Heinrich von Stephan, Gründer des Weltpostvereins und Staatssekretär im Reichspostministerium, im Jahre 1893 und beschrieb damit zugleich die wichtigste Aufgabe, die die Reichspostdampfer übernommen hatten.

Ein Wort zuvor

Genau 28 Jahre lang – von 1886 bis 1914 – beförderten diese Schiffe Post aus dem Deutschen Reich über die Weltmeere; doch war die Erfüllung dieses staatshoheitlichen Dienstes im Vergleich zu ihren weiteren vielfältigen Aufgaben fast nur eine Randfunktion. Die Reichspostdampfer stellten erstmals regelmäßige Verkehrsverbindungen über die Ozeane hinweg her und schufen damit die Basis für Wirtschafts- und Handelsverbindungen, die zum Teil bis in unsere Tage reichen.

Ein Wort der Begriffsklärung sei vorab gestattet:

Grundsätzlich befördern Postdampfer Post und Passagiere aufgrund von Verträgen mit der Regierung oder Postverwaltung des Landes, dessen Flagge sie führen. Sie sind zur Führung der Postflagge berechtigt, an Fahrpläne gebunden und erhalten für die Beförderung der Post eine Gebühr. Reichspostdampfer hingegen waren ausschließlich jene Schiffe, die eigens für den Einsatz auf den **staatlich subventionierten Linien des Deutschen Reiches nach Ostasien, Australien und Ostafrika** gebaut wurden. Die allein diese Schiffe betreffenden Gesetze über die »Postdampfschiffsverbindungen« wurden am 6. April 1885 (für Ostasien und Australien) und am 1. Februar 1890 (für Ostafrika) verkündet. Sie markieren den Beginn der Ära der sogenannten Reichspostdampfer. Sie endete mit dem Ausbruch des Ersten Weltkrieges, der eine Erneuerung der zwischen dem Deutschen Reich und den beteiligten Reedereien, dem Norddeutschen Lloyd und der Deutschen Ost-Afrika-Linie, geschlossenen Verträge verhinderte. Insgesamt sind eigens für diese Linien 53 Schiffe, die »Reichspostdampfer«, gebaut worden. Gelegentlich haben die beteiligten Reedereien – für die kurze Zeit von 1899 bis 1903 partizipierte auch die Hamburg-Amerika Linie an diesem Dienst – zusätzliche Schiffe auf diesen Linien eingesetzt; sie werden in diesem Buch mit angesprochen, sind allerdings per Definition keine Reichspostdampfer.

Die Gesetze und Verträge über die Einrichtung von Reichspostdampferlinien spielen in der deutschen Handelsgeschichte eine entscheidende Rolle; sie sind bedeutende Vorgänge nicht nur der deutschen Schiffahrtsgeschichte des 19. Jahrhunderts,[2] sondern auch der Wirtschaftsentwicklung und der Politik des Deutschen Reiches. Die Tatsache, daß der Betrieb der Reichspostdampfer staatlich subventioniert wurde, bildete für die deutsche Wirtschaft der damaligen Zeit die wesentliche Basis, ihre Waren auf dem Weltmarkt konkurrenzfähig anbieten und sich überhaupt neue Märkte erschließen zu können. Da die Verträge den beteiligten Reedereien vorschrieben, alle Reichspostdampfer auf deutschen Werften bauen zu lassen, förderten sie die heimische Schiffbauindustrie und stärkten sie gegenüber der starken britischen Konkurrenz. Die in den Verträgen geforderte Geschwindigkeit und Sicherheit wurde zur Herausforderung an die Schiffskonstrukteure, die nur mit neuer Technik den erheblichen Anforderungen genügen konnten.

Der damals noch nicht einmal dreißig Jahre alte Norddeutsche Lloyd erweiterte das Netz seiner Schiffahrtsverbindungen, er erschloß sich die Häfen Australiens und Asiens und wurde dadurch zur Weltreederei; die Deutsche Ost-Afrika-Linie wurde gar erst gegründet, nachdem das Gesetz zur Errichtung einer subventionierten Postdampferverbindung nach Ostafrika 1890 verkündet worden war.

Ende des 19. Jahrhunderts hatte sich eine neue Situation für den Handel und die Wirtschaft Europas und Nordamerikas ergeben. Neue Technologien, aber auch die Vervollkommnung bekannter Fertigungstechniken stärkten Industrienationen wie Großbritannien, die USA, Frankreich und Deutschland, die einerseits nach neuen Absatzmärkten für ihre Produkte und andererseits nach günstigen Rohstoffquellen suchten. Zunehmend hatten die modernen Volkswirtschaften Einfluß auf die übrige Welt genommen; nicht zuletzt durch den Bau von Bahnen hatte man begonnen, sich die Länder Südamerikas und Afrikas zu erschließen. War bis etwa 1860 das Segelschiff für Massengüter das wichtigste Transportmittel, so machte fortan das Dampfschiff die Verbindung zwischen den Kontinenten schneller und sicherer. Diese Entwicklung, an der in Deutschland die Reichspostdampfer maßgeblich beteiligt waren, verlief so rasant, daß anläßlich des 25jährigen Bestehens der Reichspostdampferlinien das Jahrbuch des Norddeutschen Lloyd 1911 konstatierte: »Völlig in Vergessenheit geraten ist heute, in wie geringem Maße das überseeische Ausland vor nur 25 Jahren in Deutschland bekannt war, und zu welchen Seltenheiten eine Weltreise gehörte. Völlig zu den Seltenheiten gehörte die Bereisung überseeischer Gebiete durch den deutschen Handelsreisenden.«[3]

Nach der Einrichtung der Reichspostdampferlinien standen dem deutschen Handel und der deutschen Industrie fortan regelmäßige Schiffsverbindungen zu den wichtigen Handelspartnern in Übersee zur Verfügung, und das Deutsche Reich erschloß mit der Einrichtung der neuen Linien drei Kontinente als Handelspartner: Asien, Australien und Afrika. Bremerhaven wurde damals ein wichtiger Brückenkopf für die Verbindungen nach Asien und Australien. Die Folge war der wirtschaftliche Aufstieg der Stadt. Hamburg dagegen ist bis auf den heutigen Tag Firmensitz der Deutschen Afrika-Linien, des Nachfolgers der Deutschen Ost-Afrika-Linie, die damals die Reichspostdampferlinie und damit die Verbindung nach Ostafrika einrichtete.
Bereits 20 Jahre nach ihrer Gründung zeichnete sich die Bedeutung dieser Schiffahrtslinien deutlich ab. Die »Lloyd-Nachrichten«, die Hauszeitung des

Norddeutschen Lloyd, schrieb anläßlich des Jubiläums im Juli 1906: »Die beiden Jahrzehnte, welche seitdem verflossen sind, weisen eine solche Fülle wichtiger Umwälzungen technischer und handelspolitischer Natur in der Ausgestaltung der deutschen, vom Reiche unterstützten Reichspostlinien auf, daß einige Angaben darüber von allgemeinem Interesse sein dürften. Mit der Annahme des Antrages über die Unterstützung neu zu schaffender Reichspostdampferverbindungen mit Ostasien und Australien trat das Reich in die Reihe derjenigen Staaten, welche bis dahin durch den Weg der Subvention ihre Beziehung zu jenen Ländern erweitert und befestigt hatten, gab das Reich der deutschen Industrie, dem deutschen Handel und der deutschen Schiffahrt den Beweis, daß es gewillt sei, die aus der Privatinitiative erwachsenen, für das gesamte Volksleben überaus wichtigen Beziehungen zum fernen Osten zu unterstützen und zu erweitern. In der Geschichte der deutschen Reichslinien liegt daher gleichzeitig ein sehr wesentliches Stück Zeitgeschichte.«[4]

Und zu Beginn der dreißiger Jahre leitete ein anonymer Autor eine maschinenschriftlich im Hamburger Archiv der Hapag-Lloyd erhaltene Geschichte der Ostasien- und Australiendienste der Reederei mit einer Würdigung ein, der bis heute nichts hinzuzufügen ist: »Der Aufbau und Betrieb der Reichspostdampferdienste nach Ostasien und Australien ist mit allen seinen verkehrstechnischen, wirtschaftlichen, politischen und auch kulturellen Zusammenhängen und Auswirkungen ein Schulbeispiel für die große und vielseitige Bedeutung der deutschen Seeschiffahrt überhaupt.«[5]

Anmerkungen

1 Zit. nach: Koch, Alfred, »Deutsche Schiffs- und Seeposten«, Archiv für Deutsche Postgeschichte 1964, H. 1, S. 1.
2 Vgl. Kludas, Arnold: Die Geschichte der deutschen Passagierschiffahrt. Bd. 1, Hamburg 1986, S. 174.
3 »Die Reichspostdampfer nach Ostasien und Australien in 25jährigem Betriebe«, in: Jahrbuch des Norddeutschen Lloyd 1910/11, S. 5.
4 Lloyd-Nachrichten, Nr. 69 vom Juli 1906, S. 861.
5 50 Jahre Ostasien- und Australdienst des Norddeutschen Lloyd, Bremen. Maschinenschriftliches Manuskript. Archiv der Hapag-Lloyd AG Hamburg, S. 1.

Con Nave. C.D.S.« Diesen Vermerk trägt der älteste Schiffspostbrief, der sich im Besitz des National Maritime Museum in Greenwich befindet. Er stammt aus dem Jahre 1497; und hinter dem Kürzel verbergen sich die Worte »che Dio salvi«, die den Wunsch ausdrücken, daß »Gott [sie] beschützen möge«. In der Tat war zu Kolumbus' Zeiten die Beförderung von Post mit dem Schiff, wie überhaupt die Seefahrt, noch mit erheblichen Gefahren verbunden, gegen die der Wunsch nach Gottes Schutz für Schiff, Besatzung und Ladung nicht nur eine Floskel war.

»Das Wesen der Post besteht bekanntlich darin, daß sie eine ständige Verkehrseinrichtung zur Übermittlung schriftlicher Nachrichten, also schriftlich niedergelegten Gedankenguts ist«,[1] schreibt der Posthistoriker Alfred Koch in Anlehnung an die allgemeine Definition der Post,[2] und deren Leistungsfähigkeit war und ist stets von der des genutzten Verkehrs- und Übertragungsmittels abhängig. Die Fortschritte in der Verkehrstechnik, im Eisenbahnwesen, in der Schiffahrt, in der Luftfahrt und in der Nachrichtentechnik haben stets auch die Postwege beschleunigt. Wenngleich die elektronische Nachrichtenübertragung seit den sechziger Jahren des 20. Jahrhunderts die Nachrichtenübermittlung revolutioniert hat, haben die traditionellen Post-Kommunikationswege bis in das 20. Jahrhundert ihre Bedeutung gehabt.

1885 stellte O. Veredarius in seinem umfassenden Buch von der Weltpost fest: »Unter den Beförderungsmitteln der Post behauptet das Schiff insofern eine hervorragende Stellung, als es der eigentliche Träger der Weltpost ist, denn keines der übrigen Verkehrsmittel vermag auch nur annähernd die Verbindung von Welttheil zu Welttheil so wirksam zu unterhalten, wie die schnellfahrenden Postdampfer der Jetztzeit.«[3]

Mit einer ähnlichen Würdigung begann

Die Ausgangssituation oder eine kurze Geschichte der Schiffspost

Postrat Klaus im Jahre 1908 seinen Vortrag über die Kleine Geschichte der Seepost vor Gästen des Instituts für Meereskunde an der Universität Berlin: »Wenn wir einen Blick auf die Landkarte werfen, bemerken wir, daß den größten Teil unserer Erde das Wasser einnimmt und daß die weitesten Entfernungen auf dem Wasserwege zurückzulegen sind. Schon diese geographische Gestaltung der Erdoberfläche läßt erkennen, daß der Weltverkehr in erheblichem Maße auf die Schiffahrt angewiesen ist und daß seine Entfaltung mit derjenigen der Schiffahrt eng verknüpft ist. Unter den Hilfsmitteln, deren die Postverwaltungen bei Erfüllung ihrer umfangreichen Aufgabe im Weltverkehr sich bedienen, nehmen daher die Fahrzeuge des Ozeans gegenwärtig einen hervorragenden Platz ein.«[4]

Allerdings haben schon lange, bevor die übrigen Kontinente den Europäern überhaupt bekannt waren, Wasserwege zur Beförderung von Nachrichten eine Rolle gespielt, auch wenn sich die Anfänge einer Schiffspost heute nicht mehr exakt datieren lassen. Sofern das Bedürfnis bestand, eine Nachricht zu übermitteln, wurde diese einfach als Brief einem Schiff mitgegeben.

Bereits bei den Phöniziern und Römern war allerdings die Übermittlung von Nachrichten und Waren per Schiff eine regelmäßige Einrichtung, die sich dann im Laufe der Jahrhunderte stetig weiterentwickelt hat. Die ersten konkreten Hinweise auf die Beförderung von Post auf dem Seeweg gibt es aus

der Regierungszeit des römischen Kaisers Octavianus Augustus, der den sogenannten cursus publicus einrichtete, eine Staatsverkehrsanstalt, die Nachrichten oder auch Gegenstände beförderte und die in erster Linie der Ausübung der Herrschergewalt diente,[5] denn sie war eigens zur Übermittlung von Regierungsnachrichten organisiert worden, stand lediglich dem Kaiser zur Verfügung und durfte von Privatleuten nicht genutzt werden. Für diese Dienste wurden auch sogenannte naves vagae (Leichter) eingesetzt.

In der Blütezeit des römischen Imperiums richteten die Römer für alle Sendungen, die in ihre Kolonien nach Ägypten, Karthago oder andere afrikanische Gebiete versandt werden sollten, eine Seepostverbindung ein, da der Landweg ihnen zu langsam war. Zentrum der Seepost war Ostia, der Seehafen der Hauptstadt, wo ein Seepostbeamter im Range eines procurator pugillationis residierte und wo naves cursoriae (Schnellsegler) stationiert waren.

In den Moralischen Briefen des Seneca ist ein Hinweis auf Schiffe im Postdienst überliefert: »Bei uns erschienen heute plötzlich Schiffe aus Alexandria, die gewöhnlich vorausfahren und die Ankunft der nachfolgenden Flotte anzeigen. Man nennt sie daher auch Postschiffe. Ganz Kampanien freut sich über diesen Anblick. Die Menge drängt sich auf dem Damm von Puteoli. Man erkennt die alexandrinischen Schiffe unter vielem anderen an der Art ihrer Segel.«[6] Über Ostia liefen auch die Seepostsendungen in andere europäische Häfen. Für die Beförderung dienten die Schiffe privater Reeder, die dafür von diversen Pflichten gegenüber dem Staat befreit wurden.[7]

Nach dem Verfall des römischen Weltreiches wurden zunächst Konstantinopel, später Venedig und Genua Zentren der Seeherrschaft im Mittelmeer. Auch sie richteten eine Art Seepostdienst ein, der ebenso wie in Rom nur einem kleinen Nutzerkreis zur Verfügung stand. Erst seit dem Aufblühen von Handel und Wirtschaft in der Renaissance bedienten sich mehr und mehr Kaufleute der Möglichkeit, Nachrichten und Informationen an ihre Handelspartner Schiffen mitzugeben. Von dem Baseler Kaufmann Rütt ist bereits aus dem Jahre 1599 bekannt, daß er ein regelmäßiges Postschiff von Padua nach Ravenna nutzte.[8] Und zur Zeit der Hanse bestanden fast vier Jahrhunderte lang Schiffsverbindungen zwischen Deutschland und zahlreichen Häfen Europas.

Eine wichtige Rolle in der Postbeförderung spielten lange Zeit nahezu überall in Europa die Binnenschiffe. O. Veredarius schreibt darüber 1885: »Zur Zeit, als die Straßen und Landwege noch in der traurigsten Verfassung sich befanden, war man auch im Binnenlande mit darauf angewiesen, die Wasserstraßen aufzusuchen und, wo solche nicht von der Natur dargeboten wurden, sie zu schaffen... Schon zu Anfang des fünfzehnten Jahrhunderts verkehrten zwischen Frankfurt a. Main einerseits, Mainz und Hanau andererseits, ebenso zwischen Wertheim und Aschaffenburg täglich sogenannte Marktschiffe, die gegen bestimmte Gebühren sowohl Waaren und sonstige Sendungen, als auch Personen beförderten. Die Ankunft und Abfahrt wurde in Frankfurt vom Pfarrthurm und vom Nikolasthurm durch Trompeten ver-

kündet. Ebenso unterhielten auf dem Rheine Straßburg, Worms, Köln und die Niederlande, auf der Mosel Trier, auf der Oder Frankfurt und Stettin, auf der Elbe Magdeburg und Hamburg einen lebhaften Verkehr. In Italien ging täglich zweimal ein sogenanntes Postschiff (la Parca) zwischen Padua und Venedig auf der Brenta hin und her, auch verkehrte zwischen Venedig, Ferrara und Bononia (Bologna) an einzelnen Tagen der Woche ein den deutschen Marktschiffen ähnliches Fahrzeug.«[9]

Unterschiedlichste Boots- und Schiffstypen wurden zur Beförderung von Nachrichten eingesetzt. »In Rußland dienen auf den größeren Flüssen und Seen, namentlich im Gouvernement Archangel, vielfach Segel- und Ruderboote, ›Karbas‹ genannt, zur Beförderung der Postsendungen... Auch in Deutschland spielt das gewöhnliche Boot nicht selten eine Rolle im Post-

dienste. In der an Landseen und sonstigen Gewässern, zugleich aber auch an Überschwemmungen reichen Umgegend von Riepe und Emden ist die ostfriesische Jolle während eines großen Theiles des Jahres das einzige Beförderungsmittel auch für die Post.«[10]

In Griechenland war »sogar das von Pferden oder Menschen gezogene Kanalschiff noch keineswegs aus der Reihe der Postbeförderungsmittel des neunzehnten Jahrhunderts gestrichen... Nirgends aber treten die gewöhnlichen Schiffe und Boote aller Arten und Gestalten zahlreicher im Dienste der Post auf, als in den wasserreichen Gegenden Asiens«.[11]

Der eigentliche Seepostverkehr setzte schließlich nach der Entdeckung Amerikas durch Kolumbus 1492 und des Seewegs nach Ostindien durch den Portugiesen Vasco da Gama 1498 ein. Jetzt wurden Briefsendungen nicht

Erste Ankunft des Dampfers *Washington* der Ocean Steam Navigation Company am 19. Juni 1847 in Bremerhaven.

mehr nur auf Küsten- oder Binnenschiffen befördert, sondern auch im Hochseeverkehr von einem Kontinent zum anderen transportiert. Dieser nahm im Zuge der sich rasch entwickelnden überseeischen Handelsbeziehungen ebenfalls an Bedeutung zu und weitete sich mit den einsetzenden Auswandererbewegungen[12] Ende des 19. und Anfang des 20. Jahrhunderts erneut aus.

War das Versenden von Nachrichten lange Zeit ein Privileg der herrschenden Gesellschaftsschichten gewesen, so setzte sich später in Europa die Nutzung der Post durch weite Bevölkerungskreise durch, was dazu führte, daß das zu befördernde Sendungsaufkommen allgemein an Umfang zunahm.

Während zunächst Schiffe nur gelegentlich zur Mitnahme von Post genutzt wurden, setzte im 17. Jahrhundert erstmals der Betrieb besonderer

Postschiffe, sogenannter Paketboote, zur Beförderung von Briefen und Paketen ein, eine Bezeichnung, die sich in dem französischen Wort paquebot bis heute gehalten hat. Es waren kleine Schiffe mit einer Tragfähigkeit von 100 bis 150 t, die nicht nur mit ungünstigen Windverhältnissen zu kämpfen hatten, sondern sich zudem auch gegen Seeräuber erwehren mußten. Ihren Namen leiteten sie von der Tatsache ab, daß die Briefpost nicht in Säcken, sondern zu Paketen gebündelt an Bord genommen wurde. »Schiffsposten sind die Einrichtungen der Postverwaltung an Bord solcher Schiffe, die regelmäßig zur Postbeförderung benutzt, aber nicht von Beamten der Post begleitet werden«, lautet die Definition von Schiffspost. »In der Regel tragen auf diesen Schiffen die Schiffsoffiziere, meistens der Zahlmeister, dafür Sorge, daß die Übernahme, Aufbewahrung und Weitergabe der in geschlossenen Beuteln oder Säcken eingelieferten Post ordnungsgemäß abläuft.«[13]

Alfred Koch datiert die Anfänge des derart organisierten Schiffspostdienstes in die Zeit um 1600. In England ließ im Jahre 1633 Generalpostmeister Thomas Witherings eigens Schiffe für die Beförderung von Post zwischen Dover und Calais und nach Dublin bereitstellen. Nur zwei Jahre später wurde zwischen Holyhead (England) und Dublin die Irische Post eingerichtet, und um 1700 war die englische Schiffahrt in der Beförderung von Postsendungen führend. Seit 1686 fuhren regelmäßig Postschiffe nicht nur zwischen Dover und Calais, sondern auch zwischen Dover und Oostende, seit 1687 wurde Post auf der Linie Harwich-Holland transportiert, seit 1688 zwischen Falmouth und La Coruña, und im gleichen Jahr noch bestimmte die britische Postverwaltung Falmouth zum Ausgangshafen für Schiffspost nach Südeuropa, Amerika und Übersee.[14]

Zu dieser Zeit dauerten die Fahrten der Segler nach Amerika noch mehr als 100 Tage, aber bereits 1710 richtete das englische Parlament eine Postsegelschiffslinie zwischen England und New York ein, 1755 gab es schließlich eine monatliche Verbindung zwischen England und New York.[15] Bereits am 20. Februar 1705, so berichtet Alfred Koch, »hatte der portugiesische Generalpostmeister Mata Coutinho den ersten Vertrag mit England über die Postbeförderung zur See zwischen den beiden Ländern unterzeichnet. Ein neuer Vertrag von 1810 sah monatliche Fahrten von England nach Brasilien vor. Zwischen Portugal und Brasilien wurden die ersten Schiffsposten am 20. 1. 1798 ins Leben gerufen. Die Schiffe verkehrten alle zwei Monate.«[16] Wichtige Sammelstellen für Postsendungen waren damals übrigens die Kaffeehäuser.

Auch die spanische Post hatte 1664 eine Verbindung nach Westindien und Mexiko eingerichtet, aus der sich 1667 eine regelmäßige Linie nach Südamerika entwickelte. 1723 richteten die Franzosen erstmals eine Postverbindung nach Kanada ein.

Und auf der Ostsee, dem für Europa damals wichtigsten Meer, fuhr das erste Post-Passagierschiff am 3. April 1724 zwischen St. Petersburg und Lübeck[17]

Mit einer auffälligen Zeitungsannonce in der New Yorker Evening Post läuteten die Kaufleute Isaac Wright, Benjamin Marshall, Jeremiah und Francis Thompson sowie Isaac Wrights Sohn William am 27. Oktober 1817 eine neue Zeit ein: »Zur häufigen und regelmäßigen Beförderung von Waren und Passagieren haben wir eine Schiffahrtslinie zwischen New York und Liverpool eingerichtet. Unsere Schiffe sollen das ganze Jahr über jeden Monat an festgelegten Tagen von bestimmten Orten aus in See stechen.«[18] Sie versprachen »eine regelmäßige Aufeinanderfolge von Schiffen, die auf jeden Fall segeln werden, voll oder nicht voll«.[19] Am 5. Januar 1818 stach die *James Monroe* von New York aus in See. An Bord befanden sich: 1 500 Faß Äpfel, 860 Faß Mehl, 200 Faß Pottasche, 71 Ballen Baumwolle, lebende Kühe, Schweine und Schafe und ein bis zum Rand mit Post gefüllter Ledersack. Die Linie existierte 70 Jahre lang, bis 1878. 1822 war eine weitere Linie zwischen Le Havre und New York entstanden, und um 1830 befuhren 36, um 1840 sogar 48 Schiffahrtslinien den Atlantik. Die meisten Sendungen wurden damals von amerikanischen Schiffen befördert.[20]

Zu Beginn des 19. Jahrhunderts wurde der Waren- und Postverkehr mit Segelschiffen abgewickelt, eine einschneidende Änderung markierte der Beginn der Dampfschiffahrt.

Am 17. August 1807 hatte der Amerikaner Robert Fulton sein mit einer Dampfmaschine ausgerüstetes Schiff *Clermont* der New Yorker Bevölkerung vorgeführt. Es handelte sich damals nur um einen kleinen Raddampfer, doch der Einsatz der Dampfmaschine revolutionierte die Schiffahrt und wurde bahnbrechend auch für die weitere Entwicklung der Seepost. Er machte die Schiffe unabhängig von Wind und Wetter, und auch der Postdienst wurde schneller, sicherer und regelmäßiger. Bereits 1818 setzte Dänemark mit der *Caledonia*, einem in Schottland gebauten Schiff, seinen ersten Dampfer auf der Ostsee ein. Er verkehrte zwischen Kopenhagen und Kiel und beförderte neben Passagieren und Waren auch Post zwischen Deutschland und Dänemark.[21] Auf der Postlinie in den hohen Norden allerdings setzte Dänemark noch lange Zeit Segelschiffe ein: »Die Postverbindung zwischen Grönland und Dänemark wird während des Sommers regelmäßig durch Segelschiffe der dänisch-grönländischen Handelsgesellschaft unterhalten. Nicht allein die angesiedelten Dänen, sondern auch die Grönländer selbst sehen mit großer Sehnsucht der Ankunft des ersten Postschiffes im Frühjahr entgegen, das nach so langer Zeit völliger Abgeschiedenheit wieder die Verbindung mit der Außenwelt anbahnt.«[22]

Schweden und Preußen vereinbarten am 1. März 1821, einen Postdampferdienst zwischen Ystad und Stralsund einzurichten, doch erst drei Jahre später, am 1. Mai 1824, lief mit der *Constitution* das erste schwedische Dampfschiff auf der Ostsee den Hafen von Stralsund an. Von deutscher Seite wurde ebenfalls ein Dampfschiff, die *Adler*, auf dieser Linie eingesetzt; damit war der erste Post-Liniendienst auf der Ostsee realisiert worden. Bis 1841 war allerdings Greifswald-Wiek auf deutscher Seite Ausweichhafen, da das Fahrwasser in Stralsund vertieft werden mußte. Die Fahrt dauerte 18 Stunden und wurde nur im Sommer durchgeführt, da damals das Befahren der Ostsee im Winter wegen Eisgang zu riskant war.[23] Allerdings schwärmte das Archiv der Postwissenschaft bereits im Jahre 1832: »Seit der Entstehung der Dampfschiffe haben die Postverbindungen zu Wasser auch eine Regelmäßigkeit und Schnelle erhalten, die selbst die Landposten nicht gewähren, daher jetzt die Verbindungen und Postbeförderung durch Dampfschiffe eine große Wichtigkeit für den Postalisten haben.«[24]

Am 16. März 1835 traf aus Le Havre kommend das Dampf-Paket-Schiff *Hamburg* nach 52stündiger Fahrt in der Elbmetropole ein. An Bord hatte es Zeitungen und Briefe aus Paris vom 13. März. 1838 fuhren englische Post-Paketboote zweimal wöchentlich von London nach Holland, Hamburg und Schweden, täglich von Dover nach Calais und auch täglich von Holyhead nach Dublin.

Im transozeanischen Verkehr ging die Entwicklung der Einrichtung von festen Dampfschiffslinien, die auch für die Beförderung von Post in Frage kamen, etwas langsamer. Als 1819 der bei Francis Picket in New York erbaute Raddampfer *Savannah* den Atlantik überquerte und am 24. Juni 1819 Liverpool erreichte, konnte er 302 Sack Post abliefern.[25] Allerdings war die *Savannah* nur einen Teil der Reise, nämlich 80 Stunden, unter Dampf gefahren, den weitaus größeren Teil der 27tägigen Reise war das 36,5 m lange und 7,9 m breite Schiff noch gesegelt. Im August 1833 überquerte die *Royal William* ausschließlich unter Dampf den Atlantik und benötigte dafür 20 Tage. Dennoch blieb man in Schiffahrtskreisen dem Dampfschiff gegenüber skeptisch. Zwar hatten bereits 1825 und 1826 die englischen Dampfer *Falcon* und *Enterprise* erfolgreich Reisen nach Kalkutta unternommen, aber auch das blieben vorerst Einzelunternehmen.

Erst als die *Britannia* der englischen Cunard Line für die Strecke von London nach Boston nur noch 14 Tage und 8 Stunden benötigte, änderte sich die Einstellung gegenüber dem Dampfschiff.

Der erste Dampfer, der Postsendungen von England nach Amerika brachte, war die *Sirius*, die am 4. April 1838 Cork verließ. 1840 schloß die britische Regierung mit dem Reeder Samuel Cunard einen Vertrag, in dem er sich verpflichtete, im Sommer eine Verbindung zwischen Liverpool, Halifax und Boston einzurichten. Am 4. Juli 1840 lief das erste Schiff, die *Britannia*, von Liverpool aus. Damit war die erste Postdampfschiffslinie zwischen Europa und Amerika eingerichtet worden.[26] *Arcadia, Caledonia, Columbia, President* und *Great Britain* sind die Namen der Schiffe, die die Cunard Line einsetzte. Seit 1850 bestand eine wöchentliche Verbindung mit den Vereinigten Staaten.

Auch in Frankreich war die Entwicklung mittlerweile weitergegangen, insbesondere waren im Mittelmeerraum Dampfschiffslinien eingerichtet worden. Im August 1865 wurde eine französische Postdampfschiffslinie eröffnet, die von St. Nazaire über Martinique nach Aspinwall in Neugrenada ging. Bereits 1847 hatte die Compagnie

Générale des Paquebots Transatlantiques eine Linie von Le Havre und Brest nach New York eröffnet, der die Einrichtung von Linien zu den Antillen, nach Mexiko und Panama folgte. Die Linien wurden durch Zuschüsse der Regierung unterstützt,[27] »die Zahl der für die Postbeförderung genutzten Schiffe stieg rasant: von 66 Schiffen im Jahre 1860 auf 117 im Jahre 1865«.[28]

1851 wurde die Compagnie des services maritimes des Messageries nationales gegründet, die zwar zunächst nur im Mittelmeerraum tätig war, aber aufgrund eines am 17. Juni 1856 geschlossenen Subventionsvertrages einen Liniendienst nach Südamerika einrichtete. Nach der Eröffnung des Suezkanals im Jahre 1869 orientierte sich die Gesellschaft auf Liniendienste nach Indien, China und Japan.

In der Zeit nach 1840 nahmen weitere englische und amerikanische Dampfschiffahrtsreedereien den Postbeförderungsdienst über den Nordatlantik auf. 1854 absolvierte die *Canadian* als erstes Schiff der neugegründeten Montreal Ocean Steam Ship Company die Fahrt von Liverpool nach Quebec; zwei Jahre später bekam die Reederei Konkurrenz von einem 14täglichen Postdampfschiffsdienst zwischen Montreal und Liverpool der Allan Line.[29] Ebenfalls in den fünfziger Jahren des 19. Jahrhunderts wurden zwischen England und Südafrika sowie Brasilien zwei monatlich verkehrende Postdampferlinien eingerichtet.

Für den Januar 1856 weist der Kalender der überseeischen Correspondenz-Beförderungs-Gelegenheiten mehr als zwanzig verschiedene Linien aus:

»1. nach Nordamerika
   a) von Liverpool mit britischen Paketbooten viermal; mit amerikanischen Paketbooten zweimal;
   b) von Southampton dreimal;
2. nach Mittel- und Südamerika (Westindien) von Southampton dreimal;

3. nach Australien direkte Paketboote von England um das Kap der Guten Hoffnung einmal;
4. nach der Levante (Konstantinopel) aus Marseille neunmal und aus Triest viermal;
5. nach Alexandrien aus Marseille fünfmal; aus Triest sechsmal und aus London zweimal;
6. nach Ostindien und China mit der Englisch-Ostindischen Überlandpost aus London zweimal.«[30]

Die Zahl der mittlerweile bestehenden Schiffslinien lag allerdings noch um ein Vielfaches höher. Nach dem Deutschen Courier für die Handels- und Geschäftswelt bestanden allein zwischen Europa und den USA folgende Dampfschiffsverbindungen:

» 1. zwischen Liverpool und New York
   a) ›Collins Line‹ mit 4 Schiffen,
   b) ›Cunard Line‹ mit 4 Schiffen;
2. zwischen Liverpool und Boston ›Cunard Line‹ mit 4 Schiffen;
3. zwischen Glasgow und New York ›Scotch Line‹ mit 3 Schiffen;
4. zwischen London, Cork und New York ›Cork Line‹ mit 2 Schiffen;
5. zwischen Le Havre und New York
   a) ›Cunard Line‹ mit 5 Schiffen,
   b) Französische Linie mit 3 Schiffen,
   c) Le Havrer Linie mit 3 Schiffen;
6. zwischen Antwerpen, Southampton und New York Belgische Linie mit 5 Schiffen;
7. zwischen Bremen, Southampton und New York Bremer Linie mit 2 Schiffen;
8. zwischen Liverpool und Philadelphia ›Philadelphia Line‹ mit 3 Schiffen«.[31]

1872 fuhren mehr als 50 Dampfer regelmäßig über den Atlantik. Zur Postbeförderung war Deutschland bis weit in das 19. Jahrhundert hinein auf diese Schiffahrtslinien angewiesen. Zwar gab es schon seit Ende des 16. Jahrhunderts Schiffe, die von Hamburg und Bremen aus den Atlantik überquerten und nach Amerika und vor allem nach Brasilien fuhren, ihre Zahl war aber verschwindend klein, und Briefpost aus Deutschland mußte mit den englischen oder französischen Paketschiffen befördert werden. Die Gebühren dafür waren allerdings sehr hoch.

Als erste norddeutsche Hafenstadt schickte Bremen schließlich den Agenten Gevekoht in die Vereinigten Staaten von Amerika, um die Einrichtung einer Dampferlinie Bremen–New York zu betreiben und mit der amerikanischen Bundesregierung einen Postvertrag abzuschließen.[32] Dem Bremer

Der Bremer Senator Arnold Duckwitz engagierte sich für die Einrichtung einer Schifffahrtslinie zwischen New York und Bremen.

Sonderbeauftragten Senator Arnold Duckwitz gelang es dann, in Washington am 15. Juni 1846 einen Beschluß durchzusetzen, wonach eine Schiffslinie zwischen New York und Bremen eingerichtet werden sollte.[33] Dieses Projekt wurde von der Reichsregierung durch Allerhöchste Kabinetts-Ordre vom 20. November 1846 unterstützt und mit einem unverzinslichen Darlehen in Höhe von 420 000 Mark für die Bemühungen Bremens um eine derartige Dampferverbindung gefördert.

Außer Bremen und Preußen (mit je 100 000 $) beteiligten sich die Regierungen weiterer deutscher Staaten an der Finanzierung, und zwar Hannover mit 25 000 $, Sachsen mit 20 000 $, Baden, Frankfurt (Main) und Oldenburg mit je 10 000 $, Darmstadt mit 6 000 $, Hessen-Nassau mit 2 600 $ und die Thüringischen Staaten mit 300 bis 1 500 $. Insgesamt kamen von

deutscher Seite 286 100 $ zusammen.[34]

So entstand die erste deutsche Postdampfschiffsverbindung zwischen Bremen und New York als Eigentum einer Aktiengesellschaft, die ihren Sitz in New York hatte und den Namen Ocean Steam Navigation Company trug. Mit der Fahrt des Dampfers *Washington,* die am 1. Juni 1847 in New York endete, nahm die neue Linie ihren Dienst auf. Am 19. Juni 1847 war das Schiff nach einer Überfahrt von 17 Tagen in Bremerhaven zurück.

»4½ Stunden nach der Ankunft war die mit Kurierpferden beförderte Post in Bremen.«[35] Für den deutschen Postverkehr hatte die Linie insofern Bedeutung, als die Post nun nicht mehr durch die Vermittlung der englischen Postverwaltung in die Vereinigten Staaten verschifft zu werden brauchte. Insgesamt fuhr die *Washington* 1847 dreimal in die Vereinigten Staaten, wobei sie insgesamt 16 230 Briefe[36] von Bremen nach New York beförderte, 1848 unternahm sie fünf und ihr Schwesterschiff *Hermann* drei Fahrten; dabei wurden insgesamt in beiden Richtungen 83 692 Briefe befördert.[37]

Die Briefgebühr betrug für den einfachen Brief bis 1 Lot (15 g) bei Beförderung mit dem Schiff zwischen Bremerhaven und New York »24 Groten (über 1 bis 2 Lot 48 Groten und für jedes weitere Lot 15 Groten mehr)«[38] (72 Groten = 1 Goldtaler).

Im März 1857 kündigte die amerikanische Postverwaltung den Vertrag mit der Ocean Steam Navigation Company, die ihren Betrieb daraufhin zum 1. Juli 1857 einstellte. Ihre Nachfolge übernahm die amerikanische Vander-

bildt Line zwischen Bremen und New York, die allerdings nur bis 1860 fuhr. Den Gedanken einer regelmäßigen Schiffahrtsverbindung nach Amerika griffen der Bremer Kaufmann Konsul H. H. Meier und der Reeder E. Crüsemann auf, indem sie am 20. Februar 1857 in Bremen den Norddeutschen Lloyd gründeten, um »regelmäßige Dampfschiffsverbindungen mit europäischen und transatlantischen Ländern herzustellen«.[39] Am 19. Juni 1858 schickte der Norddeutsche Lloyd seinen ersten Dampfer, die *Bremen,* nach New York. Mit 115 Passagieren, 150 t Fracht sowie Post für Übersee traf das Schiff am 4. Juli 1858 in New York ein. In nur 25 Jahren gelang es dem Norddeutschen Lloyd, im Transatlantikverkehr eine führende Position einzunehmen. 1882 besaß die Reederei 97 Schiffe, darunter allein 29 für die Transatlantikfahrt. Die Erfolge führten dazu, daß die inzwischen abgeschlossenen Postverträge über die Beförderung der deutsch-amerikanischen und englisch-amerikanischen Post regelmäßig erneuert werden konnten.

Zwischen Hamburg und New York gab es bereits 1828 eine regelmäßige Fracht- und Passagierverbindung durch amerikanische Paket-Segler. 1836 eröffnete die Hamburger Reederei Sloman eine Schiffahrtslinie nach New York, und bis 1847 blieb Sloman der einzige Hamburger Reeder auf dieser Linie.[40]

Am 27. Mai 1847 wurde in Hamburg die Hamburg-Amerikanische Packetfahrt-Actiengesellschaft (HAPAG) gegründet. Hintergrund war, mit Hamburger Segelschiffen eine regelmäßige Verbindung nach Nordamerika einzurichten. Dafür wurden drei hölzerne Segler, *Deutschland, Rhein* und *Nordamerika,* angeschafft; am 15. Oktober 1848 lief die *Deutschland* zu ihrer ersten Reise aus. Acht Jahre später nahmen mit der *Hammonia* und der *Borussia* die ersten Dampfschiffe der HAPAG den Dienst nach New York auf. Diese jeweils 2 000 BRT großen

Schwesterschiffe benötigten für ihre Überfahrt 14–16 Tage. Am 13. Juli 1857 wurde der erste Postvertrag zwischen der Postverwaltung der Vereinigten Staaten und dem Hamburger Senat geschlossen. Die Postbeförderung wurde der HAPAG am 16. März 1858 übertragen. Damit begann der regelmäßige Postverkehr auf dem Seeweg zwischen Hamburg und den Vereinigten Staaten.

Zum Zeitpunkt der Reichsgründung 1871 war also der Nordatlantik-Dienst deutscher Reedereien bereits ausgebaut. Doch während der Handels- und Postverkehr nach Amerika sich im 19. Jahrhundert entwickelt hatte, so dominierten auf den Seewegen nach Afrika, Australien und Asien die traditionellen Kolonialmächte Großbritannien, Spanien, Portugal, die Niederlande und Frankreich. Als einflußreichste und

mächtigste Handelsgesellschaft hatte die britische Ostindische Kompanie seit 1773 ihr Monopol auf den Chinahandel verteidigt. Es läßt sich heute nicht mehr eruieren, wann das erste deutsche Schiff nach China segelte. Die früheste Erwähnung einer direkten Handelsverbindung findet sich in dem Bericht über die Länder am Meere des chinesischen Geographen Chen Lunqiong aus dem Jahre 1730. Dort wird von Schiffen aus dem Gelbflaggen-Land (Deutschland) berichtet, die nach Guangzhou (Kanton) gekommen waren, um Handel zu treiben.[41] 1750 versuchte Friedrich der Große mit der Gründung der Königlich Preußisch-Asiatischen Handlungs-Compagnie von Emden auf China der britischen Ostindischen Kompanie etwas Gleichwertiges entgegenzusetzen. Nachweisbar segelte als erstes deutsches Schiff

1752 die etwa 1000 t verdrängende *König von Preussen* mit 132 Mann Besatzung und 36 Kanonen nach Guangzhou und kam am 6. Juli 1753 wohlbehalten zurück. Der Ausbruch des Siebenjährigen Krieges 1756 und die Besetzung Emdens durch die Franzosen machte der Asiatischen Compagnie den Garaus. Die Fahrt der *König von Preussen* nach Ostasien blieb eine Ausnahme. Noch lange Zeit beherrschten weiterhin die britischen und niederländischen Teeklipper die Routen in den Fernen Osten.

China selbst war es gelungen, sich lange vom Westen abzuschirmen. 1795 noch hatte der chinesische Kaiser Qianlong den britischen König Georg III. wissen lassen: »Unsere Lebensformen und unser Gesetzbuch unterscheiden sich so völlig von den Euren,

Der Dampfer *Hermann* unternahm 1848 drei Fahrten von Bremen nach New York.

Postkammer auf einem deutschen Schnelldampfer.

daß Ihr niemals unsere Gewohnheiten und Sitten auf Euren fremden Boden verpflanzen könntet. Wir besitzen alle Dinge. Ich lege keinen Wert auf fremde spitzfindige Gegenstände und habe keinen Bedarf für die Erzeugnisse Eures Landes.«[42]

Erst nach dem Ende des Opiumkrieges begann in China ein allmählicher Wandlungsprozeß, der die Öffnung des Landes für den Weltmarkt zur Folge hatte. Im Frieden von Nanjing (Nanking) am 29. August 1842 mußte die chinesische Regierung die fünf Häfen Guangzhou, Xiamen (Amoy), Fuzhou, Ningbo und Shanghai für den Handel mit dem Ausland öffnen und Hongkong an die britische Krone abtreten. Damit war eine Basis für den Handel zwischen Europa und China geschaffen worden. Gleichzeitig wurden Tarife für die Ein- und Ausfuhrzölle festgesetzt. Der amerikanische Präsident Taylor erkannte als einer der ersten die Tragweite dieses Vertrages: »Begebenheiten von großer Wichtigkeit haben sich in China zugetragen. Der chinesische Handel erforderte es, uns zu versichern, ob auch wir, ob auch alle anderen Nationen der Erde in den neu geöffneten Häfen Zutritt erhalten. Der

Vertrag des englischen Bevollmächtigten mit der chinesischen Regierung übergeht dieses Verhältnis mit Stillschweigen; nichts ist darüber bestimmt, ob die Schiffe anderer Nationen in den neu geöffneten Häfen aufgenommen oder zurückgewiesen werden. Es scheint demnach geeignet, dass jedes mit China Handel betreibende Volk seine Beziehungen zum Reich der Mitte mittels eigener Verträge festsetze.«[43]

Die Vereinigten Staaten von Amerika waren der zweite Staat, der 1844 mit China einen Vertrag abschloß, Frankreich folgte im gleichen Jahr. Der Vertrag wurde 1858 in Tianjin (Tientsin) und vor allem durch die Konventionen von Peking 1860 ergänzt, die u. a. die Aufnahme des diplomatischen Verkehrs sowie die Öffnung zusätzlicher chinesischer Häfen für den ausländischen Handel erzwangen. Zu den vertragschließenden Ländern gehörten England, Frankreich, die USA und Rußland.[44]

Österreich schickte in den 50er Jahren des 19. Jahrhunderts die Korvette Novara zu einer Expedition, die in erster Linie wissenschaftlichen Zwecken dienen sollte, nach China, und auch deut-

sche Firmen begannen damals in China Fuß zu fassen.

»Der Anfang der Erschließung Chinas fällt im wesentlichen zusammen mit dem Anwachsen der Dampfschiffahrt, mit der Möglichkeit, einen geregelten, in bestimmten Zeitabschnitten sich vollziehenden Verkehr mit Ostasien von Europa aus aufrecht zu erhalten«,[45] faßte Paul Neubaur 1907 die Entwicklung zusammen.

Im Vergleich zu den Entwicklungen im Ausland erfolgte allerdings bei den deutschen Reedereien, die Schiffe in den Fernen Osten schickten, die Umstellung vom Segel- zum Dampfschiff verhältnismäßig langsam. Eine gravierende Folge war, daß der Anteil deutscher Schiffe am Chinahandel, kaum daß er begonnen hatte, im internationalen Vergleich wieder zurückging: »1866 fuhren 2 248 deutsche Schiffe mit einem Tonnengehalt von 6 877 582 BRT im chinesischen Außen- und Küstenhandel; 1875 waren es nur noch 1 577 Schiffe mit 561 577 BRT. In der gleichen Zeit aber blieb die Zahl der britischen Schiffe zwar gleich – es waren 8 276 – ihr Tonnengehalt verdoppelte sich jedoch von 2 921 851 auf 5 167 435 BRT – ein nur zu beredtes Anzeichen für den Umstieg auf moderne, größere Dampfschiffe.«[46] Wieder waren deutsche Kaufleute bei der Verschiffung ihrer Waren und bei der Beförderung ihrer Post auf ausländische Schiffe angewiesen.

Angesichts der enger werdenden Handelsbeziehungen und zunehmenden Verflechtungen wurden schließlich die zahlreichen verschiedenen Tarife im internationalen Postverkehr zum Problem. Die Abrechnung zwischen den Vertragspartnern wurde immer umständlicher. Allein in Deutschland existierten in der ersten Hälfte des 19. Jahrhunderts 16 selbständige Postverwaltungen mit verschiedenen Tarifbestimmungen, so daß es etwa 100 verschiedene Portosätze für Briefe gab und »daß die Zahl der Portosätze im

Verkehr der verschiedenen Länder untereinander über 1 500 hinausging«.[47] Doch auch die Höhe der Gebühren war untragbar: Angesichts der hohen Portokosten war es ein Luxus, Briefe zu verschicken, insbesondere nach Übersee, denn bei Sendungen in überseeische Länder kamen zudem Entgelte für die Seebeförderung hinzu, deren Höhe sich nach den mit den Schiffseigentümern abgeschlossenen Verträgen regelte.

In England war es Rowland Hill, der das Problem erkannte und auf dessen Betreiben dort 1840 das Penny-Porto-System eingeführt wurde, aufgrund dessen im gesamten Gebiet der britischen Krone für die Beförderung eines Briefes im Gewicht bis zu einer halben Unze das einheitliche Porto von einem Penny erhoben wurde. Die Folge war, daß innerhalb nur eines Jahres die Zahl der Briefsendungen von 57 Millionen auf 170 Millionen anstieg.[48]

Andere Länder folgten diesem Beispiel, und es zeichnete sich innerhalb weniger Jahre die Tendenz zur Verbilligung von Briefgebühren ab, nicht zuletzt auch für die Beförderung von Schiffspost. »Das Porto eines Briefes von Berlin nach New York war innerhalb von 10 Jahren von 4,70 Mark auf 6½ Silbergroschen gesunken«, berichtete Postrat Klaus 1907.

Eine erhebliche Schwierigkeit gerade im Überseepostwesen war jedoch die Tatsache, daß, solange keine besonderen Vereinbarungen getroffen worden waren, ein Land die Beförderung von ausländischen Sendungen ablehnen konnte. Diese Hürde wurde letztlich durch die Gründung des Weltpostvereins am 9. Oktober 1874 in Bern genommen;[49] und gut zehn Jahre später konnte O. Veredarius über die »internationalen Wege der Post« folgendes Resümee ziehen:

»Als das Herz des Weltverkehrs darf man füglich Europa bezeichnen. Wie zu Land das dichte Netz zahlloser Eisenstraßen seine Fäden auslaufen läßt in allen bedeutenderen Hafenplätzen, so pflanzt sich hier der Verkehr fort auf den Schiffahrtslinien, die in mächtigen Bogen alle Meere überspannen. Nicht weniger als 38 Linien benutzt die Post, um auf den Wogen des atlantischen Oceans den Verkehr zwischen Europa und Amerika zu unterhalten und die Westküste Afrika's mit den europäischen Ländern in Verbindung zu setzen; auf 14 Linien, denen bald die zwei neuen deutschen Linien nach Ostasien und Australien sich anreihen werden, durchfurchen die Dampfer den Indischen Ocean und tragen die Posten, die auf der Weltstraße über Suez ihnen zugekommen sind, weiter nach den östlichen Küsten Afrika's, an die äußersten Grenzen Asien's und nach Australien, während der letztere Welttheil, zugleich mit Japan und China, auch von Osten her mit Europa in Verbindung steht, welche auf dem Wege quer durch den nordamerikanischen Kontinent die Pacifikbahnen, und an diese sich anschließend auf den Wogen des stillen Oceans die Dampfer vermitteln.«[50]

Nur wenige Wochen vor der Veröffentlichung von Veredarius' umfassenden Werk über die Weltpost war im Reichs-Gesetzblatt das Gesetz betreffend Postdampfschiffsverbindungen mit überseeischen Ländern verkündet worden.

Anmerkungen

[1] Koch, Alfred, »Deutsche Schiffs- und Seeposten«, Archiv für Deutsche Postgeschichte, 1964, H. 1, S. 2.

[2] Post ist eine öffentliche, meist staatliche, dauernd betriebene Einrichtung, deren Mitarbeiter die Aufgabe der Ortsveränderung von Nachrichten haben, darüber hinaus aber in der Regel noch weitere Funktionen erfüllen, z. B. die Beförderung von Waren und Personen sowie die Mitwirkung am Geldverkehr.

[3] Veredarius, O.: Das Buch von der Weltpost, Berlin 1885 (Nachdruck Heidelberg 1984), S. 187.

[4] Klaus, O.: Kleine Geschichte der Seepost, Hapag-Lloyd-Nachdruck, o. O., o. J., S. 4.

[5] Klaus, a. a. O. , S. 4.

[6] Zit. nach: Koch, a. a. O., S. 9.

[7] Vgl. Nováček, Jiří: Geschichte der Post. Prag 1989, S. 23 f. und North, Gottfried: Die Post. Ihre Geschichte in Wort und Bild, Heidelberg 1988, S. 18 f.

[8] Vgl. Koch, a. a. O., S. 4.

[9] Veredarius, a. a. O., S. 111.

[10] Ebenda, S. 188 f.

[11] Ebenda, S. 190.

[12] Nach der Auswanderungsstatistik haben allein 3 Millionen Deutsche in der Zeit von 1871 bis 1913 ihre Heimat verlassen, Schätzungen gehen davon aus, daß es für den Zeitraum von 1813 bis 1913 etwa 6 bis 7 Millionen waren.

[13] Koch, a. a. O., S. 9.

[14] Vgl. ebenda, S. 10.

[15] Vgl. ebenda.

[16] Ebenda, S. 13.

[17] Vgl. Bol'šoj filatelističeskij slovar', Moskau 1988, S. 218.

[18] Zit. nach: Maddocks, Melvin: Die Überquerung des Atlantiks, Amsterdam 1985, S. 81 f.

[19] Ebenda, S. 82.

[20] Koch, a. a. O., S. 10 f.

[21] Vgl. Bibliothek der Schiffstypen. Fähren der Ostsee, Berlin 1991, S. 10.

[22] Veredarius, a. a. O, S. 187.

[23] Vgl. Bibliothek der Schiffstypen: Fähren der Ostsee, a. a. O., S. 11 f.

[24] Zit. nach: Koch, a. a. O., S. 2.

[25] Fabke, Alfred, »Die grenzüberschreitenden Postverbindungen zu Wasser«, Archiv für deutsche Postgeschichte. Sonderheft Weltpostkongress, 1984, S. 172.

[26] Vgl. Koch, a. a. O., S. 11.

[27] Zu staatlichen Subventionen in Frankreich vgl. auch Jaensch, Georg: Die deutschen Dampfersubventionen, ihre Entstehung, Begründung und ihre volkswirtschaftlichen Wirkungen, Berlin 1907, S. 2 ff.

[28] Vgl. Koch, a. a. O., S. 14.

[29] Vgl. ebenda, S. 12.

[30] Zit. nach: ebenda.

[31] Ebenda, S. 13.

[32] Klaus, a. a. O., S. 6.

[33] Koch, a. a. O., S. 19.

[34] Vgl. Neubaur, Paul: Der Norddeutsche Lloyd. 50 Jahre der Entwicklung 1857-1907, Leipzig 1907, Bd. 1, S. 10.

[35] Koch, a. a. O.

[36] Ebenda.

[37] Ebenda.

[38] Ebenda, S. 20.

[39] Paul Neubaur, der Chronist des Norddeutschen Lloyd im Jahre 1907, sieht den Zusammenhang zwischen der Ocean Steam Navigation Company und dem Norddeutschen Lloyd noch enger: »Diese mit deutscher und amerikanischer Staatsunterstützung erbaute Linie ist die erste regelmäßige Dampfschiffslinie zwischen dem Kontinent von Europa und Amerika; aus ihr ist der Norddeutsche Lloyd hervorgegangen«. (Neubaur, a. a. O.)

[40] Fabke, a. a. O.

[41] Eberstein, Bernd: Hamburg-China. Geschichte einer Partnerschaft, Hamburg 1988, S. 27.

[42] Zit. nach: Seiler, Otto J.: Ostasienfahrt. Linienschiffahrt der Hapag Lloyd AG im Wandel der Zeiten, Herford 1988, S. 14.

[43] Zit. nach: Neubaur, Paul: Die deutschen Reichspostdampferlinien nach Ostasien und Australien in zwanzigjährigem Betriebe, Berlin 1906, S. 12.

44 Vgl. Gottspenn, Arno und Bernhard Koch: Die deutschen Reichspostdampfer im Ostasien-Verkehr mit ihrer Vorgeschichte und ihren Seepoststempeln. Sonderdruck der Arbeitsgemeinschaft der Sammler deutscher Kolonial-Postwertzeichen im BDPh und der Arbeitsgemeinschaft Schiffspost im BDPh, H. 1., Hamburg 1971, S. 5.

45 Neubaur, a. a. O., S. 11.

46 Eberstein, a. a. O., S. 159.

47 Klaus, a. a. O., S. 7.

48 Vgl. ebenda.

49 Der Weltpostverein hatte sich zunächst nur mit dem Briefpostverkehr – als dem wichtigsten Dienstzweig der Post – befaßt, aber weitere Abkommen über andere wichtige Dienstleistungsbereiche der Post folgten. So wurden Abkommen geschlossen über den Wertbrief- und Wertkästchendienst sowie den Postanweisungsverkehr im Jahre 1878 in Paris, den Paketpostdienst 1880 in Paris, den Postauftragsverkehr 1885 in Lissabon, den Postzeitungsdienst 1891 in Wien und den Postüberweisungsverkehr 1920 in Madrid. Vgl. Kießkalt, Ernst: Die Entstehung der deutschen Post und ihre Entwicklung bis zum Jahre 1932, Erlangen 1935, S. 288.

50 Veredarius, a. a. O., S. 359 f.

Einen goldenen Stern (chinesisch Kingsin) trugen die Schiffe der 1871 gegründeten Deutschen Dampfschiffs-Rhederei zu Hamburg am Bug. Doch so strahlend hell, wie ihre Gründer, bekannte Hamburger Firmen wie Wachsmuth & Krogmann, Godeffroy und O'Swald es sich gewünscht hatten, leuchtete der Stern des jungen Unternehmens nicht. Die kurz nach der Gründung des Deutschen Reiches konstituierte Reederei, für die sich bald die Bezeichnung Kingsin-Linie[1] einbürgerte, war zwar die erste deutsche Reederei, die einen regelmäßigen Liniendienst nach Ostasien einrichtete, doch als sehr lukrativ erwies sich das Geschäft nicht. Die Reederei verfügte anfangs über fünf Schiffe: *Atlanta* (1068 BRT), *Bellona* (1051 BRT), *Olympia* (1101 BRT), *Sylvia* (1194 BRT) und *Enterprise* (1651 BRT).

Der zunächst geplante zweimonatliche Liniendienst von Hamburg über Singapur nach Hongkong und Shanghai konnte nicht eingeführt werden. Einerseits war die Nachfrage nach Schiffsraum in Deutschland nicht groß genug; in den ersten Jahren fuhren die Schiffe also zumeist noch über London, um zusätzlich Ladung aufzunehmen. Andererseits hatte die neue Gesellschaft im Ausland starke Konkurrenz, da eine recht große Zahl von Reedereien im Ostasienverkehr fuhr, wie die Glen Line, die Castle Line, die Shire Line, die Ben Line und die Mutual Steamship Company.

Eine damals für den Welthandel wie für den Postverkehr wichtige Gruppe von Schiffslinien lag in den Händen der Londoner Peninsular & Oriental Steam Navigation Company (P & O. Comp.). »Ihre Schiffe«, so heißt es in einer zeitgenössischen Quelle, »verbinden auf der Linie Southampton–Port Said, sowie Brindisi–Alexandria, Europa mit Afrika, sie dringen durch den Suezkanal in's Rothe und Indische Meer über Aden nach Bombay und stellen auf der fast 7000 Seemeilen langen Strecke

Die Einrichtung
der Reichspostdampferlinien

von Bombay über Penang, Hongkong nach Yokohama die Haupt-Verbindung zwischen Süd- und Ostasien her, an welche sich die kaum minder bedeutende Linie nach Australien anschließt.«[2]

Eine zweite große Konkurrentin der Kingsin-Linie war die französische Reederei Compagnie des Messageries Maritimes in Paris und Marseille, »die ihre Fahrten von Marseille über Aden, Point de Galle, Singapore und Hongkong bis Yokohama ausdehnt und dabei Zweigfahrten nach Mauritius, Calcutta, Batavia und Shanghai«[3] unterhielt. Doch selbst diese beiden großen Reedereien konnten ihre Linien in den Fernen Osten nur aufrecht erhalten, weil sie staatlich subventioniert wurden. Die Kingsin-Linie fuhr in den ersten Jahren ihres Bestehens nur in unregelmäßigen Abständen nach China, zeitweise setzte sie ihre Schiffe gewinnbringender im Küstenverkehr in China ein. Erst 1883 ging sie zu einem monatlichen Dienst über, 1884 wurde ein 20tägliger Dienst eingerichtet. Zwar bemühte sich die Reederei um ein Abkommen mit dem Reichspostamt bzw. der Deutschen Reichsregierung über die Beförderung von Post, doch sie erhielt 1875 lediglich die Genehmigung, von ihr beförderte Briefe als Schiffsbriefe zu behandeln und zu taxieren. Die Genehmigung zur Führung der Reichspostflagge erhielt sie nicht, »in Ermangelung eines festen Fahrplans und einer regelmäßigen und pünktlichen Fahrzeit«.[4]

Heinrich von Stephan (1831 – 1897) gründete 1874 den Weltpostverein und war an der Einrichtung der Reichspostdampferlinien maßgeblich bete ligt.

Die zunehmende Industrialisierung Deutschlands in den Gründerjahren und der Ehrgeiz, den technischen Vorsprung einzuholen, über den die britische Industrie traditionell verfügte, erforderten jedoch eine Ausweitung der Absatzmärkte und die Erschließung neuer Rohstoffquellen, also eine Zunahme der Handelsbeziehungen. Gerade dafür aber fehlte es an direkten Schiffsverbindungen und an preisgünstigem Schiffsraum, die es dem deutschen Außenhandel ermöglicht hätte, ohne die hohen Kosten, die der Rückgriff auf englische Transporteure mit sich brachte, die Märkte der Zukunft zu erschließen.

Die im schnell an Bedeutung gewinnenden Ostasienhandel engagierten Kaufleute verlangten schließlich unumwunden nach einer regelmäßigen, schnellen und zuverlässigen Schiffsverbindung in der Hand von deutschen Reedern. So hieß es zum Beispiel 1879 im Handelsbericht aus Shanghai über die Fahrten der Kingsin-Linie: »Im Interesse des deutschen Ausfuhrgeschäfts wäre es dringend zu wünschen, daß diese einzige zwischen Deutschland und China bestehende Dampfschiffverbindung soviel mehr Unterstützung fände, daß häufigere, mindestens vierwöchentliche Reisen planmäßig durchgeführt werden könnten.«[5] Die durch die seinerzeit bestehende Linie gebotene Transportgelegenheit sei »zu selten und unregelmäßig, als daß die hiesigen Importeure bei telegraphischen Warenbestellungen auf ihre Benutzung rechnen könnten«.[6] Schließlich hatte sich damals insbesondere in Shanghai bereits eine große Zahl von Handelsunternehmen angesiedelt. »Obgleich die Mehrzahl derselben zugleich in Deutschland (Hamburg und Bremen) etabliert oder ... vertreten ist, es daher zur Anknüpfung von Handelsbeziehungen zwischen den deutschen Industriellen und China nicht an Gelegenheit und Anregung fehlt, so ist von einer Vermehrung des Absatzes deutscher In-

dustrieerzeugnisse nichts zu bemerken... Noch immer scheint die Größe des in China zu gewinnenden Absatzfeldes von den deutschen Fabrikanten nicht genügend gewürdigt zu werden.«[7]

Ebenso wurde beklagt, daß es umgekehrt auch keine Möglichkeit des direkten Imports von Waren aus China nach Deutschland gab.

Ein wichtiges Exportgut Chinas war damals Seide.[8] Drei Achtel der chinesischen Seidenausfuhr lief über deutsche Firmen, die bei der Verschiffung allerdings auf britische Schiffe angewiesen waren. Diese Tatsache war für die deutschen Kaufleute um so unbegreiflicher, als die Vorherrschaft Englands auf dem Markt bröckelte und die amerikanische Konkurrenz angesichts wirtschaftlicher Schwierigkeiten im eigenen Land in Ostasien noch nicht recht Fuß gefaßt hatte. Man war überzeugt, daß es genau der richtige Zeitpunkt sei, »der deutschen Schiffahrt und Industrie einen Anteil an jenem Handelsverkehr zu sichern; die subventionierten Dampferlinien Italiens, Österreichs und Hollands haben China noch nicht erreicht, und selbst die russische Linie ist eben erst im Entstehen begriffen«.[9] Es galt keine Zeit zu verlieren: »Ein weiteres Jahrzehnt wird in diesen Verhältnissen wahrscheinlich eine bedeutende Veränderung hervorgebracht haben; die Zahl der Konkurrenten wird sich vermehren und ein Teil derselben fester sich eingebürgert haben, und während für die deutsche Industrie das Bedürfnis, neue Absatzgebiete zu gewinnen, gewachsen sein wird, werden in gleichem Maße die einem solchen Unternehmen sich in den Weg stellenden Schwierigkeiten zugenommen haben.«[10]

Ähnlich war die Situation in den Handelsbeziehungen zu Australien. Dorthin fuhr ebenfalls nur ein deutsches Unternehmen, die Hamburger Reederei Rob. M. Sloman & Co. Zwar hatte sie 1880 einen Passagier- und Frachtdienst aufgenommen, doch ihre

Schiffe waren langsam, die Verbindung unregelmäßig.[11]

Australien war damals vor allem ein wichtiger Lieferant für Wolle. »Es ist daher bedauerlich«, heißt es in einem Bericht aus Sydney für das Jahr 1879/80, »daß Deutschland bisher nicht durch regelmäßige Entsendung von Käufern nach den hiesigen Wollmärkten direkte Verbindungen anzuknüpfen versucht hat, sondern für den Bezug australischer Wolle noch ganz auf London angewiesen ist. Ein direkter Einkauf von Wolle würde auch eine direkte Verschiffung nach deutschen Häfen zur Folge haben, und es würde sich damit Aussicht auf eine Beteiligung der deutschen Flagge an dem Transport der Wolle eröffnen, welcher zur Zeit fast ausschließlich durch englische Schiffe vermittelt wird... Die Wollfrachten sind in allen australischen Häfen gute.«[12]

Umgekehrt gab es seit der Weltausstellung 1879 in Australien bereits durchaus eine Nachfrage nach deutschen Produkten:

»Die erfolgreiche Beschickung der Ausstellungen in Sydney und Melbourne seitens der deutschen Industrie hat ihre Erzeugnisse in Australien bekannt gemacht und für eine Reihe von Artikeln die Konkurrenzfähigkeit Deutschlands mit den Leistungen der bisher vorzugsweise vertretenen englischen und amerikanischen Industrie erwiesen.«[13]

Eisenwaren, Textilien, Tonwerkzeuge, Kinderspielzeug, Maschinen, elektrotechnische Erzeugnisse, Fahrzeuge, chemische Produkte, Papier und Papierwaren, Leder sowie Landwirtschaftserzeugnisse – das alles wollte man nach Australien exportieren, andererseits ging es um den Import von Landwirtschaftsprodukten wie Weizen, von mineralischen Rohstoffen, unedlen Metallen und Wolle.[14]

Um jedoch die Produkte auf dem internationalen Markt konkurrenzfähig anbieten zu können, waren feste, regelmäßig verkehrende Schiffahrtslinien in alle potentiellen Handelsländer nötig. Nach Nord- und Südamerika gab es derartige Verbindungen, aber Linien nach Afrika, Australien und Asien waren in dieser Anfangsphase für ein Privatunternehmen nicht lukrativ genug, wie sich am Beispiel der Kingsin-Linie und des Hauses Sloman zeigte. Selbst die starke britische und französische Konkurrenz hatte zur Erhaltung ihrer vergleichsweise erfolgreichen Linien

sich bereits früh staatliche Subventionen gesichert, die den Reedern die Einrichtung und Unterhaltung derartiger Verbindungen ermöglichten.
»Alle europäischen Kulturvölker sind genötigt gewesen, diesen Weg – die Zuhilfenahme staatlicher Unterstützungen – zu beschreiten, insbesondere auch die eigentlichen Industrie- und Handelsvölker, wie England, Holland, Belgien und Frankreich, und verwenden auf die dauernde Unterhaltung überseeischer Dampferlinien noch gegenwärtig verhältnismäßig viel bedeutendere Mittel, als der Entwurf

sie fordert.«[15] Die Franzosen hatten mit der Dampfersubvention den Anfang gemacht, berichtete im Jahre 1907 Georg Jaensch in einer wirtschaftswissenschaftlichen Studie, ihnen »folgte England im Jahre 1837, die Niederlande im Jahre 1852, Italien gleichfalls in den fünfziger Jahren und in den nächsten Jahrzehnten in mehr oder weniger großen Zeitabständen alle übrigen Staaten, die Anspruch auf Beachtung ihrer Seeschiffahrt machen«.[16] Dazu gehörten Norwegen, Schweden, Dänemark, Österreich-Ungarn, Spanien, Portugal, Rußland, die Vereinigten Staaten von Amerika und Japan.

Hermann Henrich Meier, Gründer und Verwaltungsratsvorsitzender des Norddeutschen Lloyd.

Auch in Deutschland hatte es zwar 1872 erste Pläne für subventionierte Dampferlinien gegeben. Doch dieses Projekt ließ sich zu Beginn der siebziger Jahre noch nicht verwirklichen; es scheiterte am Widerstand der Wirtschaft. Die liberale Bremer Kaufmannschaft und ihr voran die Bremer Handelskammer sprachen sich entschieden gegen das »Gefährliche des Projektes« aus, das ihrer Meinung nach in der Abkehr von »gesunden wirtschaftlichen und handelspolitischen Grundsätzen« liege. Vielmehr sei man für Konkurrenz, anstatt daß einzelne Geschäftsleute auf Kosten der Steuerzahler begünstigt werden sollten. Unterzeichnet war ein Schreiben dieses Wortlauts von Hermann Henrich Meier, dem Präses der Bremer Handelskammer und dem Gründer des Norddeutschen Lloyd, eben demselben Mann, der einige Jahre später die Reichspostdampfersubventionen für sein Unternehmen erhalten sollte.[17]
Erst zu Beginn der achtziger Jahre wurde der Gedanke erneut aufgegriffen, und 1881 wurden dem Reichstag dazu verschiedene Denkschriften vorgelegt. In der ersten, die Reichskanzler Otto von Bismarck am 6. April 1881 in den Reichstag einbrachte, vertrat er die Auffassung, daß die Seeschiffahrt Deutschlands sowie der Überseehandel der staatlichen Unterstützung

durch die Einrichtung subventionierter Dampferlinien bedürfe.[18]

Bismarck nahm in seinen Ausführungen Bezug auf das französische Gesetz vom 29. Januar 1881, durch das der französischen Handelsmarine staatliche Unterstützungen verschiedener Art, insbesondere Schiffbau- und Schiffahrtsprämien gewährt wurden. Bismarck zeigte auf, daß Frankreich an Postsubventionen für verschiedene Linien fast 24 Mill. Franc ausgebe, und er wies außerdem darauf hin, daß auch England nach den Aufstellungen des Generalpostmeisters Subventionen in Höhe von 641 658 £ (knapp 13 Mill. Mark) ausgebe, zu denen sich noch die von den englischen Kolonien bewilligten Subventionen – allein für Australien waren das 207 500 £ – addierten. Warnend gab er zu bedenken, daß sich unter den gegebenen Verhältnissen Deutschlands Schiffahrt und Handel gegenüber der durch staatliche Mittel begünstigten Mitbewerbung anderer Nationen kaum in gedeihlicher Weise würden fortentwickeln können.[19]

Einige Wochen später griff Bismarck das Thema erneut auf, als er am 12. Mai 1881 die Zusatz-Konvention zum deutsch-chinesischen Freundschafts-, Schiffahrts- und Handelsvertrag vom 2. September 1861 vorlegte. In einer diese Vorlage begleitenden Denkschrift wies er unter Berufung auf Konsulatsberichte sowie die amtliche chinesische Statistik nach, daß der Anteil Deutschlands am Außen- und Küstenhandel Chinas zurückgegangen sei. »Es sei«, so hieß es am Schluß der Denkschrift, »nunmehr Sache des deutschen Handelsstandes und vor allem der deutschen Reederei, sich durch entsprechende Vorkehrungen … den Anteil an einem erfolgreichen Wettbewerb in den Beziehungen zu China zu sichern.«[20] Und vierzehn Tage später, am 27. Mai 1881, teilte Bismarck dem Reichstag in Form einer weiteren Denkschrift den Inhalt von Berichten des kaiserlich deutschen Gesandten in Peking sowie des kaiserlich deutschen Generalkonsuls für Australien mit.[21] Es hieß dort u. a.:

»Die Bemühungen der deutschen Industrie, ständige Absatzmärkte für ihre Erzeugnisse in überseeischen Ländern zu gewinnen, haben bisher im Vergleich zu den konkurrierenden Bestrebungen anderer Nationen keine befriedigenden Erfolge erzielt. Ohne gewisse positive Maßregeln wird auch eine nachhaltige Hebung des deutschen Exporthandels nicht zu erwarten sein, wenigstens nicht für China, wo in letzter Zeit der deutsche Handel von seiner bereits eingenommenen Stellung in bedauerlicher Weise herabgesunken ist, und nicht für Australien, wo die mit gutem Erfolge geschehene Beschickung der Ausstellungen in Sydney und Melbourne der deutschen Industrie einen neuen Absatzmarkt zu schaffen verspricht, wo aber die sehr bedeutenden für die Beteiligung an diesen Ausstellungen aufgewandten Kosten verloren zu gehen drohen, wenn nicht der angebahnte Verkehr in energischer Weise verfolgt und gefestigt wird. Die Vorteile, die der Handel anderer Nationen gegenüber dem deutschen genießt, beruhen nicht sowohl auf der Abwesenheit einzelner Fehlgriffe, zu deren Begehung der deutsche Industrielle neigt, als vielmehr auf dem Vorhandensein gewisser grundlegender, dem Gesamthandel eines Landes als Stützpunkte dienender Einrichtungen, deren die deutsche Industrie bisher leider entbehrte.

Zu den grundlegenden Stützen der Neuorganisation des deutschen Exporthandels gehört bei der heutigen Gestaltung des Verkehrs vielleicht als dringendstes Erfordernis die Herstellung einer regelmäßigen Frachtverbindung Deutschlands mit den überseeischen Absatzmärkten. Solange deutsche Produkte nur durch Vermittlung fremdländischer Frachtverbindungen den überseeischen Abnehmern zugeführt werden, solange das Angebot deutscher Waren nur in der Form gelegentlicher und einzelner Versuche auftritt, werden sich niemals feste Absatzmärkte zu jenen fernen Ländern herausbilden lassen.«[22]

Dabei lehre der Blick über die Grenzen, daß ein Land, das wirtschaftlich international konkurrenzfähig bleiben will, auf gut funktionierende Handelswege angewiesen ist: »Die Notwendigkeit regelmäßiger nationaler Verkehrsverbindungen ist von den großen handeltreibenden Nationen längst erkannt worden.

Die bestehende Dampfschiffverbindung zwischen Deutschland und China durch eine Hamburger Linie ist ungenügend schon für den augenblicklichen Verkehr, noch mehr für eine weitere gesunde Entwicklung desselben. Dagegen würde eine regelmäßig zwischen China und Deutschland stattfindende Verbindung, nach der Erfahrung bei anderen Dampferlinien, bald eine Steigerung des direkten Handelsverkehrs hervorrufen und damit der vaterländischen Industrie nicht bloß den vermehrten Absatz ihrer Produkte, sondern auch den erleichterten Bezug vieler Rohstoffe ermöglichen.«[23]

Über die Handelsbeziehungen und die Verkehrsverbindungen nach Australien wurde in dieser Denkschrift ausgeführt: »Unter den gegenwärtigen Umständen ist dem direkten Verkehr, welcher sich in neuester Zeit zwischen Deutschland und Australien entwickelt hat, eine lebenskräftige Entwicklung kaum in Aussicht zu stellen. Manche in den direkten Verkehr kaum übergegangene Waren werden schon wieder über London versandt, und es steht zu befürchten, daß, wenn nicht bald eine schnellere Kommunikation zwischen Hamburg und Australien hergestellt wird, der gesamte Exporthandel wieder seinen Weg über England nehmen werde. Der australische Exporthandel ist zweifellos noch einer großen Ausdehnung fähig. Es fehlte aber bisher an jeder Gelegenheit, die Wolle, die Erze, die Häute usw. aus Australien direkt auf die deutschen Märkte zu bringen.«[24]

Staatssekretär Heinrich von Stephan wurde schließlich mit der Bearbeitung der Postdampferfrage betraut. Am 23. Mai 1884 wurde dem Reichstag der Entwurf eines Gesetzes betreffend die Verwendung von Geldmitteln aus Reichsfonds zur Errichtung und Unterhaltung von Post-Dampfschiffsverbindungen mit überseeischen Ländern vorgelegt. Damit sollte der Reichskanzler ermächtigt werden, die Einrichtung und Unterhaltung regelmäßiger Postdampferverbindungen von Deutschland nach Ostasien und Australien für eine Zeit von 15 Jahren einem Privatunternehmer zu übertragen und Beihilfen aus Reichsmitteln in Höhe von maximal 4 Mill. Mark jährlich zu bewilligen. Die Ausgaben sollten aus dem Etat der Reichs-Post- und Telegraphenverwaltung genommen werden, da das Hauptgewicht auf der Regelmäßigkeit und Geschwindigkeit der Schiffsverbindungen lag, Gesichtspunkte, die vor allem bei der Beförderung der Post eine Rolle spielten. »In Wirklichkeit«, so meinte Georg Jaensch später in seiner wissenschaftlichen Untersuchung, »verfolgte man jedoch hiermit einen taktischen Zweck: durch Zurückstellung der politischen Gesichtspunkte sollte vermieden werden, dass die öffentliche Aufmerksamkeit vorzeitig auf die kolonialen Pläne der Regierung gelenkt würde und dass sich die allen Kolonialbestrebungen abgeneigten Parteien etwa deswegen von vornherein der Vorlage ablehnend gegenüberstellten.«[25]

Ausführlich ging die Begründung zu dem Gesetzentwurf auf die derzeitige deutsche und internationale Situation der Schiffahrtslinien ein.

Danach wurde der Seepostdienst des Deutschen Reiches im direkten Verkehr mit überseeischen Ländern nur mit zehn Dampfschiffslinien betrieben, die Hamburger und Bremer Privatunternehmer ausschließlich zu amerikanischen Hafenstädten unterhielten. Demgegenüber jedoch besaß

○ England 38 Postdampferlinien,
   davon 23 im Verkehr mit Amerika,
      6 im Verkehr mit Afrika,
      5 im Verkehr mit Asien,
      4 im Verkehr mit Australien;
○ Frankreich 21 Postdampferlinien,
   davon 9 im Verkehr mit Amerika,
      5 im Verkehr mit Afrika,
      6 im Verkehr mit Asien,
      1 im Verkehr mit Australien;
○ Österreich 7 Linien,
   davon 1 im Verkehr mit Ostasien,
      1 im Verkehr mit Indien,
      die übrigen 5 in asiatische Häfen und afrikanische Mittelmeerhäfen;
○ Italien 6 Linien,
   davon 2 im Verkehr mit Amerika,
      die übrigen 4 im Verkehr mit Ostasien;
○ Belgien 2 Linien,
      beide im Verkehr mit Amerika.

Die Reichspostverwaltung zahlte den deutschen Reedern für den Postbeförderungsdienst im Überseeverkehr jährlich etwa 320 000 Mark. Dem standen erheblich größere Aufwendungen für den Seepostdienst anderer Länder gegenüber:

○ in Großbritannien etwa 13 Mill. Mark (zuzüglich der Subventionsbeträge für die Unterhaltung der Verbindungen mit den englischen Kolonien, die von den Kolonialregierungen gewährt wurden);
○ in Frankreich etwa 20 Mill. Mark (hier wurden außerdem den nicht subventionierten Schiffen, die Post beförderten, wozu sie auf Verlangen der Postverwaltung verpflichtet wer-

den konnten, Prämien gezahlt, deren jährlicher Gesamtbetrag sich auf über 7 Mill. Franc belief);
○ in Österreich rund 4 Mill. Mark;
○ in Italien rund 7 Mill. Mark;
○ in Belgien rund 650 000 Mark.[26]

In der deutschen Tagespresse der damaligen Zeit fand der Vorschlag zur Einrichtung subventionierter Schiffsverbindungen ein positives Echo. Im Reichstag wurde der Gesetzentwurf nach eintägiger Beratung an die Budgetkommission verwiesen. »Sie bauen mit diesen Postdampfern eine Brücke über den Ozean nach produktreichen Ländern mit austauschfähiger Bevölkerung, die noch sehr den Fortschritten der europäischen Zivilisation zugänglich ist«,[27] hatte Heinrich Stephan bei der ersten Beratung im Reichstag die Abgeordneten beschworen. Doch sollte es vorerst nicht zu einer Entscheidung kommen, da die Legislaturperiode des Reichstags am 28. Juni 1884 endete.

Am 20. November 1884 wurde die Reichspostdampfervorlage erneut eingebracht. Der neue Entwurf wies allerdings gegenüber dem vorigen wesentliche Erweiterungen auf: Neben den Linien nach Ostasien und Australien wurden nunmehr auch regelmäßige Schiffsverbindungen nach Afrika in Aussicht genommen, und für den Verkehr nach Ostasien war eine Mittelmeer-Zweiglinie von Triest (bzw. Venedig) über Brindisi oder von Genua über Neapel nach Alexandria vorgesehen. Sie sollte zugleich als Zugangslinie für die australische Hauptlinie fungieren. »Für die Einbringung der afrikanischen Linie war der Umstand maßgebend, daß das Deutsche Reich in dem abgelaufenen Jahr 1884 seine Zuschauerrolle in der Kolonialpolitik aufgegeben und die Gebiete von Kamerun, Togo und Deutsch-Südwestafrika unter seinen Schutz genommen hatte. Die Mittelmeerzweiglinie dagegen sollte, da die Hauptlinie nach dem neuen Gesetzentwurf keinen südeuropäischen Hafen anlief, den Passagieren und der Post den Umweg um Gibraltar ersparen.«[28]

Hatten bei dem ersten Gesetzentwurf noch die postalischen Interessen im Vordergrund gestanden, so waren es jetzt handelspolitische und, soweit es Afrika betraf, kolonialpolitische Gesichtspunkte.

Um auch die nicht zur Postgemeinschaft gehörenden Königreiche Bayern und Württemberg an den Kosten dieses wichtigen, die Interessen aller deutschen Staaten berührenden Unternehmens zu beteiligen, wurde ein Wechsel der Zuständigkeit vorgeschlagen: die geplanten Subventionen sollten nicht aus dem Etat der Reichs-Post- und Telegraphenverwaltung, sondern aus dem Etat des Innern bestritten werden.

Die Abgeordneten diskutierten die Vorlage kontrovers.[29] Gegner des Vorhabens waren insbesondere die Parteien, die die Kolonialpolitik ablehnten und in dem Gesetz lediglich eine Unterstützung dieser Politik sahen. Zu einer Auseinandersetzung kam es auch innerhalb der sozialdemokratischen Fraktion im Reichstag. »Mehrere Abgeordnete erklärten sich bereit, mit ihrer Stimme eine Subvention des Reiches für die Schaffung von Dampfschiffahrtslinien nach überseeischen Ländern zu unterstützen, was darauf hinauslief, unter dem Vorwand, Arbeitsplätze für deutsche Arbeiter zu schaffen, der deutschen Politik kolonialistischer Expansion zuzustimmen. Diese politische Ausrichtung, die im ›Sozial-Demokrat‹ leidenschaftlich bekämpft wurde, sollte eine derartige Krise in der Partei hervorrufen, daß Engels von London aus eine Kompromißlösung ins Auge faßte, die das positive Votum der Sozialdemokraten von einer Kreditgewährung durch den deutschen Staat für die Gründung von Arbeiter-Genossenschaften abhängig machen sollte. Aber Bebel blieb wachsam: Die Gesamtheit der sozialdemokratischen Abgeordneten mußte ... im Reichstag gegen die Subvention

für die Dampfschiffahrtsgesellschaften stimmen (März 1885).«[30]

Im Reichstag ging es außerdem um die Frage, ob die Höhe der vorgesehenen jährlichen Subvention die von der Regierung prophezeiten Wachstumsimpulse überhaupt auslösen könnten. Hermann Henrich Meier, Bremer Abgeordneter, Gründer und Verwaltungsratsvorsitzender des Norddeutschen Lloyd, gehörte mittlerweile zu den Befürwortern subventionierter Dampferlinien. Engagiert beteiligte er sich an den Reichstagsdebatten und vertrat die Ansicht, China mit seinen 300 Mill. Einwohnern werde sich nach seiner festen Überzeugung in nicht gar zu langer Zeit ganz dem europäischen Handel öffnen, und dann müsse Deutschland in der Lage sein, sich im Wettkampf der Nationen für seinen Verkehr einen Teil des sich dann entwickelnden Handels zu sichern.[31]

Am 1. Dezember war die Vorlage im Reichstag zur ersten Beratung gekommen, und noch am selben Tag wurde sie einer Kommission von 21 Mitgliedern überwiesen, die sie in 13 Sitzungen in der Zeit vom 9. Dezember 1884 bis zum 30. Januar 1885 einer eingehenden Beratung unterzog. Die Ver-

handlungen waren zäh und kamen zu keinem Ergebnis, die Kommission enthielt sich am 18. Februar im Reichstag jeden Antrags. Vom 12. bis 17. März fand die zweite, am 23. März die dritte Lesung im Reichstag statt.

Die ostasiatische Linie wurde schließlich mit absoluter Mehrheit, die australische mit der knappen Mehrheit von 166 zu 152 Stimmen angenommen, die afrikanische Linie wurde mit 166 gegen 157 Stimmen abgelehnt. Am 6. April 1885 wurde das Gesetz endlich verabschiedet.

Bismarck kommentierte die wiederum außerordentlich heftige und gegensätzliche Diskussion mit dem Satz: »Über 25 Jahre werden die Leute im Reich über unser Gezänk hier so lachen, wie wir über den seligen Bundestag.«[32]

Nunmehr wurden verschiedene Unternehmer in Hamburg und Bremen aufgefordert, ein Angebot abzugeben. Dabei gab es für den Norddeutschen Lloyd keine ernsthaften Mitbewerber. Die Flotten der damaligen HAPAG und der Hamburg Süd waren zu klein, und zur Zeit der Annahme des Gesetzes bestand nach Ostasien von Hamburg aus lediglich die bereits erwähnte Ver-

Lloydgebäude in der Bremer Papenstraße.

bindung durch die Kingsin-Linie, die zu diesem Zeitpunkt über 11 Dampfer mit 15 773 BRT verfügte, also im Durchschnitt pro Schiffseinheit 1 430 BRT. Nach Australien fuhr Robert M. Sloman. Allerdings erfüllte keines der Schiffe der beiden Reedereien die seitens des Reiches an die Linien gestellten Bedingungen und Erwartungen; zudem sollten die Linien nach Australien und Ostasien möglichst in einer Hand liegen. Zur Übernahme des gesamten Projektes kam somit im Prinzip nur der Norddeutsche Lloyd[33] in Frage.

Erst 1882 hatte er sein 25jähriges Jubiläum feiern können, im Bewußtsein, die viertgrößte Reederei der Welt zu sein, die nur noch von der englischen Peninsular and Oriental Steam Navigation Company sowie den französischen Reedereien Compagnie Générale Transatlantique und Messageries Maritimes übertroffen wurde. Der Lloyd besaß damals eine Flotte von 29 transatlantischen Dampfern, 7 Dampfern für die europäische Fahrt, 14 Flußdampfern und 48 Leichterfahrzeugen, insgesamt 98 Schiffe mit einem Raumgehalt von 104 500 Registertonnen.[34] Der Totalpreis seiner Fahrzeuge belief sich Mitte der achtziger Jahre auf 68,25 Mill. Mark, nach Abschreibung 43 Mill. Mark. Das Aktienkapital hatte eine Höhe von etwa 20 Mill. Mark. Selbst wenn es auch in der Lloydflotte des Jahres 1885 kein einziges Schiff gab, das letztlich den strengen Anforderungen des Gesetzes genügt hätte, war der Lloyd damals die leistungsfähigste deutsche Reederei und »ein finanziell grundsolides Unternehmen«.[35]

Selbstbewußt erklärte H. H. Meier vom Lloyd öffentlich im Reichstag, er werde 1 000 Mark aussetzen, wenn nicht bei Prüfung durch unparteiische Sachverständige die Schiffe des Norddeutschen Lloyd sich als in besserem Zustand und technisch moderner herausstellten als die irgendeiner anderen deutschen Linie.[36] Seine Sicherheit

Agenturgebäude des Norddeutschen Lloyd in Bremerhaven.

war nicht unbegründet: »In der Ausgestaltung seines Schiffsmaterials war der Norddeutsche Lloyd ebenfalls zu damaliger Zeit bereits allen anderen deutschen und nach einer Richtung hin sogar allen Reedereien der Welt vorausgeeilt. Drei Jahre vor dem Abschluß des Subventionsvertrages hatte der Lloyd die Schnelldampferfahrt nach New York ins Leben gerufen«, schrieb Paul Neubaur 1906 rückblickend in einer Monographie über die Reichspostdampfer, »der Lloyd schlug durch den Schnelldampferverkehr in der Passagier- und Postbeförderung nach New York alle anderen Schifffahrtslinien aus dem Felde.«[37] Als der Subventionsvertrag abgeschlossen wurde, verfügte der Lloyd über die fünf Schnelldampfer *Elbe, Werra, Fulda, Eider* und *Ems*; ferner waren drei weitere, nämlich die *Aller, Trave* und *Saale,* in Auftrag gegeben, sie nahmen 1886 im Abstand von nur vier Wochen die Fahrt im Nordamerikadienst auf. Mit dem Potential des Norddeutschen Lloyd waren ausgezeichnete Schiffe sofort für die Reichspostlinien verfügbar. Was die Geschwindigkeit anbelangte, übertrafen sie sogar die Forderungen des Reichs.

Darüber hinaus besaß das Unternehmen eine Infrastruktur, in der das Reich die Sicherheit und Solidität, die es für sein Projekt erwartete, fand: »Diese innere Konsolidation muß erblickt werden erstens in dem Bestehen des eigenen Proviantamtes des Norddeutschen Lloyds, welches für die gesamte Ausrüstung der Schiffe generelle Vorteile verbürgte, zweitens in der Selbstversicherung und drittens in der Fürsorge für die Angestellten des Lloyd. Durch die Einrichtung der Seemannskasse, durch die Gewährung von Pensionen, durch ein sehr weitgehendes Unterstützungssystem hatte der Lloyd bereits damals einen Stamm von Seeleuten herangezogen, welcher, wie man wohl sagen darf, den Kern der deutschen Handelsmarine darstellte, und der sowohl im seemännischen wie im Maschinen- und Kajüts-Bedienungspersonal die Verwendung bester Kräfte gewährleistete.«[38] Der Norddeutsche Lloyd hatte damit gegenüber den übrigen Reedereien die besseren Karten. Außerdem hatte sich Generalpostmeister Stephan bereits im Verlaufe der Ausarbeitung der Gesetzesvorlage fachlich von den Bremern beraten lassen; somit pfiffen es die Spatzen von den Dächern, daß der Lloyd Favorit der Reichsregierung für die Einrichtung der geplanten Linien war.[39]

Diese Tatsache stieß natürlich bei den Hamburger Mitbewerbern auf Mißbilligung. An der Elbe hatte sich ein Konsortium, zu dem u. a. die Reederei der Kingsin-Linie gehörte und deren Sprecher der Reeder Adolph Woermann war, – erfolglos – an der Ausschreibung beteiligt.

Am 28. April 1885 erhielt der Norddeutsche Lloyd vom Reichskanzler die Auflagen für den Subventionsvertrag zugestellt. Dabei mußte sich der Lloyd verpflichten, in den folgenden 15 Jahren folgende Dienste zu leisten:

A Für den Verkehr mit Ostasien:
1. eine monatliche Linie von Bremerhaven nach China, und zwar über einen niederländischen oder belgischen Hafen, dessen Wahl der Genehmigung des Reichskanzlers bedurfte, Port Said, Suez, Aden, Colombo, Singapur, Hongkong und Shanghai;
2. eine Anschlußlinie von Hongkong über Yokohama, einen koreanischen Hafen, dessen Wahl der Reichskanzler zustimmen mußte, Nagasaki zurück nach Hongkong.

B Für den Verkehr mit Australien:
1. eine monatliche Linie von Bremerhaven nach Australien zu unterhalten, wiederum über einen niederländischen oder belgischen Hafen, dessen Wahl der Zustimmung des Kanzlers bedurfte, Port Said, Suez, Aden, Tschagosinseln, Adelaide, Melbourne bis Sydney;
2. eine Anschlußlinie von Sydney über die Tonga-Inseln nach Apia (Samoa-Inseln) und zurück nach Sydney.

C Eine vierzehntägige Zweiglinie von Triest über Brindisi nach Alexandria.

In insgesamt 34 Artikeln wurden die Details der Unternehmung festgelegt. Auf den vereinbarten Routen mußten die im einzelnen genau festgelegten Häfen[40] pünktlich und regelmäßig angelaufen werden, jede Stunde Zeitverzug sollte mit empfindlichen Konventionalstrafen belegt werden. Ferner waren die Anzahl, Größe und Ausstattung der Schiffe und vor allem natürlich ihre Geschwindigkeit vom Reich genau vorgeschrieben. Als Mindestgeschwindigkeit forderte das Reich auf den Ostasien- und Mittelmeerrouten mindestens 12, auf der Australienroute 11,4 kn. Außerdem waren alle neu in den Dienst einzustellenden Schiffe in Deutschland zu bauen und Kohle, die in Europa gebunkert wurde, durfte nur aus Deutschland stammen. Als Gegenleistung erhielt der Norddeutsche Lloyd vom Staat 4,4 Mill. Mark pro Jahr, gezahlt in monatlichen Teilbeträgen. Dabei ergab sich die Gesamtsubvention aus 13 zu leistenden Rundreisen à 315 000 Mark. Die Seemeile wurde also mit 5,49 Mark bezuschußt, einem verhältnismäßig kleinen Betrag im Vergleich zu den Subventionen, die England (9,71 Mark) oder Frankreich (9,30 Mark) gewährten.[41]

Die Ausarbeitung des Vertrages bis zur Unterschriftsreife zog sich über zwei Monate hin. Am 3. Juli 1885 signierte Otto von Bismarck in Berlin den Vertrag, am folgenden Tag unterzeichnete ihn H. H. Meier in Bremen. Während allerdings in der Hansestadt der Vertragsabschluß gefeiert wurde, beurteilte Meier das Verhandlungsergebnis eher skeptisch; so schrieb er seiner Tochter, die ihn von außerhalb beglückwünscht hatte: »Ob mir zu gratulieren ist, ist sehr fraglich. Es ist eine große schwere Aufgabe zu lösen; wird sie gelingen? Es ist nicht die Sache eines Augenblicks, sondern die Arbeit von Jahren, die mir wohl kaum noch dazu gewährt werden. Ich kann vielleicht nicht mehr dafür einstehen, und vielleicht am Abend meines Lebens

habe ich etwas erreicht, wovon der Erfolg ein schlechter ist, was dann an meinem Namen haften bleibt.«[42] Und seiner Frau gegenüber kommentierte er: »Heute am Tag der Unabhängigkeitserklärung der Vereinigten Staaten unterzeichne ich den Vertrag unserer Sklaverei.«[43]

Anmerkungen

[1] Offiziell taucht diese Bezeichnung erstmals in einer Fahrplananzeige des Jahres 1881 auf. Vgl. Kludas, Arnold: Die Geschichte der deutschen Passagierschiffahrt. Bd. 1, Hamburg 1986, S. 156.
[2] Veredarius, O.: Das Buch von der Weltpost, Berlin 1885, Nachdruck Heidelberg 1984, S. 193.
[3] Ebenda.
[4] Gottspenn, Arno, und Bernhard Koch: Die deutschen Reichspostdampfer im Ostasien-Verkehr mit ihrer Vorgeschichte und ihren Seepoststempeln. Sonderdruck der Arbeitsgemeinschaft der Sammler deutscher Kolonial-Postwertzeichen im BDPH und der Arbeitsgemeinschaft Schiffspost im BDPh, H. 1., Hamburg 1971, S. 12.
[5] Zit. nach: Neubaur, Paul: Die deutschen Reichspostdampferlinien nach Ostasien und Australien in zwanzigjährigem Betriebe, Berlin 1906, S. 29.
[6] Zit. nach: ebenda.
[7] Zit. nach: ebenda.
[8] Neben Seide haben später für den Warenimport aus China Feingold, Sesam, Rinderhäute, Tee, Bettfedern, Pelzwaren und Flechtwaren eine Rolle gespielt. Auf dem chinesischen Markt abgesetzt wurden Metallwaren, chemische und pharmazeutische Produkte, Farben, Textilien, Maschinen, elektrotechnische Erzeugnisse, Fahrzeuge, Papier, Pappe, Feuerwaffen und Uhren. (Vgl. »Die Reichspostdampferlinien nach Ostasien und Australien in 25jährigem Betriebe«, in: Jahrbuch des Norddeutschen Lloyd 1910/11, S. 17.)
[9] Neubaur, a. a. O., S. 30.
[10] Ebenda, S. 30 f.
[11] Otto J. Seiler schildert Slomans Australiendienst, der mit zwei Schiffen (1400 BRT und 2500 BRT) begann, wie folgt: »Das noch geringe Ladungsangebot in Hamburg konnte jedoch selbst diese kleinen Schiffe nicht füllen. Sie mußten daher Antwerpen und London zur Komplettierung anlaufen. Die beiden Schiffe erwiesen sich indessen für die große Distanz und den dadurch bedingten hohen Kohlenverbrauch als völlig unrentabel. Man entschloß sich daher, fünf größere Dampfer von je 3500 tdw in Auftrag zu geben. Zur Kapitalbeschaffung wurde der Dampferdienst ab 1882 in eine eigenständige Aktiengesellschaft, die Australia-Sloman-Linie AG, umgewandelt, mit einem Kapital von 6 Mill. Mark, von dem allerdings der überwiegende Teil im Familienbesitz verblieb. Ab 1884 konnte der Dampferbestand auf sechs Schiffe mit 14 000 BRT erhöht werden, womit theoretisch ein

monatlicher Dienst hätte durchgeführt werden können. Das deutsche Ladungsaufkommen blieb jedoch weiterhin völlig unbefriedigend, zumal ein Großteil der westdeutschen Exporteure nach wie vor seine Ladung den etablierten britischen Linien im Transit über britische Häfen zukommen ließ. Diese Linien versuchten, die neue Konkurrenz durch zum Teil drastische Ratenunterbietungen vor der eigenen Haustür auszubooten« (Seiler, Otto J.: Australienfahrt. Linienschiffahrt der Hapag-Lloyd AG im Wandel der Zeiten, Herford 1988, S. 29).

[12] Zit. nach: Neubaur, a. a. O., S. 32.

[13] Ebenda, S. 31.

[14] Vgl. »Die Reichspostdampferlinien nach Ostasien und Australien«, a. a. O., S. 12.

[15] Neubaur, a. a. O., S. 36.

[16] Jaensch, Georg: Die deutschen Dampfersubventionen, ihre Entstehung, Begründung und ihre volkswirtschaftlichen Wirkungen, Berlin 1907, S. 6. Zur frühen Geschichte der Subventionen führt er aus: »Die Seeschiffahrt ist von jeher als das wichtigste Werkzeug des Aussenhandels erkannt und geschätzt worden. Deswegen sind auch Seeschiffahrts- und äussere Handelspolitik stets Hand in Hand gegangen, deswegen sie als Küstenländer hierbei überhaupt in Frage kamen, ihre Seeschiffahrt von jeher durch staatliche Maßnahmen zu fördern gesucht. Schon im römischen Kaiserreich erhielten die privaten Handelsgesellschaften, die societates publicanorum, die hauptsächlich Großhandel zur See betrieben, vom Staate häufig in Gestalt von Holz Unterstützungen für den Schiffbau und dadurch mittelbar für die Belebung der Seeschiffahrt. Später zur Zeit der italienischen Stadtrepubliken, suchte man die heimische Seeschiffahrt dadurch zu unterstützen, dass man bestimmte Zweige der Schiffahrt oder bestimmte Verkehrslinien oder bestimmte Teile des Warenaustausches ausschliesslich den heimischen Schiffen vorbehielt. So schloss die Republik Venedig fremde Schiffe von der Warenbeförderung nach Venedig aus und verbot Fremden die Einfuhr levantinischer Waren. Ähnlich ging Florenz vor. Auch die deutschen Hansestädte betrieben ein solches Ausschliessungssystem: fremde Schiffe durften hanseatische Waren nicht ausführen, Hanseaten durften ausländische Schiffe nicht befrachten, hanseatische Schiffe durften an Fremde nicht verkauft oder vermietet werden« (Ebenda, S. 1 f.). Eine umfassende Darstellung über die Entwicklung von Subventionen im Schiffahrtsbereich veröffentlichten die Lloyd-Nachrichten in ihrer Ausgabe Nr. 89 im März 1908, S. 1291-1295.

[17] Vgl. Glade, Dieter: Bremen und der Ferne Osten. Veröffentlichungen aus dem Staatsarchiv der Freien Hansestadt Bremen, Bd. 34, Bremen 1966, S. 77.

[18] Jaensch, a. a. O., S. 8.

[19] Vgl. Lindemann, Moritz: Der Norddeutsche Lloyd. Geschichte und Handbuch, Bremen 1892, S. 90 f.

[20] Ebenda, S. 91.

[21] Ebenda.

[22] Zit. nach: Neubaur, a. a. O., S. 27 f.

[23] Zit. nach: ebenda, S. 28 f.

[24] Zit. nach: ebenda, S. 31.

[25] Jaensch, a. a. O., S. 10.

[26] Vgl. Glade, a. a. O., S. 78 f.

[27] Zit. nach: Windmann, Theodor: Die Reichspostdampferlinien nach Ostasien und Australien, Bremen 1972, S. 31.

[28] Jaensch, a. a. O., S. 12.

[29] Vgl. Neubaur, a. a. O., S. 41: »Um so erstaunlicher ist es, daß im Reichstag gerade von seiten der Parteien, welche sich als die eigentlichen Vertreter von Industrie und Handel gebärdeten, der Regierungsvorlage nicht nur kein Interesse entgegengebracht wurde, sondern daß dieselbe auf ganz erheblichen Widerstand stieß.«

[30] Droz, Jacques, »Die deutsche Sozialdemokratie (1875-1914)«. In: Jaques Droz (Hrsg.): Geschichte des Sozialismus, Bd. 4, Frankfurt/Main – Berlin – Wien 1975, S. 36 f.

[31] Vgl. Sten. Ber., V. Leg.-Per., IV. Sess. 1884, 2. Bd., S. 744 und Glade, a. a. O., S. 80.

[32] Zit. nach: Kludas, a. a. O., S. 171.

[33] Über die Geschichte des Namens »Lloyd« berichteten die Lloyd Nachrichten in ihrer Nummer 54 im April 1905, S. 629 f.

[34] Lloyd-Nachrichten Nr. 77, März 1907, S. 1023.

[35] Kludas, a. a. O., S. 173.

[36] Vgl. Glade, a. a. O., S. 85 f. und Bessel, Georg: Norddeutscher Lloyd. Geschichte einer bremischen Reederei. 1857 – 1957, Bremen o. J., S. 50.

[37] Neubaur, a. a. O., S. 46.

[38] Ebenda, S. 46 f.

[39] Vgl. Kludas, a. a. O. Zu den Beziehungen zwischen Norddeutschem Lloyd und Reichsregierung während der Gesetzesberatungen vgl. auch Glade, a. a. O., S. 81-86.

[40] Einzelheiten vgl. im vollständigen Vertragstext im Anhang.

[41] Windmann, a. a. O.

[42] Hardegen, Friedrich und Käthi Smidt: H. H. Meier der Gründer des Norddeutschen Lloyd, Berlin, Leipzig 1920, S. 249.

[43] Ebenda.

Kapitän Christian Leist bereitete die
Einrichtung der Reichspostdampferlinien vor.

Die *Oder* eröffnete am 30. Juni 1886 den Reichspostdampferdienst nach Ostasien.

Ein Extrazug brachte die Festtheil-nehmer nach Bremerhaven. Als der Zug an den Häfen entlang fuhr, entrollte sich ein prächtiges Bild des Hafentreibens. Der Hafen war nicht ge-rade stark von Schiffen besetzt, aber von den Masten und Rahen wehten im hellen Sonnenschein Flaggen. Bre-merhaven selbst hatte in den Haupt-strassen geflaggt, und seine Bürger waren in Scharen herbeigeeilt, um dem wichtigen Momente der Eröffnung der neuen Linien beizuwohnen. Eine Anzahl großer Lloyddampfer lag im Hafen, nicht weniger als 6 auf Rhede, *Lübeck* und *Oder* für die neuen Linien, *Main, Köln,* sowie die Schnelldampfer *Trave, Ems,* endlich einige kleinere Dampfer und ein halbes Dutzend Se-gelschiffe.

Die Gesellschaft bestieg nun den auf der Rhede am Deich liegenden Damp-fer *Willkommen,* welcher gewöhnlich den Verkehr zwischen den grossen Dampfern und dem Lande vermittelt; er brachte sie an Bord der *Oder,* die in ihrer frisch gemalten grauen Farbe ei-nen prächtigen Anblick gewährte. Ein Musikcorps empfing die Gesellschaft, die nun zunächst die neuen Einrich-tungen des für den jetzigen Dienst ganz umgebauten Schiffes besichtig-te: den vergrößerten Salon mit seinem neuen Mobiliar aus der Fabrik des mit anwesenden Herrn Kommerzienraths Vogel, die Einrichtungen für das Ein-blasen kalter Luft aus der Refrigerati-onsmaschine, die Schlafkojen mit der-selben Einrichtung, die Badezimmer u. A.

Nach einer kurzen Ansprache über-reichte der Vorsitzer der bremischen Handelskammer, Herr L. E. Meyer, dem Kapitän der *Oder,* Herrn Pfeiffer, als Geschenk eine Ehrenflagge. Den Wünschen für das Gedeihen der neu-en Reichspostdampferlinien gab der Staatssekretär im Reichsamt des Inne-ren, Excellenz von Bötticher, warmen Ausdruck. Die Gesellschaft begab sich sodann an Bord des nach Newyork ab-gehenden Dampfers *Ems* und machte

Reichspostdampfer nach Ostasien und Australien (1886–1898)

die Fahrt bis nach dem Rothesand-leuchtthurm mit. Später fand an Bord des Dampfers *Trave* in Bremerhaven ein Festessen statt, bei welchem wie-derum die Tischreden der Bedeutung des Tages in jeder Beziehung gerecht wurden.«[1] So schilderte die Weser-Zeitung die Begleitumstände beim Aus-laufen der *Oder* nach Ostasien, mit dem die Reichspostdampferlinien am 30. Juni 1886 eröffnet wurden.

Dem Festtag waren beim Norddeut-schen Lloyd hektische und arbeits-reiche Monate vorausgegangen. Zu-nächst war die Beschaffung von Kapi-tal, insbesondere für Schiffsneubau-ten, erforderlich gewesen. Unter Vor-behalt hatte die bereits am 28. April 1885 abgehaltene Generalversamm-lung die Ausgabe neuer Aktien oder die Aufnahme einer Anleihe in Höhe von 15 Mill. Mark genehmigt. Nach Vertragsabschluß erhöhte die er-neut zusammengerufene Generalver-sammlung diesen Betrag auf 20 Mill. Mark. Zur Hälfte sollte er durch Ausga-be neuer Aktien, zur anderen Hälfte durch eine Anleihe aufgebracht wer-den. Damit stieg das Aktienkapital des Unternehmens auf 30 Mill. Mark.[2]

Doch bevor überhaupt ein Schiff in Fahrt gehen konnte, war ein umfang-reiches Pensum organisatorischer Vor-bereitungen zu absolvieren. Innerhalb kürzester Zeit war eine neue Infra-struktur für die Linien aus dem Boden zu stampfen, die einerseits die Organi-sation des Hauses in Bremen selbst und andererseits die Betreuung der Schiffe in den verschiedenen Häfen

betraf. In der Bremer Verwaltung wur-de eine zusätzliche Abteilung geschaf-fen, die sich ausschließlich mit dem Betrieb der neuen Linien zu befassen hatte. Hier wurde minutiös Buch ge-führt über die Fahrten der einzelnen Schiffe, über die anfallenden Kosten, Frachtraten, Passagierbewegungen, und natürlich wurden hier auch die Ak-tivitäten der englischen und französi-schen Konkurrenzlinien genau regi-striert. Es galt ferner den Bau der neu-en Reichspostdampfer zu betreuen, und darüber hinaus waren für die Fahrt durch den Suezkanal sämtliche für die Linie vorgesehenen Schiffe neu zu vermessen.

Das Postwesen auf den Schiffen muß-te organisiert werden. An Bord wurde der Zahlmeister damit betraut: »In den ersten Jahren vollzog sich demnach der Postverkehr an Bord auch in einigermaßen primitiven Formen«,[3] schreibt der Chronist des Norddeut-schen Lloyd Paul Neubaur. »Die von Europa direkt nach dem Auslande ab-gefertigte Post kam zwar in der im Weltpostverkehr üblichen Form an Bord, für jeden einzelnen Anlaufhafen besonders signiert, sie bedurfte daher keiner besonderen Behandlung; nach dem Reichskontrakt mußte sich aber auf jedem Dampfer ein Postkasten be-finden, in welchen die an Bord befind-lichen Passagiere bis kurz vor der An-kunft in jedem einzelnen Hafen ihrer-seits Postsachen zu den Sätzen des Weltpostvereins deponieren konnten. Diese Post hatte der Zahlmeister in der kurzen Frist zwischen dem Postschluß

Die Oder in Bremerhaven.

ren verlief die Auswahl der Liegeplätze in den Häfen. Dabei war ebenfalls eine Reihe von Gesichtspunkten zu berücksichtigen, nämlich »daß erstens einmal eine schnelle Abfertigung der Schiffe für Löschen, Laden und Kohlenübernahme gewährleistet wurde, daß ferner für den Passagierverkehr sich möglichst günstige Umstände ergaben, und daß endlich für die Repräsentation der deutschen Flagge genügend gesorgt war. Die Reichspostdampfer konnten nicht wie die Schiffe von Privatreedereien nur auf das Nützlichkeitsprinzip bzw. Billigkeit Rücksicht nehmen, sondern sie hatten, ihrem Charakter entsprechend, auch einen Platz zu beanspruchen, der sie als in der ersten Reihe aller Schifffahrtslinien marschierend erscheinen ließ. «[7]

und der Ankunft in jedem einzelnen Hafen zu bearbeiten. Er besaß ursprünglich keinerlei Stempel mit dem entsprechenden Ortsnamen, sondern mußte handschriftlich auf jedem Brief und jeder Postsache den Hafen vermerken, in welchem die einzelnen Stücke als mit deutschem Reichspostdampfer befördert an Land gingen, ein höchst umständliches Verfahren, welches jetzt durch den Einheitsstempel ›Deutsche Seepost‹ in geeigneter Weise ersetzt ist. «[4]

Besondere Sorgfalt verwandte der Norddeutsche Lloyd auf die Einrichtung von Agenturen in den verschiedenen Häfen. Um die Lage vor Ort zu klären, wurde der Inspektor Kapitän Christian Leist auf Informationsreise geschickt, auf der er zeitweise von Johann Georg Lohmann, dem Direktor des Norddeutschen Lloyd, begleitet wurde, der vor allem in Ägypten mit der Verwaltung des Suezkanals verhandeln wollte. Der Suezkanal war bis 1885 ausschließlich in Tagfahrt mit einer Geschwindigkeit von 10 km/h unter Anleitung von zwei Lotsen zu befahren. Erst unmittelbar bevor der Reichspostkontrakt in Kraft getreten war, hat-

te die Suez-Kanalgesellschaft sich entschlossen, die Nachtfahrt zumindest für Postdampfer unter besonderen Vorkehrungen zu genehmigen, zu denen die Verlängerung des Ruderblattes (Erhöhung der Manövrierfähigkeit) sowie die Anbringung eines starken elektrischen Scheinwerfers (»Kanalscheinwerfer«) am Bug des Schiffes gehörten. Die Ruderverlängerung hatte das Schiff selber in Port Said vorzunehmen, der Scheinwerfer mußte von der Kanalgesellschaft gemietet werden.

Als Agenturen in Übersee wurden dem Wunsch des Reiches entsprechend in erster Linie deutsche Handelshäuser ausgewählt. Unter ihnen befanden sich sehr renommierte Unternehmen wie H. Ahrends & Co in Japan oder die noch heute existierende Firma Melchers & Co in Hongkong.[5] Eine Hauptaufgabe der neu eingerichteten Vertretungen bestand darin, von den Anlaufhäfen der Reichspostdampfer aus Handelsverbindungen mit den im näheren oder weiteren Einzugsbereich gelegenen Regionen herzustellen und zu sichern.[6] Hand in Hand mit der Besetzung und Einrichtung der Agentu-

Doch auch in Deutschland waren die Vorbereitungen weitergelaufen. Es war dem Norddeutschen Lloyd gelungen, die schon zuvor in der Australienfahrt engagierte Firma Robert M. Slo-

Hohenzollern, Innenansicht.

man als Hamburger Vertretung für beide Linien zu betrauen. Die Sloman-Reederei zog daraufhin ihre eigenen Schiffe aus dem Australiendienst zurück und setzte sie im Amerikadienst ein, nicht unbedingt zur Freude der HAPAG.[8]

Zwar besaß der Norddeutsche Lloyd 1885 eine umfangreiche Flotte leistungsfähiger Schiffe, dennoch entsprach keines der vorhandenen Schiffe letztlich den Anforderunges des Gesetzes und der abgeschlossenen Verträge. Lediglich die in den 70er Jahren in Großbritannien gebauten Dampfer waren groß und schnell genug für die neuen Dienste. So griff der Lloyd zur Eröffnung der Hauptlinien zunächst auf die Schiffe seiner Nord- und Südamerikalinien zurück. Für die Fahrten nach Ostasien waren dies die *Oder, Neckar, Nürnberg* und *Braunschweig*, für die australische Linie die Dampfer *Salier, Hohenzollern, Hohenstaufen, Habsburg.* Als Reserveschiff war die *General Werder* vorgesehen.[9]

Diese Dampfer gehörten »zu der um die Mitte der achtziger Jahre in der Passagierbeförderung auf erstklassigen Linien allgemein herrschenden Klasse der Glattdeckschiffe, welche gegenüber dem verbreitetsten Frachtdampfertyp bereits ein durchgehendes Oberdeck besaßen und infolgedessen etwas höher über dem Wasser lagen als die weitaus größte Mehrzahl der ozeangehenden Schiffe, auf denen über dem Hauptdeck sich nur noch eine Back (Vorderdeck), ein Achterdeck und ein kurzes Brückendeck erhoben«.[10]

Die Salons und Passagiereinrichtungen dieser ersten auf den Reichspostdampferlinien eingesetzten Einheiten lagen noch im achteren Bereich der Schiffe. »Der schmale und lange Salon erhielt sein Licht nur vom Deck her durch Skylights; zu beiden Seiten des Salons lagen Kabinen, ebenso vor dem Salon zu beiden Seiten der Maschine. Immerhin wurden bei den ersten Reichspostdampfern bereits eine

Neben Neubauten setzte der Lloyd umgerüstete Schiffe aus seiner Flotte auf den Reichspostdampferlinien ein, so die 1873 gebaute *Nürnberg.*

Reihe von Einrichtungen getroffen, welche in der Passagierfahrt vor 20 Jahren nur erst vereinzelt, auf den meisten Schiffen gar nicht anzutreffen waren; hierhin gehörte vor allen Dingen die Einrichtung des elektrischen Lichtes in allen Räumen des Schiffes, der elektrischen Klingeln, der Ausdehnung der Wasserleitung an Bord und der Ventilation.«[11] Aufgrund ihrer Größe konnten die ersten Postdampfer allerdings durchschnittlich nur etwa 1 600 t Ladung befördern.

Die ersten eigens für die Reichspostlinien nach dem Vertragsabschluß mit dem Reich in Auftrag gegebenen Neu-

bauten, die drei Schwesterschiffe *Preussen, Bayern* und *Sachsen,* sollten insbesondere im Passagierbereich bereits einen weiteren Fortschritt darstellen, insofern »als über dem Oberdeck ein Promenadendeck im hinteren Teil des Schiffes für die erste Klasse, ein mittleres Promenadendeck für die zweite Klasse auf das Oberdeck aufgesetzt wurden, während in der entsprechend höheren Back die Mannschaften ein besseres Unterkommen wie bei den alten Schiffen fanden. Mit ihrer schweren Briggtakelage, wie mit den beiden Dampfschloten und mit ihrer für damalige Zeiten bereits erhebli-

Die *Habsburg* gehörte zur Strassburg-Klasse des Norddeutschen Lloyd und wurde für den Reichspostdampferdienst umgerüstet.

Hohenstaufen (rechts) im Dock.

Der Reichspostdampfer *Preussen*
wurde im Oktober 1886 in Dienst gestellt.

chen Höhe über dem Wasserspiegel durften die Schiffe als ein imponierender Zuwachs der deutschen Handelsflotte angesehen werden. Immerhin lagen die Passagiereinrichtungen der ersten Klasse noch im Hinterschiff; als Verbesserungen gegen früher erwiesen sich die über die ganze Breite des Schiffes gehenden, im Oberdeck liegenden Speisesäle, während die Rauch- und Damensalons auf dem Promenadendeck angeordnet waren. Dort fanden auch einige wenige Passagierkammern Platz; die Mehrzahl blieb im Oberdeck mittschiffs und im Hauptdeck im mittleren und hinteren Teil des Schiffes.«[12] Die zweite Klasse lag mittschiffs vor der Maschine, und die dritte Klasse war im Vorschiff untergebracht.

»In der Eleganz der Salon- und Kabinenausstattungen übertrafen schon diese Reichspostdampfer bei weitem alle englischen und französischen, in der Fahrt nach Ostasien beschäftigten Schiffe.«[13]

Der Neubau der sechs Reichspostdampfer, zu denen neben der *Preussen, Bayern* und *Sachsen* noch die kleineren Schiffe *Stettin, Lübeck* und *Danzig* gehörten, war auf der damals führenden deutschen Werft, dem Vulcan in Stettin, erfolgt. Der Umbau der übrigen Schiffe, bei dem es sich insbesondere um eine spezielle Ausrüstung für die Tropenfahrt sowie Erneuerungen der Kessel- und Maschinenanlagen handelte, wurde zum Teil ebenfalls beim Vulcan, zum Teil in den Werkstätten des Lloyd in Bremerhaven vorgenommen.[14] Für alle Schiffe auf den Reichspostdampferrouten galt laut Vertrag, daß sie hinsichtlich Sicherheit, Bequemlichkeit, Komfort und Verpflegung nicht hinter den Schiffen der ausländischen Konkurrenz auf den gleichen Linien zurückstehen durften. Es gelang dem Norddeutschen Lloyd trotz der Kürze der Zeit, die Vorbereitungen rechtzeitig abzuschließen und den Liniendienst zum geplanten Termin zu eröffnen. Eine der ersten Anzeigen des Norddeutschen Lloyd bzw. seiner Hamburger Agentur Robert M. Sloman jr. in der Hamburgischen Börsenhalle im Mai 1886 war unmittelbar unter dem Inserat der Konkurrenz, der Kingsin-Linie, plaziert.

Briefmarken der Deutschen Post
auf den Marianen.

Sachsen, Rauchzimmer.

Kinderzimmer auf der *Preussen*. Zeichnung von Otto Bollhagen.

Salon der *Preussen*.

Foto rechts:
Speisesaal 1. Klasse der *Sachsen*.

Reichspostdampfer *Sachsen* in Neapel.

Die *Lübeck* im Hafen von Sydney.

Sachsen, Promenadendeck.

Der Reichspostdampfer *Bayern* nahm im
Januar 1887 seinen Dienst auf.

des Reichstages und Vertreter der Schiffahrt nach Bremen geladen. Fahrplanmäßig führte die erste Reise der *Oder* über Antwerpen, Port Said, Suez, Aden, Colombo, Singapur und Hongkong nach Shanghai. Von Hongkong aus bot der Lloyd einen Anschluß nach Japan an. Die Ostasienroute wurde fortan vierwöchentlich betrieben. Auf ihrer ersten Reise erreichte die *Oder* Shanghai sogar einen Tag früher, als es der Fahrplan vorsah. An Bord des Schiffes befand sich die postalische Grundausstattung für das erste deutsche Postamt in China: Briefmarken und Postkarten im Nennwert von 4 140 Mark.

Die Eröffnung des Reichspostdampferdienstes am 30. Juni 1886 durch den Dampfer *Oder* war in Bremen und Bremerhaven Anlaß zu zahlreichen Festlichkeiten gewesen. Die Bremer Handelskammer hatte Vertreter der rheinisch-westfälischen und sächsischen Handelskammern und verschiedener industrieller Vereine sowie den Vorstand des deutschen Handelstages und Mitglieder aus den eigenen Reihen sowie des Bundesrates,

D e *Stettin* wurde 1886 auf der Vulcan-Werft in Stettin gebaut und 1896 auf der Seebeck-Werft in Bremerhaven verlängert.

5 000 Postwertzeichen	à 5 Pfg = M 250,–
5 000 Postwertzeichen	à 10 Pfg = M 500,–
10 000 Postwertzeichen	à 20 Pfg = M 2 000,–
2 500 Postwertzeichen	à 50 Pfg = M 1 250,–
1 000 einfache Weltpostkarten	à 10 Pfg = M 100,–
200 Weltpostkarten mit Antwort	à 10 + 10 = M 40,–
	M 4 140,–[15]

Weitaus ruhiger verlief am 14. Juli 1886 die Abfahrt des ersten Schiffes von Bremerhaven nach Australien. Diese Fahrt absolvierte die *Salier,* ebenfalls ein umgebauter Dampfer aus der Atlantikfahrt, der 70 Passagiere in der 1. Klasse, 110 in der 2. Klasse und im Zwischendeck 480 Fahrgäste der 3. Klasse unterbringen konnte. Die *Salier* war wie alle übrigen Dampfer dieser Anfangsphase noch als Segelschiff getakelt.

»Es lag in der Natur der Sache, daß die Abfahrt sich ohne weitere Festlichkei- ten vollzog«, schrieb später Kapitän Carl Thalenhorst über seine erste Fahrt im Reichspostdampferdienst auf der *Salier,* »denn beide Linien hatten zunächst dieselbe Route – Antwerpen, Port Said, Suez und Aden –, und beide hatten dieselbe Aufgabe, nämlich den fernen Osten mit dem Mutterlande zu verbinden. Dann aber trennten sich die Wege. Direkt durchquerte ich den Indischen Ozean bis zur Südküste Australiens und fuhr an dieser entlang bis zum ersten Anlaufhafen Australiens, nach Adelaide.«[16]

Die *Salier* in Bremerhaven.

Die *Salie*r eröffnete
den Reichspostdampferdienst nach Australien.

War die Abfahrt in Bremerhaven ohne Aufsehen verlaufen, so gab es bei der Ankunft in Adelaide einen festlichen Empfang, und auch in den weiteren australischen Hafenstädten ähnelte der erste Besuch eines Reichspostdampfers jeweils einem kleinen Volksfest.

Ende 1886 und Anfang 1887 waren schließlich mit einigen Monaten Verspätung auch die Neubauten in Dienst gestellt worden. Die 4 600 BRT großen Schiffe *Bayern*, *Preussen* und *Sachsen* wurden auf der Hauptlinie, die kleineren Dampfer *Danzig*, *Lübeck* und *Stettin* (je 1 800 BRT) auf den Zweig- und Anschlußlinien eingesetzt. Die *Bayern*, *Preussen* und *Sachsen* waren anfangs fast ausschließlich im Ostasien-Dienst unterwegs.

Der Geschäftsbericht des Norddeutschen Lloyd 1886 berichtete: »Bis zum Jahresschluß haben 5 Dampfer nach Ostasien und 4 nach Australien ihre Reise vollendet, und wir können wohl sagen, daß die Ergebnisse dieser Reisen unsere Erwartungen nicht getäuscht haben. Freilich haben wir uns in dieser Beziehung keinen sanguinen Hoffnungen hingegeben. Es liegt in der Natur der Sache, daß ein so junges Unternehmen mit Schwierigkeiten der verschiedensten Art zu kämpfen hat und daß diese Schwierigkeiten erst mit der Zeit überwunden werden können. Immerhin sind die Erfolge, die wir bis jetzt erzielt haben, derart, daß wir mit Vertrauen in die Zukunft blicken dürfen. Was den Güterverkehr anlangt, so haben die Dampfer ausgehend wie rückkehrend stets volle Ladung gehabt, wenn auch der Passagierverkehr bis soweit allerdings nur ein unbedeutender gewesen ist. Was den Komfort und die innere Einrichtung der drei großen beim ›Vulcan‹ in Stettin gebauten Dampfer *Preussen*, *Bayern* und *Sachsen* anbetrifft, so können wir ohne Übertreibung sagen, daß solche Dampfer in jenen Gegenden noch nicht gesehen worden sind, und auch in der Schnelligkeit haben sowohl die-

se wie die übrigen in die neuen Linien eingestellten Dampfer sich so gut bewährt, daß sie nicht allein vielfach vor der fahrplanmäßigen Zeit in den Bestimmungshäfen angekommen sind, sondern auch in einigen Fällen die Post schneller zur Ablieferung gebracht haben, als dies von irgendeiner der konkurrierenden Linien je zuvor geschehen ist.«[17]

Doch die neuen Reichspostdampferlinien waren anfangs nicht vom Glück begünstigt. Schon im zweiten Jahr gab es einen Totalverlust. Auf ihrer dritten Fahrt, die am 9. März 1887 in Bremerhaven begonnen hatte und auf der am 26. April 1887 fahrplanmäßig Shanghai angelaufen worden war, strandete die *Oder* in den Morgenstunden des 30. Mai 1887 auf einem Felsenriff der vor dem Golf von Aden liegenden Insel Sokotra. Bei den Rettungsaktionen kenterte ein Rettungsboot auf der Suche nach einer Landungsstelle im heftigen Sturm, dabei kamen der dritte Offizier und drei Besatzungsmitglieder ums Leben. Die 61 Passagiere und die übrigen 111 Besatzungsmitglieder wurden von dem englischen Frachter *Cyclops* im Verlauf des nächsten Tages übernommen und nach Aden gebracht. Dort gingen sie an Bord des italienischen Dampfers *Raffaele Rubattino* nach Alexandria, von wo der Dampfer *Adler* der Mittelmeer-Linie die Post und einen Teil der Passagiere nach Triest brachte. Die Besatzung traf mit dem Dampfer *Neckar* am 19. Juli 1887 in Bremerhaven ein. Die *Oder* jedoch war bei der Strandung verlorengegangen.[18]

Auch der Reichspostdampfer *Preussen*, der künftig wie seine Schwesterschiffe im Ostasiendienst fuhr, machte seine Jungfernreise nach Australien unter keinem glücklichen Stern. Im November 1886 war das Schiff aus Bremerhaven ausgelaufen und hatte nach dem Ablegen in Port Said 600 Passagiere an Bord. Während der Überfahrt nach Australien erkrankten mehrere Fahrgäste an Pocken. Weitere wurden

infiziert, und als das Schiff in Australien ankam, verhängten die Behörden eine strenge Quarantäne über die *Preussen*, deren Passagiere erst nach zwei Monaten an Land gehen durften. Diese Jungfernreise brachte dem Norddeutschen Lloyd einen Verlust von 300 000 Mark.

Insgesamt waren die Bilanzen der ersten Jahre negativ. »Der Gewinn an Prestige kostete die Aktionäre manche Goldmark«,[19] schreibt Arnold Kludas in seiner Geschichte der deutschen Passagierschiffahrt. Die Übernahme der Reichspostdampferlinien belastete den Norddeutschen Lloyd in den ersten Jahren finanziell stark, denn trotz der staatlichen Subventionen fuhren die Reichspostdampfer der Reederei in den ersten Betriebsjahren erhebliche Verluste ein, die sich von 1887 bis 1891 zwischen 60 000 und 1,8 Mill. Mark bewegten,[20] wobei gerade das erste Betriebsjahr sehr schlecht abschloß.

Im einzelnen konstatiert der Jahresbericht des Norddeutschen Lloyd für 1887:

»Was die Ergebnisse der einzelnen Linien anbelangt, so haben nur die Reichspostdampferlinien ein ungünstiges Resultat zu verzeichnen, welches wir Ihnen wie folgt vorlegen:

Kohlenarbeiter am Kai.

Es weisen auf:
○ die ostasiatische Haupt- und Zweiglinie   einen Verlust von M 2 153 867,40
○ die australische Haupt- und Zweiglinie   einen Verlust von M 1 989 272,40
○ die Mittelmeerlinie Haupt- und Zweiglinien   einen Verlust von M   459 036,90
                            ergibt zusammen einen Verlust von M 4 602 176,70
und nach Anrechnung des Reichszuschusses   in Höhe von M <u>4 400 000,00</u>
                                        einen Verlust von M   202 176,70

dazu kommen:
an Kosten für laufende Reparaturen   M   366 552,35
an Anteil an den Verwaltungskosten   M   175 632,15
5 % Abschreibung vom Kapital und 20 % von der Ausrüstung   M 1 009 000,00
ergibt in Summa einen Verlust von   M 1 753 361,20
der sich für die demnächstige Verrechnung mit der Reichsregierung noch um die gemäß Art. 26 sub 5 des Postdampfervertrages zu berechnenden Zinsen erhöhen würde.«[21]

Den Verlusten auf den Reichspostdampferlinien standen Gewinne vor allem in der New-York-Fahrt gegenüber, die insbesondere den Schnelldampfern zu verdanken waren.[22]

Für die wirtschaftlichen Schwierigkeiten in den Anfangsjahren gab es eine Reihe von Gründen. Die verspätete Ablieferung der Neubauten durch die Werft, der Verlust der *Oder* und die Probleme der *Preussen* während ihrer ersten Fahrt haben sicherlich zur schlechten Bilanz beigetragen. »Der weitere und entscheidende Grund aber für die Unrentabilität der Reichspostlinien während ihrer ersten Betriebsjahre ist darin zu suchen, dass das zur Verwendung kommende Dampfermaterial, und zwar sowohl die älteren Schiffe wie die neu gebauten, für die Aufgaben, die es erfüllen sollte und für welche im Reichskontrakt eine Anzahl Schwierigkeiten aufgehäuft

war, von denen die konkurrierenden Frachtlinien nicht betroffen wurden, sich als nicht ausreichend erwies.«[23] Die Schiffe der Reichspostlinien waren in erster Linie für den Passagierverkehr, nicht aber für den Frachtverkehr konzipiert, aber gerade das Passagieraufkommen nach und von Südostasien und Australien war noch so gering, daß es den Linien keinen gewinnbringenden Betrieb ermöglichte.

Für die ostasiatische Linie waren zwar mit der *Preussen, Bayern* und *Sachsen* Schiffe in Dienst gestellt, »mit denen in der Passagierfahrt weder die Schiffe der Peninsular and Oriental Company noch diejenigen der M. M. erfolgreich konkurrieren konnten«.[24] Das Problem war allerdings – und das erkannte man beim Lloyd allmählich –, daß »der Passagierverkehr zwischen Deutschland und Ostasien bzw. Australien bis soweit überhaupt nur ein geringer ist und die Reisenden anderer Nationalitäten ihren heimischen Dampfern in der Regel den Vorzug geben«.[25]

Für die Zweiglinien sah es nicht wesentlich anders aus. Neubaur schreibt 1907 darüber: »Als verfehlt erwies sich ... die Konstruktion der für die Zweiglinien Hongkong–Japan, Sydney–Samoa und Brindisi–Port Said bestimmten Dampfer *Stettin, Lübeck* und *Danzig*. Der viel zu kleine Raumgehalt und die höchst unpraktische Bauart der Schiffe machten dieselben bei aller Zierlichkeit der inneren Ausstattung – die Salons waren ganz mit bemalten Platten aus der königlichen Porzellan-Manufaktur in Berlin bedeckt – in schwerem Wetter so gut wie unbrauchbar. Ein wesentlicher Gesamtfortschritt durfte immerhin bei allen sechs Dampfern, mit Rücksicht auf die Bequemlichkeit der Passagiere, in der Ausstattung mit Kaltluftmaschinen und in der Einrichtung sehr zahlreicher Badeeinrichtungen, besonders auf den Hauptdampfern, erblickt werden.«[26]

Erheblich schwieriger noch als für die Ostasien-Linie waren die wirtschaftlichen Probleme in der Australien-Fahrt. Dominierender Handelspartner für Australien war nach wie vor das Mutterland Großbritannien. Im Jahre 1889 betrug der britische Anteil am Import Australiens rund 69 %, derjenige Deutschlands lediglich 3,6 %. Beim australischen Export war Großbritannien sogar mit 76,7 % gegenüber einem deutschen Anteil von nur 2,5 % des Warenwertes in £-Sterling beteiligt.

Die Einwandererzahlen nach Australien stiegen nicht wie erwartet, sondern sanken. Sie wiesen im Zeitraum von 1881 bis 1890 insgesamt ca. 363 000 Personen aus und halbierten sich im folgenden Jahrzehnt von 1891 bis 1900 auf 159 000. Für deutsche Auswanderer war Australien im Gegensatz zu den USA kein allzu verlockendes Ziel. Im Zeitraum von 1857, dem Gründungsjahr der HAPAG, bis 1910 wanderten etwa 55 000 Deutsche nach Australien aus, in die USA emigrierten hingegen im Zeitraum von von 1820 bis 1908 etwa 5,3 Mill. Deutsche.[27]

Ähnlich wie die Reichspostdampfer auf der Ostasien-Linie stammten auch die Schiffe der Australien-Linie aus dem Nordatlantikdienst und verfügten über zu wenig Laderaum und zuviel Passagierkapazität. Erst mit der in den neunziger Jahren geänderten Konzeption der Schiffe sollte sich allmählich auch eine Besserung des Betriebsergebnisses einstellen. Als besondere Schwierigkeit für die Reichspostdampfer erwies sich ihre vertraglich festgelegte Hafenliegezeit, die in der Regel auf 24 Stunden begrenzt war. Gegenüber den Konkurrenzlinien war ihr Spielraum somit erheblich eingeschränkt.

Im Verkehr von Europa operierten die alteingefahrenen Konkurrenten, die britische Peninsular & Oriental Steam Navigation Company, die französischen Messageries Maritimes sowie ferner als zweite britische Linie die Orient-Line of Royal Mail Steamships. Letztere setzte 1887, nur wenige Mo-nate nach Eröffnung der Reichspostdampferlinien, vier neue Schiffe, die sogenannten Jubilee-Schiffe, auf der Fahrt nach Australien ein, die in bezug auf Größe, Geschwindigkeit und Ausstattung allen übrigen im australischen Verkehr beschäftigten Schiffen weit überlegen waren und gegen welche besonders die kleinen Schiffe der Reichspostdampferlinien kaum Chancen hatten.[28]

Der Norddeutsche Lloyd entschloß sich, diese Konkurrenz seinerseits durch einen Neubau auszustechen. Er erhielt den Namen *Kaiser Wilhelm II.*[29] Mit 7 000 BRT und einer Geschwindigkeit von 16 kn trat das Schiff nicht nur durch seine Größe und Geschwindigkeit hervor, sondern war auch durch seinen Komfort – die 1. Klasse war mittschiffs im Ober- und Promenadendeck untergebracht, und seine modernen Ventilationsanlagen sorgten für angenehmes Raumklima – bei den Passagieren beliebt. Die Weser-Zeitung schwärmte: »Die vier Masten sind schunergetakelt, und die beiden grossen Schornsteine vervollständigen den Gesamteindruck von der Grösse und Schnelligkeit des Schiffes. In Betreff des letzten Punktes erwarten die Erbauer, dass der Dampfer die Londoner Post in 26 Tagen nach Adelaide befördern werde.«[30]

Bei seiner ersten Ausreise im Oktober 1889 besichtigten allein in Sydney 20 000 Menschen den Neubau. Allerdings hatte der Norddeutsche Lloyd, an dessen Spitze nach dem Ausscheiden von H. H. Meier jetzt Johann Georg Lohmann stand, wiederum einen schnellen Passagierdampfer bauen lassen, anstatt ein Schiff mit ausreichender Frachtkapazität zu planen und zu ordern.[31]

Ebenfalls im Herbst 1889 wurde der Schnelldampfer *Elbe* aus dem Nordamerikadienst als Verstärkung in den Australiendienst eingestellt. Die in Großbritannien gebaute *Elbe* erfüllte zwar nicht die Vertragsanforderungen, doch die Reichsregierung genehmigte ihren Einsatz; entweder »ignorierte sie aus Unkenntnis oder aber stillschweigend die Tatsache, daß die Bauart der *Elbe* nicht den strengen Vorschriften des Reichspostdampfer-Vertrags entsprach«.[32] Die *Elbe* blieb kein Einzelfall.

1888 erhielt der Lloyd auf einen entsprechenden Antrag die Genehmigung, auch die *Dresden,* die mit einer Reisegeschwindigkeit von 13 kn fuhr und sich bereits im Atlantikverkehr bewährt hatte, auf der Reichspostdampferline nach Ostasien einsetzen zu dürfen.[33] Am 29. Mai 1889 lief das

Die *Elbe* war für den Nordatlantikdienst gebaut worden. 1889 durfte sie mit Genehmigung der Reichsregierung auch im Reichspostdampferdienst eingesetzt werden.

Speisesaal der *Elbe*.

Die in England gebaute *Karlsruhe* durfte der Lloyd – ebenso wie eine Reihe weiterer Schiffe dieser Serie – mit Genehmigung der Regierung auf den Reichspostdampferlinien einsetzen.

Schiff zu seiner ersten Fahrt nach Shanghai aus. Sogar noch weitere Schiffe der Dresden- und Karlsruhe-Klasse,[34] die der Lloyd bis 1891 in Glasgow hatte bauen lassen, konnten auf den Postdampferlinien eingesetzt werden, obwohl sie nicht in Deutschland gebaut worden waren und ihr Einsatz damit gegen Vertrag und Gesetz über die Reichspostdampfer verstieß.[35] Bestreben des Lloyd war, im Betrieb der Reichspostdampferlinien endlich aus den roten Zahlen herauszukommen. Mehr und mehr zeichnete sich ab, daß insbesondere die älteren Schiffe den Anforderungen nicht mehr entsprachen. Deshalb wurden 1892/93 die zur Einrichtung der Linien 1886 umgebauten Atlantikdampfer *Braunschweig*, *Neckar* und *Nürnberg* endgültig aus dem Reichspostdampferdienst entfernt[36] und wieder im Atlantik eingesetzt. An ihre Stelle traten die in Schottland gebauten Schiffe *Oldenburg*, *Darmstadt* und *Karlsruhe*. Die *Kaiser Wilhelm II* als auch die *Elbe* hingegen waren aufgrund ihres hohen Kohlenverbrauchs auf den Reichspostdampferlinien unrentabel und wurden schon bald auf andere Routen geschickt.
Ein weiteres Problem beim Betrieb der Reichspostdampfer war der feste Fahrplan, an den sie vertragsmäßig gebunden waren und der sich zumindest in seiner ursprünglichen Fassung als unrealistisch erwies, zumal er vom grünen Tisch aus geplant worden war.

So traten im Laufe der Zeit Änderungen ein, die sich aus den in der Praxis gesammelten Erfahrungen, aus wirtschaftlichen und regionalpolitischen Erwägungen ergaben. Der Reichspostdampfervertrag hatte zunächst die Frage offen gelassen, ob ein holländischer oder ein belgischer Hafen angelaufen werden sollte. Bismarcks Entscheidung fiel schließlich zugunsten Antwerpens aus, da in Rotterdam die Hafenbecken nicht tief genug seien.

Promenadendeck der *Kaiser Wilhelm II*.

Zusätzlich wurde bereits im August 1886 Southampton als Ein- und Ausschiffungshafen für Passagiere auf beiden Linien in die Reiseroute aufgenommen. Das ursprünglich geplante Anlaufen Koreas wurde zurückgestellt, so daß die Ostasien-Route von Bremerhaven aus über Antwerpen, Southampton, Port Said, Suez, Aden, Colombo, Singapur und Hongkong nach Shanghai ging. Die Rückreise verlief über dieselben Häfen. In Hongkong schloß sich die japanische Zweiglinie nach Yokohama, Hyogo (Kobe) und Nagasaki an die Hauptlinie an. Die australische Linie verlief von Bremerhaven bis Aden auf derselben Route wie die ostasiatische Linie und ging dann über Adelaide und Melbourne nach Sydney und zurück. Durch eine Zweiglinie war sie weiterhin mit den Tonga-Inseln und Samoa verbunden.

Die Schiffe der Nebenlinien erwarteten die der Hauptlinien in Hongkong und Sydney. Der Hafen Colombo wurde von den Schiffen der Australienfahrt ab März 1887 anstelle der Tschagosinseln angelaufen. Das erforderte zwar einen Umweg, hatte aber für den Fracht- und Personenverkehr Bedeutung, so daß in Kombination mit der Ostasienlinie seitdem eine vierzehntägliche Verbindung von Ceylon (Shri

Kaiser Wilhelm II unternahm im Oktober 1889 die erste Fahrt nach Australien.

Kaiser Wilhelm II in Neapel.

Lanka) nach Europa bestand, die die Entwicklung des beiderseitigen Außenhandels unterstützte.

Eine wesentliche Änderung gab es bereits früh auf der Mittelmeerlinie. Sehr schnell hatte es sich als Nachteil herausgestellt, daß die Postdampfer im Mittelmeer lediglich Port Said anliefen, um hier Passagieren den Zustieg zu ermöglichen, die aus Zeitersparnisgründen nicht in den nordeuropä-ischen Häfen an Bord gingen, sondern mit der schnelleren Bahn zum Mittelmeer fuhren und dort an Bord kamen. Dadurch wurde für die Passagiere ein zweimaliges Umsteigen nötig: in Triest oder Brindisi von der Bahn auf das Schiff und in Port Said von einem Schiff auf ein anderes. Der vierzehntägliche Mittelmeerzubringerdienst ab Triest brachte keine zufriedenstellende Auslastung. Es gelang, von der Reichsregierung die Genehmigung zum Anlaufen von Genua zu erhalten; bereits 1887 konnten die ersten Passagiere dort aufgenommen werden. Jetzt entfiel allerdings der Abschnitt Triest–Brindisi der Zweiglinie, die fortan nur noch zwischen Brindisi und Port Said verkehrte, vor allem um Post zu befördern.

Im Fernen Osten richtete der Norddeutsche Lloyd 1888 eine zusätzliche

Mit diesem Plakat warb der Norddeutsche Lloyd in Italien für seine Reichspostdampferlinien. Es ist das älteste Reedereiplakat im Besitz des Deutschen Schiffahrtsmuseums (DSM) in Bremerhaven.

Zubringerlinie ein. Auf ihr wurde Tabak aus Sumatra als Ladung für die Reichspostdampfer herbeigeschafft. Auf dieser Linie wurden die ursprünglich in der Englandfahrt des Lloyd beschäftigte *Schwalbe* sowie der 1889 bei Howaldt in Kiel gebaute Küstendampfer *Sumatra* eingesetzt. Beide Schiffe hielten eine regelmäßige Verbindung zwischen Penang, Singapur und Sumatra aufrecht.[37]

In der Presse der damaligen Zeit bekamen die Reichspostdampfer gute Kritiken; damals wie heute waren gelegentlich Journalisten unter den Passagieren. Begeistert berichtete im November 1891 ein Reporter der Weser-Zeitung in mehreren Folgen über eine Fahrt der *Bayern* nach Genua: »Welch ein Phänomen für einen unbeteiligten Zuschauer, von einem vielleicht passierenden Schiffe aus betrachtet: ein grosser Dampfer in tagesheller Beleuchtung aller Räume, in seiner ganzen Länge illuminiert wie eine langgedehnte Stadt, in voller Fahrt dahineilend auf der Meeresfläche, auf seinem

Deck eine ausgelassene Gesellschaft nach den heiteren Weisen der Musik in graziösen Tänzen sich drehend und schwingend und darauf verschwindend im Dunkel der Nacht, dann und wann ein ferner Laut der Musik, vom Winde herangetragen! Wars ein Phantom oder Wirklichkeit? Jedenfalls ein modernes Kulturbild.«[38]

In einer weiteren Folge schilderte der Reporter das Schiff selber: »Die Lloyddampfer gelten unter allen auf diesen Linien fahrenden Schiffen als vornehmste Klasse, und sie rechtfertigen diesen Ruf, der ihnen mancherlei Vergünstigungen einträgt, durch die Vortrefflichkeit ihrer Einrichtungen, vorzügliche Verpflegung und musterhafte Führung des Dienstes seitens der Offiziere und Mannschaften. Der gebotene Komfort hält den Vergleich mit jedem Hotel modernster Einrichtung aus, abgesehen von räumlichen Beschränkungen, die auf Schiffen unvermeidlich sind. Welch' eine Wohltat ist nicht allein die elektrische Beleuchtung schon in den Schlafkabinen! Ein Druck

auf eine Feder in der Seitenwand erhellt den Raum mit Tageshelle, welche das Lesen im Bette gestattet. Ebenso werden die Salons und Wandelgänge auf dem Hauptdeck die Nächte hindurch bei jedem Wetter mit Leichtigkeit in Beleuchtung gehalten. Welch' ein Fortschritt zugleich im Punkte der Sicherheit gegen Feuersgefahr im Vergleich zu der früheren Lampenbeleuchtung!«[39]

Einen entscheidenden Wendepunkt in der Geschichte der Reichspostdampfer wie überhaupt in der Entwicklung des Norddeutschen Lloyd bedeutete nach Johann Georg Lohmanns Tod im Jahre 1892 die Übernahme der Firmenleitung durch Heinrich Wiegand. Ihm verdankte die gesamte Flotte des Lloyd eine Umstrukturierung, und auch auf den Reichspostdampferlinien wurden zahlreiche Neuerungen eingeführt. Bereits zu Beginn seiner Tätigkeit erfolgte die Einstellung der unrentablen Samoa-Zweiglinie sowie des aufwendigen und nutzlosen Brindisi-Port-Said-Dienstes. Dafür wurde Neapel zum Hafen für Postübernahme und -ablieferung bestimmt.[40]

Allerdings bedurften diese Änderungen der Genehmigung der Reichsregierung, die sie in einem Zusatzvertrag vom 10./15. Mai 1893 gewährte. Wiegand kam es darauf an, den Reichspostdampferbetrieb endlich wirtschaftlich zu gestalten, »wenigstens so, daß er, trotz hoher Aufwendungen für das Schiffsmaterial, keinerlei Reedereizuschüsse mehr erforderte«.[41]

Darüber hinaus regten deutsche Wirtschaftskreise bereits seit 1889 die Einrichtung einer vierzehntägigen Verbindung mit Ostasien an, denn immer häufiger hatten die Reichspostdampfer Ladung nicht mehr aufnehmen können, weil sie nicht über ausreichenden Laderaum verfügten. Zwar waren entsprechende Verhandlungen gescheitert, aber eine Erhöhung der Ladekapazität wurde nach Wiegands Ansicht vordringlich. Er ließ daher die Schiffe *Bayern, Preussen* und *Sachsen* in einem für die damalige Zeit gigantischen Projekt umbauen: Sie wurden auf der Werft Blohm & Voss verlängert. Außerdem erteilte der Lloyd der Schichau-Werft in Geestemünde den Auftrag, die *Stettin* zu verlängern. Sie ersetzte anschließend die *Lübeck* auf der Strecke Singapur–Neuguinea. Alle diese Maßnahmen trugen tatsächlich dazu bei, daß bereits nach einem Jahr, 1893, im Reichspostdampferdienst ein Reingewinn von mehr als einer Million Mark erzielt wurde.[42]

Im selben Jahr bestellte der Lloyd bei der Schichau-Werft in Danzig die bei-

den Doppelschraubendampfer *Prinzregent Luitpold* und *Prinz Heinrich*. Es waren Schiffe, denen nach den Ausführungen von Paul Neubaur insofern eine neue Bedeutung zukam, »als in ihnen alle bis dahin überhaupt gesammelten Erfahrungen im Tropenschiffbau zur Geltung kamen, so dass daher beide Schiffe als Ausgangspunkte für den Tropenschiffbau der Gegenwart anzusehen sind«.[43] Die Schiffe waren mit je 6 690 BRT vermessen und erreichten mit 5 300 PS eine Geschwindigkeit von 13,5 kn. Zudem war es möglich, sämtliche Passagiereinrich-

tungen ins Oberdeck und das darüberliegende Promenadendeck zu verlegen, so daß im Passagierbereich eine wesentlich bessere Ventilation erfolgte.

Wenn die Reichspostdampferlinien in den neunziger Jahren auch aus den roten Zahlen kamen, waren es für den Norddeutschen Lloyd insgesamt gesehen schwierige Jahre. Der Nordatlantikverkehr wurde durch die amerikanische Wirtschaftskrise und die Hamburger Konkurrenz zusehends beeinträchtigt. 1889 hatte die HAPAG ih-

1893–95 ließ der Lloyd einige seiner Reichspostdampfer umbauen und verlängern. Die Verlängerung der *Stettin* wurde bei der Seebeck-Werft in Geestemünde vorgenommen. Sie ersetzte anschließend die *Lübeck* auf der Linie Singapur–Neuguinea.

Prinz Heinrich wurde von der Danziger Schichau-Werft 1894 abgeliefert.

re ersten zwei Schnelldampfer, die in England gebaute *Columbia* und die in Stettin vom Stapel gelaufene *Augusta Victoria,* in Dienst gestellt. Der Ge-

schäftsbericht der HAPAG vom 27. März 1890 triumphierte: Die Gesellschaft habe durch die Schnelldampfer ihre alte Bedeutung unter den Postlini-

en im Nordatlantikverkehr wiedergewonnen. »Ein Erfolg, der um so nachhaltiger sein dürfte, als unsere Schnelldampfer bereits in den wenigen Fahrten, welche sie im letzten Jahr ausgeführt, sich mit Bezug auf die Schnelligkeit, die Sicherheit und den Komfort als nahezu unerreicht dastehend erwiesen haben und sich infolgedessen schon heute einer großen Beliebtheit bei dem reisenden Publikum erfreuen.«[44]

Im Zuge der Verjüngung seiner Flotte bestellte Wiegand für die Reichspostdampferlinien 1896 – nicht zuletzt im Hinblick auf die laufenden neuen Vertragsverhandlungen mit der Regierung – vier Schiffe, die in Größe und Geschwindigkeit die vom Reich gestellten

Prinzregent Luitpold, Speisesaal 1. Klasse.

Anforderungen weit übertrafen. Dabei gingen je ein Neubauauftrag an Blohm & Voss in Hamburg und an Schichau in Danzig und zwei an die Vulcan-Werft in Stettin. Das Konzept für die neuen Dampfer war bereits in enger Zusammenarbeit mit dem Lloyd, hier besonders mit Oberingenieur Walter, entstanden.[45]

Es handelte sich um Schiffe, die sowohl im Nordatlantikdienst als auch auf den Reichspostdampferlinien eingesetzt werden konnten: die zum Teil über 10 000 BRT großen Doppelschraubendampfer *Friedrich der Grosse*, *Barbarossa*, *Königin Luise* und *Bremen*.[46] Sie stellten schiffbautechnisch und in ihrer Ausstattung nicht nur den damaligen Altbestand des Norddeutschen Lloyd in den Schatten. »Die Innenausstattung der Passagierräume der Barbarossa-Klasse ging über alles bisher Dagewesene hinaus. Und dennoch war dabei weniger auf einen prunkvollen als auf einen einfachen, aber gediegenen Stil Gewicht gelegt.«[47] Darüber hinaus wurde ein ausgedehntes Schiffssicherheitssystem realisiert. So wurden auf der *Königin Luise* versuchsweise zum ersten Mal die Dörrschen hydraulischen Schließvorrichtungen eingebaut, durch die sämtliche Schottüren von der Brücke aus durch Betätigung eines Hebels gleichzeitig geschlossen werden konnten.[48]

Die Schiffe liefen bis zu 15,5 kn und übertrafen auch hierin erheblich die Anforderungen des Vertrages mit dem Reich. Im Herbst 1897 wurden die Dampfer *Barbarossa* und *Friedrich der Grosse* erstmals in der Australienfahrt eingesetzt; aufgrund ihres großen Erfolges brachte der Lloyd künftig während der Hauptsaison alle vier Dampfer der Barbarossa-Klasse nach Australien zum Einsatz. Sie wurden nur in ruhigeren Zeiten durch die kleineren und dann rentableren Schiffe der Städte-Klasse ersetzt.

Der Reichspostdampfer *Barbarossa* wurde im Januar 1897 von Blohm & Voss abgeliefert.

Königin Luise absolvierte ihre erste Fahrt von Bremerhaven nach Sydney im November 1897.

Reichspostdampfer *Barbarossa*.

Die 1897 in Dienst gestellte *Bremen* wurde am 30. Juni 1900 bei einem Großbrand schwer beschädigt, konnte vom Stettiner Vulcan jedoch repariert werden und nahm die Fahrten 1901 wieder auf.

Die Schiffe der Barbarossa-Klasse waren seinerzeit die größten, die den Suezkanal durchfuhren. Nach ihrer Indienststellung entschloß sich die Kanalverwaltung zur Verbreiterung und Vertiefung der Wasserstraße,[49] was den Reichspostdampfern die Passage in 15 statt 48 Stunden ermöglichte. Welchen Stellenwert die Kanalgesellschaft selbst den Verbesserungen ihrer Wasserstraße beimaß, wird durch die Tatsache deutlich, daß sie den Präsidenten des Norddeutschen Lloyd, Plate, in ihren Verwaltungsrat berief. Darüber hinaus demonstrierte sie auf der Pariser Weltausstellung von 1900 die Verkehrsentwicklung im Kanal mit den Schiffsmodellen der Barbarossa-Dampfer, die sie sich vom Lloyd eigens für diese Präsentation ausgeliehen hatte.[50]

Die Dimensionen der neuen Reichspostdampfer führten auch dazu, daß in australischen Häfen eine Erweiterung der Hafenanlagen und in Shanghai eine Fahrwasservertiefung des Huangpu erforderlich wurden; sie nahmen so-

Friedrich der Grosse wurde 1896 abgeliefert, er wurde als erstes Schiff der Barbarossa-Klasse in Dienst gestellt. Er war das erste über 10 000 BRT große deutsche Passagierschiff.

G. Plate, Präsident des Norddeutschen Lloyd von 1892 bis 1911.

mit mittelbar Einfluß auf Entwicklungen im internationalen Seeverkehr.

Mit der Indienststellung der Schiffe der Barbarossa-Klasse war in der 1892 begonnenen Flottenerneuerung des Norddeutschen Lloyd zunächst ein Einschnitt erreicht. Ein Überblick ergab, daß die Bremer Flotte »im Frühjahr 1898 45 Schiffe mit einem Tonnengehalt von 259 172 Registertonnen und einer Maschinenkraft von 255 150 Pferdestärken umfasste. Der Anschaffungswert betrug 133,9 Millionen Mark. Vom Jahre 1892 ab bis 1898 war die durchschnittliche Grösse der Lloydschiffe von 3 878 Registertonnen und je 3 649 Pferdestärken auf 5 763 Registertonnen und 5 838 Pferdestärken gestiegen. Gleichzeitig sank das durchschnittliche Alter der Schiffe von 11,86 Jahren auf 6,88 Jahre.«[51]

Der Lloyd war somit bestens gerüstet für Verhandlungen mit der Regierung über die Zukunft der Reichspostdampferlinien. Deutsche Wirtschaftskreise mit Interessen in China wie auch die Handelskammern in Deutschland selbst hatten schon seit Jahren eine Ausweitung des Fahrplans der Reichs-

postdampfer gefordert. Der Steigerung der Zahl der jährlichen Fahrten wurde somit eine hohe Priorität bei der Diskussion um die Zukunft der Reichspostdampferlinien gegeben. Seit 1895 hatten die in Ostasien ansässigen deutschen Firmen wiederholt in Eingaben an Konsulate und Regierung um mehr Frachtkapazität nachgesucht und erklärt, daß der Export von hochwertigen Industrieerzeugnissen einer besseren Verkehrsverbindung bedürfe.

Auch im Personen- und Postverkehr hatte sich deutlich gezeigt, daß die derzeitige Frequenz im Reichspostdampferdienst zu gering war. Für Georg Jaensch war in seiner Untersuchung aus dem Jahr 1907 bemerkenswert, »dass im Jahre 1893 infolge der günstigeren englischen und französischen Schiffsverbindungen von dem gesamten deutschen Korrespondenznetz mit Ost- und Südasien nur ein Elftel auf den deutschen Postdampfern befördert worden war, während sich der Anteil bei einigermassen gleichmässiger Benutzung aller zwischen Europa und Asien verkehrenden Postdampfer mindestens auf ein Fünftel hätte belaufen müssen. Ebenso wurden natürlich auch von fremden Postverwaltungen den Reichspostdampfern Briefsendungen nur in sehr geringem Umfange zugeführt.«[52]

Die Reichsregierung sah sich schließlich nicht nur vom Norddeutschen Lloyd zu neuen Verhandlungen gedrängt. Im Verlauf der Gespräche erklärte sich der Lloyd bereit, bei Abschluß eines neuen Vertrages für weitere 15 Jahre und gegen eine Erhöhung der Subvention um 1,5 Mill. Mark eine vierzehntägige Linie nach Ostasien einzurichten, eine bessere Verbindung nach Japan herzustellen sowie für neu in die Linie einzustellende Schiffe die Geschwindigkeit auf 13,5 kn zu erhöhen.

Auf der Grundlage dieser Verhandlungen arbeitete die Reichsregierung einen neuen Gesetzentwurf aus, der am

9. November 1896 dem Reichstag vorgelegt wurde. Er löste eine kontroverse Diskussion aus, die durch eine Reihe von Ereignissen bedingt war. So hatte die Bremer Rickmers Rhederei 1896 einen Frachtdienst nach Ostasien eingerichtet, der ohne Subventionen fuhr.

Außerdem hatte die Kingsin-Linie in zwei Denkschriften laut und deutlich Protest angemeldet und dem Konkurrenten an der Weser »angebliche Mängel des Lloyddienstes, Frachtunterbietungen gegenüber der Hamburger Linie, Monopolbestrebungen im einkommenden Frachtgeschäft«[53] vorgeworfen.

In Bremen ließ man diese Anschuldigungen nicht auf sich beruhen und verwies nachdrücklich auf die Leistungen, die man zusätzlich und über die Vertragsforderungen hinausgehend erbracht hatte. »Auch das sprach natürlich nicht für eine Subventionierung weiterer Fahrten«, meint Arnold Kludas, »ganz im Gegenteil, dieser jetzt entstandene Verkehr war ja genau das, was 1885 mit der Verabschiedung des Reichspostdampfergesetzes erreicht werden sollte. Nun, da es erreicht war, hätte man eher über eine Verminderung der jährlichen Zahlungen nachdenken müssen.«[54] Doch noch war die Reichsregierung an repräsentativen Reichspostverbindungen nach Ostasien und Australien interessiert, und auch für Wiegand war das Unternehmen – wenngleich nicht wirtschaftlich lukrativ – doch gut für das Firmenimage und entsprach zudem seinem politischen Engagement.[55]

Nach dreitägiger Beratung wurde der Gesetzesvorschlag zunächst an die Budgetkommission verwiesen und blieb infolge des Ablaufs der Legislaturperiode unerledigt.[56]

Am 28. Januar 1898 wurde dem Reichstag ein neuer Entwurf vorgelegt, der sich allerdings nur unwesentlich von seinem Vorgänger unterschied. Die erste Beratung des neuen Gesetzentwurfs fand vom 15. bis 19. Februar statt, die zweite Beratung im Plenum folgte am 10. und 12. März, die dritte am 22. März. Am 13. April 1898 wurde das Gesetz verkündet, und am 12. September/30. Oktober 1898 wurde mit dem Norddeutschen Lloyd ein neuer Vertrag abgeschlossen.[57]

Der dem Lloyd sehr wohlwollende Chronist Paul Neubaur schrieb: »Es wird im allgemeinen viel zu wenig anerkannt, welche außerordentlichen Lasten und Schwierigkeiten auf den durch Reichskontrakt gebundenen Dampfern der Reichspostlinien beruhen, Schwierigkeiten, welche durch die hoch erscheinende Subvention durchaus nicht ausgeglichen werden. Die von vornherein festgelegte Minimalgeschwindigkeit erfordert eines viel größeren Kohlenquantums und einen viel größeren Aufwand an Kohlen; die auf das genaueste bemessene Liegezeit in den einzelnen Häfen erfordert ein viel größeres Personal und eine viel intensivere Arbeit beim Löschen und Laden, als dies bei gewöhnlichen Frachtlinien zur Anwendung kommt. Die fest bestimmte Liegezeit begreift aber ferner die Schwierigkeit in sich, daß sich bietende vorteilhafte Fracht nicht abgewartet werden kann, sondern daß die Dampfer auf das gerade vorhandene Ladequantum und die vorhandenen Ladegattungen angewiesen sind. Die Anforderung an Passagierunterbringung und -verpflegung sind auf den Reichspostdampfern ganz andere und viel höher gespannte, als es bei nicht durch Reichskontrakt gebundenen Dampfern der Fall ist. Selbst in der Auswahl des Personals, in der Verwendung bestimmter Nationalitäten für Heizer- und Trimmerdienste sowie überhaupt für den Dienst an Bord unterliegen die Subventionsdampfer bestimmten Normen, welche den Betrieb verteuern und welche auf unabhängigen Dampfern fortfallen.«[58]

Anmerkungen

[1] Zitiert nach: Lindemann, Moritz: Der Norddeutsche Lloyd. Geschichte und Handbuch, Bremen 1892, S. 109 f. Zusammen mit der Flagge war dem Kapitän der *Oder* noch eine Stiftungsurkunde überreicht worden. Ferner hatte das Post-Zeugamt in Berlin die *Oder* mit den postalischen Utensilien ausgerüstet. Sie erhielt einen Stempel mit dem Aufdruck »Deutsche Seepost. Ostasiatische Hauptlinie« sowie dem Erkennungsbuchstaben »a«. Außerdem hatte die *Oder* einen »eisernen Bestand« an Postwertzeichen in Höhe von 85 Mark an Bord. (100 Freimarken à 5 Pfg., 100 Freimarken à 10 Pfennig, 300 Freimarken à 20 Pfg. und 100 Weltpostkarten à 10 Pfg.) Die *Kiautschou* hingegen hatte 1902 bereits Marken im Werte von 1600 Mark an Bord (100 Freimarken à 5 Pfg., 1500 Freimarken à 10 Pfg., 1900 Freimarken à 20 Pfg. und 500 Weltpostkarten à 10 Pfg.) Vgl. Gottspenn, Arno und Bernhard Koch: Die deutschen Reichspostdampfer im Ostasien-Verkehr mit ihrer Vorgeschichte und ihren Seepoststempeln. Sonderdruck der Arbeitsgemeinschaft der Sammler deutscher Kolonial-Postwertzeichen im BDPh und der Arbeitsgemeinschaft Schiffspost im BDPh, H. 4, Hamburg 1972, S. 120 f.
[2] Vgl. Siebzig Jahre Norddeutscher Lloyd Bremen 1857 – 1927, Berlin 1927, S. 57.
[3] Neubaur, Paul: Die deutschen Reichspostdampferlinien nach Ostasien und Australien im zwanzigjährigen Betrieb, Berlin 1906, S. 56.
[4] Ebenda.
[5] Ursprünglich bestanden folgende Vertretungen: Antwerpen: H. Albert de Bary & Co.
Southampton: Keller, Wallis & Co.
Port Said: H. Bronn (deutscher Konsul)
Suez: Th. Meyer
Aden: J. Woodli (Aden Coal and Water Co.)
Colombo: Freudenberg & Co.
Singapur: Behn, Meyer & Co.
Hongkong und Shanghai: Melchers & Co.

Bremerhaven, Neuer Hafen und Lloydwartehalle im Jahre 1889.

Yokohama und Hyogo: H. Ahrens & Co.
Nagasaki: Wahlkonsul Iversen
Adelaide: H. Muecke & Co.
(Deutsches Konsulat)
Melbourne: Ostermeyer, Dewez & Co.
(Deutsches Konsulat)
Sidney: Fink & Betz, Lim.
Tonga- und Samoa-Inseln: Südsee-Handels- und Plantagen-Gesellschaft.
(Quelle: 50 Jahre Ostasien- und Australdienst des Norddeutschen Lloyd Bremen. Eine Denkschrift. Maschinenschriftliches Manuskript. Archiv Hapag-Lloyd AG Hamburg, S. 11.)

6 Ebenda, S. 11 f.: »Das bedeutete im einzelnen die Einbeziehung der folgenden Gebiete in den Reichspostdampferdienst:
Port Said: ägyptische und syrische Küste;
Suez: nördlicher Teil des Roten Meeres,
Aden: südlicher Teil des Roten Meeres, Somali-Küste und Persischer Golf;
Colombo: Ost- und Westküste Vorderindiens;
Singapore: große und kleine Sunda-Inseln, Molukken, Siam und Birma;
Hongkong: Indo-China, Philippinen und chinesische Südhäfen (bis etwa Futschau);
Schanghai: chinesische Nordhäfen, Mandschurei, Korea, Yangtsekiang-Häfen.
Die Vertretungen in Japan hatten die Verbindungen mit den für den Verkehr geöffneten japanischen Häfen herzustellen, die von den Reichspostdampfern nicht angelaufen wurden. Dazu kamen noch die Häfen der russischen Amurprovinz. Von Adelaide, Melbourne und Sydney aus waren die Beziehungen zu Tasmanien und den zahlreichen Häfen an der australischen Ostküste und auf Neuseeland aufzunehmen.«

7 Neubaur, a. a. O., S. 65. Dort ist auch eine ausführliche Beschreibung der einzelnen Liegeplätze zu finden. Interessante landeskundliche und kulturhistorische Beschreibungen der Routen und Häfen der Reichspostdampfer finden sich außerdem bei Lindemann, a. a. O., S. 358-459.

8 Vgl. Seiler, Otto J.: Ostasienfahrt. Linienschiffahrt der Hapag-Lloyd AG im Wandel der Zeiten, Herford 1988, S. 36 und derselbe, Australienfahrt. Linienschiffahrt der Hapag-Lloyd AG im Wandel der Zeiten, Herford 1988, S. 34 f.

9 Vgl. Siebzig Jahre Norddeutscher Lloyd, a. a. O. – Die *General Werder* ist nicht auf einer der Hauptlinien, sondern auf den Zweiglinien (Hongkong-Nagasaki, Sydney-Apia, Brindisi-Port Said) eingesetzt worden. (Vgl. Lindemann, a. a. O., S. 194.)

10 Neubaur, a. a. O., S. 96.

11 Ebenda, S. 96 f.

12 Ebenda, S. 98.

13 Ebenda.

14 Vgl. Neubaur, Paul: Der Norddeutsche Lloyd. 50 Jahre der Entwicklung 1857–1907, Bd. 1, Leipzig 1907, S. 83.

15 Gottspenn, Koch, a. a. O., H. 1, S. 20. – Heute zahlen Sammler für diese Briefmarken weitaus mehr als das Hundertfache ihres Nennwerts. Da es sich um gewöhnliche Freimarken des Deutschen Reichs handelt, ist ihre »Verwendung« in China nur dem Stempelabdruck »Kaiserlich Deutsche Postagentur Shanghai« zu entnehmen.

16 Zit. nach: Seiler, Australienfahrt, a. a. O.,

S.36.

17 Zit. nach: Seiler, Ostasienfahrt, a. a. O., S. 38.

18 Vgl. Gottspenn, Koch, a. a. O., H. 2, S. 34 ff. – »Das Seeamt in Bremen fällte bereits am 1. August 87 seinen Spruch, demzufolge die Entfernung des Schiffes von den Felsklippen der Insel Sokotra infolge des stürmischen Wetters zu groß eingeschätzt worden sei, jedoch sollte der Kapitän seine Lizenz behalten. Auf Einspruch entschied jedoch das Ober-Seeamt in Berlin am 26. 10. 87, dem Kapitän die Befugnis zur Ausübung des Schiffergewerbes wegen unzuverlässiger Schätzung des Abstandes des Schiffes vom Land trotz festgestellter Stromversetzung und wegen einer Reihe unverzeihlicher Versehen und Versäumnisse zu entziehen, die Befugnis zur Ausübung des Steuermanngewerbes jedoch zu belassen« (Ebenda, S. 35 f.).

19 Kludas, Arnold: Die Geschichte der deutschen Passagierschiffahrt, Bd. 1, Hamburg 1986, S 176.

20 Vgl. Siebzig Jahre Norddeutscher Lloyd, a. a. O., S. 58; Kludas, a. a. O. sowie Lindemann, a. a. O., S. 110. – Lindemann gibt für die ersten fünf Jahre folgende Aufstellung an: »Ein Überblick der geschäftlichen Ergebnisse der Reichspostdampferlinien in den Jahren 1887–1890 einschliesslich ergibt, dass dieselben einen Verlust lieferten
im Jahre 1887 ...... von 1 753 361 M 20 Pf
im Jahre 1888 ...... von   59 736 M 70 Pf
im Jahre 1889 ...... von   265 959 M 15 Pf
im Jahre 1890 ...... von 1 496 085 M 75 Pf
im Jahre 1891 ...... von   859 115 M 70 Pf
Bezüglich des besonders ungünstigen Ergebnisses des Jahres 1890 wurde in dem Bericht des Verwalthungsraths an die Generalversammlung vom 29. April 1891 bemerkt, dass dasselbe auf die nachtheiligen Einwirkungen des Arbeiteraufstandes in Australien, die gesteigerten Löhne, höheren Kohlenpreise und auf niedrige Frachten von dem Osten zurückzuführen sei« (Ebenda, S. 112).

21 Norddeutscher Lloyd, Jahresbericht vom 28. April 1888 (Zit. nach Kludas, a. a. O.).

22 Auf Anregung des Generalpostmeisters Heinrich von Stephan richteten der Norddeutsche Lloyd und die HAPAG auf den Linien von Bremen und Hamburg nach New York 1891 eine Seepost ein, die erste ihrer Art im internationalen Verkehr. Während bis dahin das Postgut unsortiert im jeweiligen Bestimmungshafen eintraf, erfolgte nun bereits unterwegs die Sortierung durch je einen deutschen und einen amerikanischen Postbeamten, so daß die Post unmittelbar nach ihrem Eintreffen weiter ins Inland befördert werden konnte. Der Schnelldampfer *Havel* beförderte am 24. März 1891 die erste Seepost von Deutschland nach Amerika. (Vgl. Witthöft, Hans Jürgen: Norddeutscher Lloyd, Herford 1974, S. 36 und Siebzig Jahre Norddeutscher Lloyd, a. a. O., S. 60.) Eine ausführliche Darstellung des Seepostverkehrs gibt auch Neubaur, Der Norddeutsche Lloyd, a. a. O., Bd. 2, S. 580 ff.

23 Ebenda, Bd. 1, S. 84 f.

24 Derselbe, Die deutschen Reichspostdampferlinien, a. a. O., S. 99.

25 Norddeutscher Lloyd, Jahresbericht vom 28. April 1888, a. a. O.

26 Neubaur, Die deutschen Reichspostdampferlinien, a. a. O., S. 98.

27 Vgl. Seiler, Australienfahrt, a. a. O., S. 38.

28 Vgl. Neubaur, a. a. O., S. 99 f.

29 Vgl. Ebenda, S 100. Die *Kaiser Wilhelm II* wurde nach dem Bau des gleichnamigen Schnelldampfers 1900 in *Hohenzollern* umgetauft. *Kaiser Wilhelm II* gehörte 1896 übrigens auch zu den Schiffen des Lloyd, die an der feierlichen Eröffnung des Kaiser-Wilhelm-Kanals (Nordostseekanal) teilnahmen.

30 Zit. nach: Lindemann, a. a. O., S. 190.

31 Vgl. Kludas, a. a. O., S. 177.

32 Ebenda, S. 179.

33 Vgl. Neubaur, Der Norddeutsche Lloyd, a. a. O., Bd. 1, S. 203.

34 Arnold Kludas faßt sie zur Städte-Klasse zusammen. (Kludas, Die Seeschiffe des Norddeutschen Lloyd 1857 bis 1919, Herford 1991, S. 46-49). Aus dieser Gruppe wurden folgende Schiffe auf den Reichspostdampferlinien eingesetzt (die Jahreszahl gibt die erste Fahrt des Schiffes auf dieser Linie an):
a) nach Ostasien:
Dresden (1889), *Stuttgart* (1891), *Darmstadt* (1891), *Oldenburg* (1892), *Gera* (1893), *Karlsruhe* (1894), *Weimar* (1900).
b) nach Australien:
Dresden (1890), *Oldenburg* (1891), *Karlsruhe* (1891), *Gera* (1894), *Darmstadt* (1895), *Stuttgart* (1896), *Weimar* (1897).
Vgl. Windmann, Theodor: Die Reichspostdampferlinien nach Ostasien und Australien, Bremen 1972, S. 43 f.

35 Vgl. Gottspenn, Koch, a. a. O., H. 1, S. 24 und Kludas, Die Geschichte der deutschen Passagierschiffahrt, a. a. O., S. 179. Im Zusammenhang mit einer Untersuchung über die Hintergründe der Auftragserteilung für den Schnelldampferbau *Augusta Victoria* hat Hans-Joachim Rook ein interessantes, am 24. Juli 1887 abgefaßtes Schreiben von Prinz Wilhelm von Preußen an Reichskanzler von Bismarck publiziert. Der Kronprinz hatte bei einem Besuch der Stettiner Vulcan-Werft versucht, die mangelnde Auftragslage des Unternehmens zu ergründen: »Nach vielem Forschen und Fragen bei den Admiralen und Kapitainen unserer Marine, die anwesend waren und bei einzelnen von den Herren, stellte ich folgende Tatsachen fest:
1) Herr Meyer (Bremen) Vorsitzender des Bremer Lloyd läßt leider Dampfer in England bauen, anstatt die heimische Industrie zu beschäftigen. Um aber dem Vorwurf zu entgehen, dass er die Bestimmungen umgehe, wonach die vom Reich subventionierten Linien im Inlande gebaute Schiffe verwenden sollen, verfährt er wie folgt:
a) Wenn eine Konkurrenz für den Bau eines neuen Dampfers ausgeschrieben werden soll, so schickt Meyer privatim seinem Schwiegersohn, einem Engländer, die ungefähren Maasse und Dimensionen des zu bauenden Schiffs nebst den ungefähren Ansprüchen auf Schnelligkeit, Maschinenleistung pp. Der macht sofort Pläne, fängt dann an zu bauen. Nun wird die Konkurrenz ausgeschrieben, an der sich der ‹Vulkan› auch beteiligt hat. Sämmtliche Kostenanschläge werden jedoch von der Englischen Firma unterboten, da sie das Gewünschte wie zufällig gerade halb fertig bereits in Spanten stehen hat; und somit erhält sie auch den Auftrag.
b) Da der Lloyd in den subventionierten Lini-

en nur deutsche Schiffe verwenden soll, die Neubaus aber in England stattfinden, werden jetzt aus der amerikanischen Linie 3 Schnelldampfer herausgenommen und in die Australische eingeschoben; und dann werden die englischen Neubauten als Ersatzbauten für die Amerikanische Linie bezeichnet – für welche Schiffe in England gebaut werden dürfen –!–«

Zit. nach: Rook, Hans-Joachim: Der erste deutsche Doppelschrauben-Schnelldampfer *Augusta Victoria*. Hintergründe der Auftragserteilung an die Stettiner Vulcan-Werft. In: Deutsches Schiffahrtsarchiv 14, Bremerhaven 1991, S. 153.

36 Vgl. Neubaur, a. a. O., S. 204.

37 Vgl. Kludas, a. a. O., S. 177. Vgl. auch Haack, R. und C. Busley,»Die technische Entwicklung des Norddeutschen Lloyds und der Hamburg-Amerikanischen Packetfahrt-Aktiengesellschaft«, Zeitschrift des Vereines Deutscher Ingenieure, Bd.34, 1, S. 5: »Von den Nordseedampfern ist der *Adler* jetzt als Reichspostdampfer im Mittelmeer beschäftigt und *Schwalbe* nach Sumatra gesandt, um mit dem 1889 erbauten Dampfer *Sumatra* zusammen den Verkehr zwischen dieser Insel, Singapore und Penang zu unterhalten.« Dieses Zitat zeigt zugleich, wie problematisch und uneinheitlich der Gebrauch des Begriffes »Reichspostdampfer« in den Quellen ist. Auch in den Lloyd-Nachrichten selbst ist der Begriff nicht einheitlich verwendet worden, und in der Schiffsliste, die der umfangreichen Lloyd-Chronik des Jahres 1907 von Paul Neubaur beigefügt ist, sind mit der *Washington* und *Hohenlohe* Schiffe angeführt, die niemals als Reichspostdampfer eingesetzt worden sind.

38 Zit. nach: Lindemann, a. a. O., S. 212.

39 Zit. nach: ebenda, S. 213.

40 Vgl. 50 Jahre Ostasien- und Australdienst des Norddeutschen Lloyd Bremen, a. a. O., S. 14.

41 Ebenda.

42 Ebenda.

43 Neubaur, a. a. O., S. 99.

44 Zit. nach: Himer, Kurt: Geschichte der Hamburg-Amerika-Linie. T. 2.: Albert Ballin, Hamburg o. J., S. 19.

45 Vgl. Neubaur, a. a. O., S. 205.

46 Siebzig Jahre Norddeutscher Lloyd, a. a. O., S. 69.

47 Ebenda, S. 70.

48 Vgl. ebenda, S. 69.

49 Anstelle von ursprünglich 12 Ausweichstellen verfügte der Kanal nach den Ausbauten über 21 Weichen von je 750 m Länge. Außerdem wurde er auf 10,5 m vertieft (Neubaur, a. a. O., Bd. 2, S. 577).

50 Vgl. Lloyd-Nachrichten Nr. 69 vom Juli 1906, S. 861 und Neubaur, a. a. O.

51 Neubaur, a. a. O., Bd. 1, S. 100 f.

52 Jaensch, Georg: Die deutschen Dampfersubventionen, ihre Entstehung, Begründung und ihre volkswirtschaftlichen Wirkungen, Berlin 1907, S. 24 f.

53 Petzet, Arnold: Heinrich Wiegand, Bremen 1932, S. 45. In der Denkschrift heißt es u.a.: »Außerdem nutzt aber auch der Norddeutsche Lloyd die ihm vom Reiche gewährte Subvention, welche ihn in die günstige Lage versetzt, die Waren für eine niedrigere Fracht-rate als die nichtsubventionierten übrigen deutschen Reedereien befördern zu können, ohne jede Rücksicht auf diese Reedereien aus und unterbietet beim Frachtbewerbe dieselben nicht nur für feinere Waren, als Tee, Seide oder ähnliche, sondern auch für ganz ordinäre, z. B. für alte Hufeisen, welche er in großen Quantitäten zu enorm billigen Frachten genommen hat. Es ist das doch wahrlich kein Artikel für Postdampfer, und es klingt doch wie Hohn, wenn dem deutschen Reiche zugemutet wird, zur Hebung und Belebung des deutschen Handels für Beförderung von alten Hufeisen und ähnlichen Sachen Beihilfe zu leisten« (Promemoria der Deutschen Dampfschiffs-Rhederei zu Hamburg (Kingsin-Linie), Nov. 1886, S. 6 f. Zit. nach: Eberstein, Bernd: Hamburg-China. Geschichte einer Partnerschaft, Hamburg 1988, S. 163).

54 Kludas, a. a. O., Bd. 2, S. 107.

55 Vgl. Petzet, a. a. O., S. 44.

56 Vgl. Jaensch, a. a. O., S. 25.

57 Vgl. ebenda, S. 28.

58 Neubaur, Die deutschen Reichspostdampferlinien, a. a. O., S. 82 f.

Wenn sich das Schiff, von Aden und Mombassa, aus dem englischen Nachbarhafen kommend, Tanga nähert, so erscheint zuerst auf einer weit ins Meer hinausragenden Landzunge der schöne Leuchtturm von Ulenge, der, im maurischen Stil erbaut, der mit Kokospalmen umsäumten Landschaft malerisch sich einfügt. Daneben eine Erholungsstation für Weiße in demselben Stil. Nach kurzer Fahrt zwischen den Korallenriffen hindurch, an der sogenannten Toteninsel vorbei, öffnet sich das prachtvolle Hafenbecken von Tanga vor den staunenden Blicken des Reisenden, belebt von zahlreichen Fischerbooten und arabischen Dhaus, und eingefaßt von üppigstem Pflanzenwuchs, dem mächtige Affenbrot- und Mangobäume und schlanke Kokospalmen das Gepräge geben. Am Eingang in den Hafen das schöne Hospital mit seinen weißen Gebäuden, am Landungspier der mächtige Zollschuppen und am Ufer die Regierungsgebäude und Handelshäuser. Dahinter als Abschluß des wundervollen Landschaftsbildes die blauen Berge Usambaras.«[1] So beschrieb ein unbekannter Passagier zu Beginn des 20. Jahrhunderts die Ankunft in Tanga (Deutsch-Ostafrika, heute Tanzania), das seit 1891 auch von den deutschen Reichspostdampfern regelmäßig angelaufen wurde.

Bereits im zweiten Gesetzentwurf über die Einrichtung von Reichspostdampferlinien, der dem Reichstag 1884 vorgelegt worden war, plante man neben den Verbindungen nach Ostasien und Australien auch die Einrichtung eines subventionierten Dienstes nach Afrika. Dabei war an eine Hauptlinie von Deutschland aus über Rotterdam (bzw. Antwerpen), Le Havre (bzw. Cherbourg), Gorée (Dakar, Senegal), Angra Pequena (Lüderitz-Bucht), Kapstadt, Port Natal (Durban), Delagoa-Bai (Lourenço Marques, heute Maputo) und Moçambique nach Sansibar sowie an eine Anschlußlinie von Gorée zu den südlicher gelegenen Häfen an

Kurs Afrika

der afrikanischen Westküste gedacht. Die Höhe der staatlichen Subvention war auf höchstens 1 Mill. Mark veranschlagt worden.[2] Dieser Abschnitt des Gesetzentwurfs war 1885 allerdings mit 166 gegen 157 Stimmen abgelehnt worden.

In den folgenden Jahren gab es zwischen Deutschland und Afrika verhältnismäßig wenige deutsche Schiffsverbindungen. Die deutsche Dampfschifffahrt zur westafrikanischen Küste hatte im März 1880 die ein Jahr zuvor auf der Reiherstiegwerft gebaute *Aline Woermann* (1 279 BRT) des 1837 in Hamburg gegründeten Handelshauses C. Woermann eröffnet, das bereits 1849 ein Segelschiff, die *Therese Henriette* auf Afrikakurs geschickt hatte. Die Firma, die wie schon zuvor mit ihren Segelschiffen – 1854 hatte sie eigens für die Afrikafahrt das Segelschiff *Liberia* bauen und ausrüsten lassen – in erster Linie eigene Fracht zwischen Hamburg und Westafrika transportierte, vergrößerte ihre Flotte bald um die Dampfer *Carl Woermann* (1 956 BRT), *Professor Woermann* (1 611 BRT), *Ella Woermann* (1 666 BRT), *Anna Woermann* (1 118 BRT) und *Erna Woermann* (1 119 BRT). Seit 1882 durften Woermanns Schiffe auch die deutsche Postdampfer-Flagge führen.[3] Nach Ostafrika hingegen gab es keine regelmäßigen Schiffsverbindungen. Lediglich das Hamburger Unternehmen Wm. O'Swald, das 1869 eine Niederlassung in Nossi Bé vor der Nord-

Mombasa, Hauptstraße.

westküste und 1875 in Tanatave (Toamasina) an der Ostküste von Madagaskar eingerichtet hatte, verkehrte hier mit drei Segelschiffen.[4] 1872 fuhr sogar ein Dampfschiff von Deutschland aus nach Afrika, es war der neu in Dienst gestellte 1 000 BRT große Dampfer *Madagascar,* der seine Jungfernreise nach Ostafrika machte. Aber es folgten lediglich drei weitere Reisen, da ein Schiff dieser Größe in diesem Fahrtgebiet damals nicht rentabel war. Gut zehn Jahre später, 1883, schickte Wm. O'Swald mit dem im selben Jahr gebauten Dampfer *Zanzibar* erneut ein Dampfschiff nach Afrika.[5] In den Augen der Reederei war die Fahrt immerhin so erfolgreich, daß sie anschließend die noch vorhandenen Segelschiffe verkaufte. Zwei- bis dreimal pro Jahr fuhr die *Zanzibar* bis zu ihrem Untergang im Jahre 1898 nach Ostafrika.[6] Darüber hinaus verkehrten noch zwei Segelschiffe des Hamburger Afrika-Handelshauses Hansing & Co in unregelmäßigen, lang auseinanderliegenden Zeitabständen nach Afrika.

Für den deutschen Fracht- und Passagierverkehr nach Ostafrika standen damals lediglich fremde Linien zur Verfügung; Post aus dem Deutschen Reich wurde in der Regel mit Schiffen der Peninsular and Oriental Steam Navigation Co. nach Aden und von dort weiter mit der British India Steam Navigation Company bis Moçambique befördert. Von Moçambique bis Kapstadt beförderte die Castle Mail Packet Company Post. Darüber hinaus hatte im Juli die französische Regierung eine direkte Postdampferlinie von Marseille nach Madagaskar und Sansibar eingerichtet, auf der die Schiffe der Compagnie des Messageries Maritimes fuhren.[7]

Für die südlich von Sansibar liegenden Häfen hatte der Norddeutsche Lloyd mit seinen ostasiatischen und australischen Postdampfern Durchfrachten nach Ostafrika mit Schiffswechsel in Aden eingerichtet. Das war zwar eine gutgemeinte Regelung, die sich aber

in der Praxis als unbrauchbar erwies. Oft konnten die Lloyddampfer die für sie in Aden bereitliegende Fracht nicht mehr mitnehmen, und auch Schiffe anderer Linien ließen die Ladung nicht selten liegen, da sie ein großes Angebot an durchgehenden britischen und indischen Frachten hatten.

»Um so mehr nahmen die Klagen zu, daß die Post der Deutschen in Ostafrika bei der Beförderung mit fremden Dampfern Verzögerungen ausgesetzt und vor Übergriffen nicht hinreichend geschützt sei. Besonders mißliche Verhältnisse bestanden für die Deutschen in Lamu auf der dem Witulande vorgelagerten, dem Sultan von Sansibar gehörenden Insel Lamu. Die Dampfer

Strandpromenade in Durban.

der British-India-Linie stellten zwar regelmäßige Postverbindungen her, ein geordneter Postdienst bestand aber in Lamu nicht. Die Postsäcke wurden dem Zollbeamten, einem Inder, der europäische Schrift nicht lesen konnte, ausgehändigt. Dieser öffnete die Postsäcke, schüttete ihren Inhalt auf den Fußboden aus und überließ es jedem, sich seine Post selbst herauszusuchen. Wer Tropenhitze und Fieberstimmung kennt, kann sich vorstellen, welche Reibungsmöglichkeiten mit solchem Verfahren heraufbeschworen werden konnten! Für die abgehende Post war eine zweiteilige Kiste aufgestellt; von den Absendern war in den einen Teil die Post nach dem Norden,

in den anderen die Post nach dem Süden zu legen. Den wiederholten dringenden Bitten, solchen unerträglichen Zuständen ein Ende zu bereiten, konnte sich die Reichspostverwaltung nicht länger verschließen.«[8]

So griff die Reichsregierung die Idee, eine Reichspostdampferlinie nach Afrika einzurichten, erneut auf. Sie trat in Verbindung mit dem Kaufmann und Reeder Adolph Woermann, der dem Hamburger Handelshaus C. Woermann vorstand, das sich seit Ende der siebziger Jahre ausschließlich auf den Afrika-Handel konzentriert hatte. Die Reichsregierung forderte Woermann auf, eine Kostenaufstellung für eine Afrika-Linie anzufertigen, die als Basis

für eine neue Reichsvorlage dienen sollte. Woermann schickte daraufhin den in Ostafrika erfahrenen Kapitän Hundewadt vor Ort, um die Situation zu prüfen. Noch im August 1888 konnte Woermann der Reichsregierung die gewünschten Angaben liefern.[9] Woermann selbst hatte zwar damit gerechnet, daß bereits 1889 eine Afrika-Linie eröffnet werden könnte, doch die Regierung brachte ihre Vorlage erst am 5. Januar 1890 vor den Reichstag. Der Gesetzentwurf sollte den Reichskanzler ermächtigen, »die Einrichtung und Unterhaltung einer regelmäßigen Postdampfschiffsverbindung zwischen Deutschland und Ostafrika auf eine Dauer bis zu zehn Jahren an geeignete deutsche Unternehmer im Wege der engeren Submission zu übertragen und in dem hierüber abzuschließenden Vertrage eine Beihilfe bis zum Höchstsatze von jährlich 900 000 M aus Reichsmitteln zu bewilligen«.[10]

Die noch 1884 gehegte Absicht, die Linie um das Kap fahren zu lassen, war aufgegeben worden. Einerseits hätte die Postbeförderung 14 Tage länger gedauert, andererseits gab es nach Westafrika die mittlerweile gut eingespielte Woermann-Linie, so daß die »dortigen Unternehmungen daher augenblicklich der Unterstützung in Gestalt einer Dampferlinie nicht bedurften«,[11] wie Heinrich von Stephan am 17. Januar 1890 im Reichstag erklärte. Ausgangshafen der neu einzurichtenden Linie sollte Hamburg als Hauptsitz der deutsch-ostafrikanischen Handelsbeziehungen sein. Die Dampferlinie sollte zudem bis Delagoa-Bai ausgedehnt werden, da der dortige portugiesische Hafen Lourenço Marques allgemein als Grenze für den durch den Suezkanal sich bewegenden Verkehr mit Ostafrika galt und weil außerdem Südafrika, damals wirtschaftlich aufblühende Republik, auf die Verbindung zu diesem Hafen großen Wert legte.

Am 17. Januar 1890 fand die erste Lesung im Reichstag statt, noch am gleichen Tag wurde der Entwurf der Bud-

getkommission überwiesen, die ihn nahezu unverändert ließ, und bereits am 20. Januar folgte die zweite und am 21. Januar 1890 die dritte Lesung. Am 1. Februar 1890 wurde das Gesetz angenommen und verkündet.

Die Regierung forderte nun eine Reihe von Reedereien zur Abgabe eines Angebotes auf. Bei der durch die Firma A. Kirsten gegründeten Hamburg-Pacific-Dampfschiffs-Linie und bei der Deutschen Dampfschiffs-Rhederei zu Hamburg, der Kingsin-Linie, war zumindest kurzfristig die Idee vorhanden, sich an diesem Wettbewerb zu beteiligen, doch zur Abgabe eines Angebots kam es dann doch nicht; möglicherweise hatten die wirtschaftlich nicht sehr erfolgreichen Anfangsjahre der Ostasien- und Australienlinie beim Norddeutschen Lloyd als abschreckendes Beispiel gewirkt.[12]

Ein Angebot gab letztlich – als einziger Bewerber – nur ein von Adolph Woermann zusammengebrachtes Konsortium aus Schiffahrts-, Handels- und Bankkreisen ab, dem auch der Zuschlag erteilt wurde.

Am 19. April 1890 wurde die Deutsche Ost-Afrika-Linie (DOAL) als Aktiengesellschaft mit einem Kapital von 6 Mill. Mark gegründet.[13] Rund 80 % des Kapitals wurde von verschiedenen Banken gezeichnet, den Rest übernahmen Hamburger Handelshäuser, zu denen auch die Firma Hansing & Co gehörte, deren Teilhaber Justus Strandes später Aufsichtsratsvorsitzender der Deutschen Ost-Afrika-Linie wurde,[14] ferner die Firmen Laeisz und August Bolten. Die Firma C. Woermann beteiligte sich lediglich mit 150 000 Mark, aufgrund ihrer Erfahrungen fiel Adolph Woermann jedoch der Vorsitz im Aufsichtsrat zu; Eduard Woermann und Eduard Bohlen, beide aus dem Hause Woermann, bildeten mit dem Hamburger Kaufmann Adolph Hertz den Vorstand. Die Deutsche Ost-Afrika-Linie ist die einzige deutsche Reederei, die aufgrund eines Subventionsangebotes gegründet worden ist. Ihre Existenz-

Adolph Woermann
(1847 – 1911) wurde
1880 Chef des Hauses
C. Woermann.

grundlage wurde der Vertrag, den sie am 5./9. Mai 1890 mit dem Reich schloß. Er hatte eine Gültigkeit von zehn Jahren und sah die Errichtung einer Haupt- und zweier Nebenlinien vor. Um die Streckenführung kam es allerdings zwischen der Reichsregierung und Adolph Woermann zu einer längeren Diskussion. Von Regierungsseite wurde eine alle vier Wochen zu bedienende Hauptlinie gefordert, die von Hamburg über Aden und Sansibar nach Inhambane in Moçambique gehen sollte. Sie sollte von neuen Schiffen mit einer Mindestgröße von 2 000 BRT betrieben werden; in jeder Richtung sollten jährlich 13 Fahrten durchgeführt werden.

Adolph Woermann hielt diese Linienführung mit den großen und teuren Schiffen für unrentabel, zumal ein Teil der Anlaufhäfen auf derartige Schiffe nicht eingerichtet war. Er schlug vielmehr eine Hauptlinie vor, die von Hamburg nach Delagoa-Bai gehen sollte. Dabei sollten ein niederländischer oder belgischer Hafen sowie Lissabon,

Neapel, Port Said, Aden, Sansibar, Daressalam und Moçambique ange-

laufen werden. Ferner empfahl Woermann die Einrichtung zweier Küstenlinien: Die sogenannte Nordlinie nach Lamu sollte entweder von Sansibar über Bagamojo, Sadani, Pangani und Tanga oder von Daressalam über Pemba und Mombasa gehen, die Südlinie von Sansibar aus über Kilwa, Lindi, Ibo, Quelimane und Chiluane nach Inhambane.

Woermann konnte seine Linienführung durchsetzen, das Reich bestand aber auf seinen Terminvorstellungen. Die Haupt- und Südlinie sollten alle vier, die Nordlinie gar alle zwei Wochen befahren werden. Sansibar nahm in dieser Routenplanung eine zentrale Stellung ein: beide Seitenlinien nahmen hier ihren Ausgang.

Die weiteren Vertragsbestimmungen ähnelten denen der mit dem Norddeutschen Lloyd über die Ostasien- und Australienlinien vereinbarten Bedingungen. Auch für den Ostafrikadienst waren Schiffsgröße und Geschwindigkeit bindend festgelegt. Für die Hauptlinie waren vier Schiffe vorgeschrie-

ben, die mindestens 2 200 BRT groß sein mußten, für die Zweiglinien waren es zwei Dampfer von mindestens 500 BRT. Die Schiffe der Hauptlinie mußten eine Mindestgeschwindigkeit von 10,5 kn haben und auf deutschen Werften möglichst mit deutschem Material gebaut werden. Von einer zunächst von der Regierung vorgeschlagenen Bestimmung, nach der die Linie verpflichtet werden sollte, auf eigene Kosten Leuchtfeuer und Kennungen an der ostafrikanischen Küste einzurichten, wurde auf Betreiben der Reederei abgesehen; daß darauf überhaupt eingegangen wurde, zeigt, wie wenig das Fahrtgebiet damals von den Kolonialmächten erschlossen war.[15]

Das Reich subventionierte die Linie mit jährlich 900 000 Mark.

Nach Artikel 21 des Vertrages war als Beginn der regulären Fahrten der März 1891 festgesetzt worden. Zuvor sollten jedoch von Juli 1890 an zumindest auf der Hauptlinie drei oder vier vorläufige Fahrten in größeren Zeitabständen (maximal acht Wochen) stattfinden,[16]

Zollhaus in Daressalam.

Die *Eduard Bohlen* wurde der Reichspostdampfer *Reichstag.*

da der Reederei anfangs lediglich zwei Schiffe zur Verfügung standen. Es waren die Dampfer *Reichstag* (ex *Eduard Bohlen I*) und *Bundesrath* (ex *Aline Woermann*). Beide Schiffe waren von der Woermann-Linie erworben, aber wieder verkauft worden, weil für den Westafrikadienst bereits größere Schiffe notwendig waren.

Als erstes Schiff verließ der Reichspostdampfer *Reichstag* am 23. Juli 1890 den Hamburger Hafen. Er erreichte am 24. August Lamu, am 26. August Tanga und traf schließlich am 27. August 1890 in Sansibar ein. Zu den Passagieren dieser Reise gehörte u. a. der Postsekretär Wilhelm Steinhagen, der nach seinem Eintreffen in Sansibar das Deutsche Postamt errichtete. »Er bearbeitete bereits an Bord die Post aus zahlreichen für Ostafrika bestimmten Briefbeuteln, eröffnete unmittelbar nach seiner Ankunft in einem vom deutschen Generalkonsul bereitgestellten Hause am 27. August 1890 die Postagentur Sansibar und beendete die Ausgabe der eingegangenen Post noch an demselben Tage. Die Postagentur befaßte sich lediglich mit dem Briefpostdienst. Ihre Eröffnung hatte weit mehr als nur örtliche Bedeutung, sie war mit der Herstellung der lang ersehnten Postdampferlinie – Häfen Sansibar und Daressalam – der erste sichtbare Erfolg der Be-

strebungen der Reichspostverwaltung, den ostafrikanischen Gebieten eigene Posteinrichtungen zu geben und sie in den deutschen Weltverkehr aufzunehmen und mit allen Sicherungen zu umgeben.«[17]

Die weiteren vorläufigen Fahrten folgten am 17. September (*Bundesrath*), 12. November 1890 (*Reichstag*) und 7. Januar 1891 (*Bundesrath*). Die Januarabfahrt konnte wegen Eisgangs erst mit fünftägiger Verspätung angetreten werden. Alle Fahrten führten über Rotterdam, Lissabon, Neapel, Port Said, Suez, Aden, Sansibar, Daressalam, Moçambique und Delagoa-Bai. Die Wahl zwischen einem niederländischen oder belgischen Anlaufhafen hatte der Reichskanzler zugunsten von Rotterdam entschieden, da zwischen der niederländischen Hafenstadt und Delagoa-Bai bereits engere Handelsbeziehungen bestanden.

Die Reederei hatte mittlerweile auch die für den Betrieb der Linie notwendigen Neubauten in Auftrag gegeben, je einen Dampfer für die Hauptlinie bei Blohm & Voss (*Kanzler*) und bei der Reiherstiegwerft (*Kaiser*), außerdem zwei Schiffe (*Peters* und *Emin*) für die Küstenlinie bei Blohm & Voss.

Als jedoch der geplante vierwöchentliche Dienst am 4. März 1891 aufgenommen werden sollte, hatten sich die politischen Bedingungen geändert.

Reichspostdampfer *Bundesrath* ex *Aline Woermann.*

Ein Reichspostdampfer der Deutschen Ost-Afrika-Linie verläßt Daressalam. Eine Aufnahme aus dem Jahre 1911.

Die Schiffe *Kaiser* (Bild) und *Kanzler* waren die beiden ersten eigens für die Deutsche Ost-Afrika-Linie gebauten Dampfer.

Am 1. Juli 1890 tauschte das Deutsche Reich seine Ansprüche auf Sansibar und das im heutigen Kenia liegende Wituland gegen das bislang englische Helgoland ein; am 4. November 1890 übernahmen die Briten die Insel Sansibar. Das zog eine Neugestaltung des Fahrplans nach sich, denn der Verkehrsknotenpunkt des deutschen Ostafrika-Dienstes sollte nicht im britischen Hoheitsgebiet liegen.

Die Hauptlinie verlief nun über die festländischen Plätze Lindi und Tanga und erreichte Daressalam vor Sansibar. Die Nord- und Südlinie wurden in eine »Deutsche Küstenlinie« und eine »Portugiesische Küstenlinie« umgewandelt. Die Deutsche Linie begann in Daressalam und machte unter Berührung von Sansibar eine Rundreise, die zunächst in den südlichen, dann in den nördlichen Teil des deutschen Schutzgebietes führte. Die Portugiesische Linie fuhr von Sansibar nach Inhambane und lief ausschließlich portugiesische Häfen an. Die englischen Hafenorte Pemba, Mombasa und Lamu wurden nicht mehr angefahren.[18]

Der Start war für die Deutsche Ost-Afrika-Linie alles andere als einfach. Der mit dem Reich abgeschlossene Vertrag bedeutete für das Unternehmen letztlich nichts anderes als die Garantie einer bestimmten jährlichen Mindestausnutzung; eine Gewähr für Rentabilität, von einem Gewinn ganz zu schweigen, war nicht gegeben. »Schon der Umstand, daß nur durch eine Subvention die deutsche Linie nach Ostafrika hatte ins Leben gerufen werden können, und daß trotz des Versprechens dieser Hilfe nur ein einziges Angebot erfolgt war, läßt erkennen, wie wenig aussichtsreich die Linienfahrt nach Ostafrika damals in deutschen Reedereikreisen eingeschätzt wurde«,[19] schreibt Brackmann in seiner Firmenchronik der Deutschen Ost-Afrika-Linie, »die Subvention, die das Reich mit der einen Hand gab, nahm es mit der anderen zum größten Teil wieder an sich.«[20]

So mußte die Reederei für alle Regierungsfrachten und -passagen einen Rabatt von 20 % gewähren. Die Regierung genoß diese Vergünstigung für alle Offiziere und Mannschaften der Marine und der Schutztruppe sowie für alle Beamte und die Angehörigen des Missions- und Sanitätswesens einschließlich ihrer Familienangehörigen und Dienstboten, die aus Urlaubs-, Krankheits- oder Dienstgründen mit den Reichspostdampfern die Strecke zwischen Afrika und Europa befuhren. Das Reich konnte auf ein und demselben Schiff bis zu 65 Soldaten befördern lassen. Darüber hinaus wurden Waffen, Munition, Proviant und Ausrüstungen für Marine und Schutztruppe ebenfalls zum günstigen Regierungstarif verschifft.

Der erste Jahresbericht der Deutschen Ost-Afrika-Linie nannte für das Jahr 1890 als Gesamtzahl an Passagieren, die zwischen Europa und Ostafrika gereist waren: 340 Passagiere in der ersten, 218 in der zweiten und 475 in der dritten Klasse.[21] Regierungsfrachten und -passagen, die den größten Teil des Liniendienstes ausmachten, drückten die Erträge. Das erste Geschäftsjahr 1890/91 begann mit einem Verlust von fast einer halben Million Mark, und auch für 1892 sahen die Zahlen nicht rosiger aus. Karl Brackmann erblickte in der Tatsache, daß Afrika damals erst langsam zu einem Wirtschaftsfaktor heranwuchs, eine gravierende Ursache für die schlechte Geschäftslage der Anfangsjahre der Reederei: »Abgesehen von den politischen und regierungsseitigen Zwecken sollte die Deutsche Ost-Afrika-Linie in stärkstem Maße der Wirtschaft der deutschen Kolonie dienen, ohne daß diese Wirtschaft schon imstande gewesen wäre, der Linie eine Sicherung ihrer Existenz zu bieten. Im Jahre 1898/99 hatte der gesamte Handel Deutsch-Ostafrikas noch nicht 11 Millionen Mark erreicht. Nicht einmal ausschließlich von und nach Deutschland ging diese Ein- und Ausfuhr; es blieb also ein Quantum zur Verschiffung für die neue deutsche Linie übrig, das nicht im entferntesten ausreichte, um eine Reederei mit vier Übersee- und zwei Küstendampfern aufrecht zu erhalten.«[22]

Hinzu kam, daß sich bei der Deut-

schen Ost-Afrika-Linie anfangs eine Reihe von Havarien ereignete. So hatte die *Reichstag* schon auf ihrer ersten Reise Pech: Beim Verlassen des Hafens von Daressalam am 2. September 1890 lief sie auf Grund. Sie kam allerdings mit Hilfe von *SMS Schwalbe* wieder frei, nachdem sie ihre Kohlenladung gelöscht hatte, und konnte den Hafen schließlich am 12. September verlassen.[23] Im März und Mai 1891 wurden die Neubauten *Kaiser* und *Kanzler* in Dienst gestellt, doch der Reichspostdampfer *Kanzler* strandete bereits auf seiner zweiten Reise am 5. September 1891 zwischen Lindi und Moçambique bei den Pinda-Klippen. Passagiere, Mannschaft und Post (!) konnten vom Küstendampfer *Emin* übernommen werden. Das Schiff selbst ging verloren; und auch die *Emin* fiel zwei Jahre später einem Unglück zum Opfer. Sie verließ am 29. Dezember 1893 Durban und nahm Kurs auf die Delagoa-Bai, wo sie jedoch nie ankam.

Für den Reichspostdampfer *Kanzler* ließ sich glücklicherweise schnell

Ersatz beschaffen, da die Deutsche Dampfschiffs-Rhederei zu Hamburg (Kingsin-Linie) froh war, ihren Dampfer *Tosari* an die Deutsche Ost-Afrika-Linie verkaufen zu können. Unter dem Namen *Admiral* trat er am 11. November 1891 seine Jungfernreise für die neuen Eigner an. Außerdem hatte die Reederei bei Blohm & Voss in Hamburg einen Neubau als Ersatz bestellt, der im August 1892 als *Kanzler (II)* vom Stapel lief und am 12. Oktober 1892 seine erste Reise antrat, die ebenfalls unter keinem günstigen Stern stand. Beim Auslaufen in Neapel am 27. Oktober 1892 kollidierte das Schiff mit dem englischen Dampfer *Bedford*. Es wurde in Neapel zunächst notdürftig repariert und anschließend in Tarent/Süditalien nochmals eingedockt. Am 19. November erst konnte das Schiff seine Reise fortsetzen.[24]

Zu allem Unglück war 1892 in Hamburg die Cholera ausgebrochen. Es war die letzte größere Epidemie auf

Reichspostdampfer im Suezkanal.

europäischem Boden, der rund 9 000 Menschen zum Opfer fielen. Für die junge Deutsche Ost-Afrika-Linie bedeutete dies einen Rückgang des Fracht- und Passagieraufkommens um rund ein Drittel aufgrund von Quarantänemaßnahmen.[25]

Dennoch ließ sich die Geschäftsleitung nicht entmutigen. 1892 erweiterte sie sogar ihre Route und fuhr nicht nur bis Lourenço Marques, sondern bis Durban. Darüber hinaus wurde eine zusätzliche, nicht subventionierte Linie eingerichtet, die von Sansibar über Daressalam, Tanga, Mombasa und Lamu nach Bombay ging und durch die man hoffte, aus der engen wirtschaftlichen Verflechtung Indiens mit Sansibar Profit zu ziehen. Die Linie, die alle acht Wochen von dem Dampfer Safari bedient wurde, war die erste, die in diesem Fahrtgebiet regelmäßig verkehrte; zudem besaß sie den Vorteil, daß sie stets Anschluß an die Haupt- und Küstenschiffe der deutschen Reichspostdampfer hatte und somit in der Lage war, den regen Handel Indi-

ens mit der gesamten Ostküste Afrikas einheitlich zu bedienen.[26]
Gerade die Küstenlinien hatten besondere Probleme. Konnten die Schiffe der ausländischen Konkurrenzlinien sich darauf beschränken, nur Hafenstädte anzulaufen, in denen auch tatsächlich größere Warenmengen zu laden oder zu löschen waren, so waren die Reichspostdampfer vertraglich dazu verpflichtet, auch Orte zu bedienen, »in denen die Aus- und Einfuhr in kleinen und kleinsten Quantitäten vor sich ging und die die Bezeichnung eines Hafens gar nicht verdienten. Noch immer waren die deutschen Plätze Ostafrikas in einem Zustand, der besonders bei schlechter See die größten Widerwärtigkeiten mit sich brachte. Oft konnten die großen Schiffe nicht in den inneren Hafen einfahren, oft mußten sie sogar die Ladung wieder mitnehmen, um abzuwarten, ob auf der Rückfahrt eine Löschung möglich sei. Selbst den kleineren Küstendampfern gelang es vielfach nicht, über die vor den Häfen liegenden Barren hinwegzukommen.«[27]

Eine geradezu als unerträglich empfundene Konkurrenz hatten die deutschen Reichspostdampfer der Küstenlinie im heimischen Dhauverkehr. Da die meisten Häfen keine Kaianlagen besaßen, mußte mit Hilfe von Leichtern geladen und gelöscht werden. Die Dhaus dagegen konnte man einfach auf den Strand setzen, Kaufleute, die sie benutzten, sparten Zeit und Geld. Eine Unterbietung der Dhaufrachten durch die Frachter der Küstenlinie war nahezu ausgeschlossen. Im Passagierverkehr bekam die Küstenlinie zusätzlich Konkurrenz durch von der Regierung Deutsch-Ostafrikas eingesetzte Gouvernementsdampfer, mit denen im Dienstverkehr Fracht und Passagiere befördert wurden. »So wies auch der Passagierverkehr der Küstenlinie einen völligen Leerlauf auf. Nicht einmal die Ausgaben für Kohlen konnten durch ihn gedeckt werden.«[28]

Da die englischen Konkurrenzlinien den Südafrikaverkehr beherrschten, konnten nur besondere Maßnahmen die Linie stützen.

Die verkehrstechnische Erschließung Afrikas, die Ende des 19. Jahrhunderts einsetzte, nachdem innerhalb kürzester Zeit die größten weißen Flecken auf der Landkarte verschwunden waren und der Kontinent mit seinen Rohstoffen, vor allem Edelholz, Kakao, Palmöl, Gold, Diamanten und anderen Bodenschätzen die herrschenden Kolonialmächte geradezu magisch anzog, kam der Hamburger Reederei dabei zu Hilfe. 1894 wurden die Eisenbahnlinien von Pretoria und Johannesburg zu den Hafenstädten Lourenço Marques und Durban fertiggestellt. War bis dahin die Versorgung der Republik Transvaal nur über die Eisenbahnlinien, die nach Kapstadt führten, möglich, so rückten die beiden Städte nunmehr einige hundert Kilometer näher ans Meer.

Um der englischen Konkurrenz zu begegnen, setzte die Deutsche Ost-Afrika-Linie niedrige Frachtraten fest. Sie schloß mit den deutschen Eisenbahnverwaltungen ein Abkommen, das es ihr möglich machte, billige Durchfrachten von allen Orten Deutschlands bis in die Häfen Ostafrikas anzubieten. Durch ein weiteres Abkommen mit der Niederländisch-Südafrikanischen Eisenbahn wurde die Möglichkeit geschaffen, die Städte Johannesburg und Pretoria ebenfalls mit günstigen Frachttarifen zu bedienen. Um nicht den endgültigen Ausbau dieser Linien abwarten zu müssen, bot die Deutsche Ost-Afrika-Linie diese Frachtraten bereits an, als streckenweise der Transport noch mit Ochsenkarren bewältigt werden mußte. Eine Zeitungsanzeige kündete die »Eröffnung des Durchgangsverkehrs nach Transvaal via Delagoa Bay per D. Kaiser am 5. 12. 1894 und ferner regelmässig alle 4 Wochen« an.[29] Die britische Konkurrenz reagierte mit Boykottmaßnahmen gegenüber den deutschen Reichspostdampfern.

Neben günstigen Frachtraten mußte die deutsche Reederei eine schnellere Beförderung als die Konkurrenz anbieten, um auf dem Markt bestehen zu können. Die Deutsche Ost-Afrika-Linie löste dieses Problem durch sogenannte Extrafahrten, die vom Atlantik um das Kap der Guten Hoffnung direkt bis nach Durban und Delagoa-Bai gingen.

Johannesburg.

Diese Routenänderung wurde möglich, da die Reederei mittlerweile über eine so umfangreiche Flotte verfügte, daß sie nicht mehr alle Schiffe ausschließlich zur Erfüllung des Subventionsvertrages benötigte.

Noch im gleichen Jahr wurde das englische Boykottsystem aufgehoben. Der Einbruch in das Südafrikageschäft erwies sich für die Deutsche Ost-Afrika-Linie als erfolgreich und bedeutete einen Wendepunkt in ihrer Entwicklung.

Bereits 1894 schrieb die Reederei erstmals schwarze Zahlen. Allerdings hatten sich in den voraufgegangenen Jahren die Verluste derart summiert, daß sie die Gewinne vieler Jahre aufzehren würden. So entschlossen sich die Aktionäre 1895, das Kapital von 6 auf 5 Mill. Mark herabzusetzen.[30]

Noch im gleichen Jahr zeichnete sich zudem eine Besserung der Geschäftslage ab: Waren 1894 noch 1 840 Passagiere und 31 000 t Fracht befördert worden, so waren es 1895 bereits 3 156 Passagiere und 35 000 t Fracht. Schließlich waren die Schiffe der Deutschen Ost-Afrika-Linie bis zur Grenze ihrer Leistungsfähigkeit ausgelastet. Die Reederei entschloß sich, ihre Flotte auszubauen. Dabei stand sie vor der Wahl, entweder eine größere Anzahl kleinerer Schiffe einzusetzen oder wenige große Schiffe in Auftrag zu geben. Die Entscheidung fiel zugunsten der größeren Schiffe, die zudem durch eine höhere Geschwindigkeit rentabler waren. Bei Blohm & Voss sowie bei der Reiherstiegwerft in Hamburg wurden je ein 5 000 BRT großes Schiff bestellt, die *Herzog* und *König*. Beide Schiffe nahmen 1896 ihren Dienst auf, es waren die beiden ersten Doppelschraubendampfer der Reederei. Die ursprüngliche Planung sah vor, sie um das Kap nach Durban und Delagoa-Bai fahren zu lassen und somit die damals schnellste Verbindung zwischen Europa und Südafrika herzustellen. Die Jungfernreise der *Herzog* Mitte 1896 war darüber hinaus als Vergnügungsfahrt rund um Afrika gedacht, die dann jedoch mangels ausreichender Beteiligung abgesagt wurde.[31] Auch zur Aufnahme des neuen Liniendienstes kam es schließlich nicht; aus politischen und diplomatischen Gründen zog es die Reederei vor, die beiden Schiffe auf der regulären Reichspostlinie einzusetzen.[32] Somit standen auf der Hauptroute der Reichspostdampfer nunmehr acht Schiffe zur Verfügung: *Admiral (I), Bundesrath, General (I), Kaiser, Kanzler (II), Reichstag,*

Herzog und *König;* die Dampfer *Peters* und *Wissmann* bedienten die Küstenlinien und *Setos* und *Safari* waren zwischen Ostafrika und Bombay im Einsatz.

1898 konnten vierzehntägliche Abfahrten von Hamburg nach Durban eingerichtet werden. Die schwierigen Klippen der Anfangsjahre waren somit umschifft. Brackmann resümiert: »Rechnet man die ausgewiesenen Gewinne und Verluste gegeneinander auf, so hat die Linie in der Zeit von 1890 bis 1898 im ganzen einen Überschuß von 500 000 Mark erzielt: ein etwas magerer Gewinn für neunjährige Arbeit, zumal nicht zu vergessen ist, daß durch die Kapitalherabsetzung des Jahres 1895 1 Million Mark als verloren abgebucht worden war. Bezogen auf das vermindete Aktienkapital hat die Linie in den ersten acht Geschäftsjahren nur eine Dividende von durchschnittlich 2¹/₄ Prozent verteilen können. Zu dieser Zeit ging es den anderen Hamburger Reedereien so gut, daß sie in der Lage waren, Gewinnausschüttungen von zehn und mehr Prozent vorzunehmen.«[33]

Der Ausbruch des Burenkrieges brachte der Reederei neue Probleme, vor allem die Schiffe *General, Herzog* und *Bundesrath* waren von den Ereignissen betroffen. Sie wurden beschuldigt, Schmuggelwaren, insbesondere Waffen für die Buren, transportiert zu haben. Der Reichspostdampfer *General* wurde in Aden vom britischen Militär beschlagnahmt, die *Bundesrath* am 27. Dezember 1899 von dem britischen Kriegsschiff *Magicienne* auf der Höhe von Delagoa-Bai aufgebracht, und der britische Kreuzer *Thetis* stoppte die *Herzog* am 4. Januar 1900 südlich der Delagoa-Bai. »Eifrigst machten sich die Engländer an die Suche nach Konterbande. Die *General* mußte den größten Teil ihrer Frachten, die *Bundesrath* die gesamte Ladung löschen. Kiste um Kiste wurde geöffnet, die Bodentanks wurden durchsucht, aus den Weinfässern schlug man die Spunde heraus und lotete in ihnen nach Patronen. Ballen und Säcke wurden aufgeschnitten oder mit Bajonetten durchstochen. Selbstverständlich fand man nichts, was man hätte beschlagnahmen und was die Aufbringung hätte rechtfertigen können.«[34] Die englische Regierung zahl-

König in Port Said, Kohlen nehmend.

Reichspostdampfer *König*.

te später für die an den Schiffen und ihrer Ladung entstandenen Beeinträchti-
gungen bzw. Verluste eine Entschädigung. Als besonders problematisch erwies sich, daß die *Bundesrath* fast vier
Wochen lang festgehalten worden
war, so daß der Fahrplan nicht eingehalten werden konnte und hier eine
Reihe von Umdispositionen erfolgen
mußte.[35]
Einen Einschnitt in der Geschichte der
Deutschen Ost-Afrika-Linie brachte das
Jahr 1900. Der Subventionsvertrag
war abgelaufen und stand zur Erneuerung an. 1899 zeigte auch der Norddeutsche Lloyd Interesse, sich am
Wettbewerb um den neuen Vertrag zu
beteiligen, verzichtete dann jedoch, allerdings unter der Bedingung, daß Bremerhaven künftig von Reichspostdampfern der Afrika-Linie angelaufen
werden müsse. Die Deutsche Ost-Afrika-Linie akzeptierte die Forderung, der

Norddeutsche Lloyd übernahm dafür
die Vertretung der Reederei in Bremen
und Bremerhaven.[36]
Der Subventionsvertrag erfuhr eine
gründliche Umgestaltung. In erster Linie lag der Reichsregierung daran, den
von der Reederei aus freien Stücken
eingeführten vierzehntägigen Dienst
auch vertraglich festzuhalten; darüber
hinaus wollte sie die Garantie haben,
daß die deutsche Linie in jeder Hinsicht den Schiffen der Konkurrenzlini-
en in bezug auf Größe, Geschwindigkeit und Ausstattung ebenbürtig sein
sollte. Eine Umstellung auf modernste
Schiffe war ohne eine Erhöhung der
Subvention jedoch für die Reederei
undenkbar. Zwar konnte eine Verdop-
pelung der Summe nicht erzielt werden, aber immerhin wurden 1,35 Mill.
Mark sowie eine längere Laufzeit des
Vertrages von nunmehr 15 Jahren
festgesetzt.

Am 9./20. Juli 1900 wurde der neue
Vertrag geschlossen. Die wesentliche
Änderung betraf die Linienführung: Die
neue Hauptlinie hatte fortan zwei-
wöchentliche Rundfahrten um ganz
Afrika auszuführen, abwechselnd in
westlicher und östlicher Richtung. Die
westliche Linie ging über Las Palmas,
Kapstadt, Port Elizabeth und East London durch den Suezkanal zurück, die
östliche Linie verlief durch den Suezkanal über Ost- nach Südafrika und
über den Atlantik zurück nach Hamburg. Zusätzlich wurde eine Zwischenlinie eingerichtet. Auf dieser Zwischenlinie fuhren Schiffe alle vier Wochen
von Hamburg über Neapel durch den
Suezkanal bis Beira und zurück. Dabei
war die Hauptlinie insbesondere auf
den Passagierverkehr ausgerichtet,
die Zwischenlinie auf den Frachtverkehr. Auch die Bombay-Linie wurde,
wenngleich sie nicht subventioniert

wurde, in den Vertrag mit einbezogen. Ein weiterer wichtiger Vertragspassus bestimmte die künftigen Dimensionen der Schiffe: Neu in Dienst zu stellende Dampfer sollten nicht wie zuvor 2 200 BRT, sondern 5 000 BRT groß sein, und auf der Hauptlinie mußten sie 12 kn, auf den anderen Strecken mindestens 10 kn laufen.

Um die Verpflichtungen des neuen Subventionsvertrages erfüllen zu können, benötigte die Reederei neue Schiffe. Sie sah sich daher veranlaßt, ihr Aktienkapital sofort auf 10 Mill. Mark zu erhöhen; außerdem nahm sie 1901 eine Anleihe von 5 Mill. Mark auf. Allein in den folgenden fünf Jahren investier-

te sie 20 Mill. Mark in Schiffsneubauten.[37]

Auch im Vorstand der Reederei gab es Veränderungen. Nach dem Tod von Eduard Bohlen wurde Johannes Kröhl als sein Nachfolger in den Vorstand berufen. Zu den bemerkenswertesten Veränderungen gehörte allerdings, daß der Generaldirektor der HAPAG, Albert Ballin, im März 1899 in den Aufsichtsrat berufen worden war.[38]

Die Deutsche Ost-Afrika-Linie konnte die vertraglich vereinbarten Routen rund um Afrika allerdings nicht sofort aufnehmen. Die Lage in den Häfen nach dem Burenkrieg war infolge des immens gestiegenen Verkehrsaufkommens nahezu katastrophal, »alle Plät-

ze waren verstopft und sämtliche Kaianlagen und Lagerhäuser überfüllt«.[39]

Kaum ein Schiff konnte unter normalen Bedingungen abgefertigt werden, an eine exakte Einhaltung des Fahrplans, wie der Reichspostdampfervertrag sie vorschrieb, war nicht zu denken. Die Deutsche Ost-Afrika-Linie erhielt von der Reichsregierung die Genehmigung, sich zunächst auf die Fahrten der westlichen Route zu beschränken. Darüber hinaus mußte die Reederei den Anforderungen hinsichtlich der Leistungsfähigkeit der Schiffe gerecht werden, d. h. Neubauten in Auftrag geben.

Im Juni 1900 lieferte Blohm & Voss die 5 600 BRT große und 13,4 kn schnelle

Der Reichspostdampfer *Bürgermeister* wurde 1902 in Flensburg gebaut.

Kronprinz ab, im Oktober 1901 nahm die auf der Reiherstiegwerft gebaute *Kurfürst* den Rund-um-Afrika-Dienst auf. Beide Schiffe waren bis auf die Passagiereinrichtungen fast identisch, aber gerade diese Unterschiede waren bemerkenswert: »Beide Dampfer führten die I., II. und III. Klasse, bei *Kronprinz* waren die Bettenzahlen in diesen Klassen jedoch um rund ein Drittel geringer; dafür konnten im Zwischendeck 116 Personen befördert werden. Man hatte hier den Transport von Soldaten im Sinn, deren Beförderung laut Subventionsvertrag der DOAL oblag. Auch später erhielten immer wieder einzelne Neubauten solche Zwischendeck Schlafsäle.«[40]

Auch für die Zwischenlinie wurden neue Schiffe in Auftrag gegeben bzw. gekauft. Bereits 1898 hatte die Deutsche Ost-Afrika-Linie von der HAPAG den Dampfer *Virginia* gekauft und als *Sultan* auf der Linie nach Bombay eingesetzt. 1901 wurde für diese Route der Dampfer *Somali* erworben, und 1902 wurde für die Zwischenlinie die *Markgraf* gekauft. Auf der Zwischenlinie waren 1901 außerdem noch die beiden 3300 BRT großen Neubauten *Präsident* und *Gouverneur* in Dienst gestellt worden. 1902 lieferte die Flensburger Schiffsbau-Gesellschaft mit der *Bürgermeister* ihren einzigen Reichspostdampfer an die Deutsche Ost-Afrika-Linie ab. 1903 wurden die Dampfer *Prinzregent* und *Feldmarschall* in Dienst gestellt. Letzterer war von der Reiherstiegwerft in Hamburg gebaut worden und »fast ein Schwesterschiff des *Kurfürst,* nur hat man seine Dimensionen etwas vergrößert. Die Einrichtungen sind so bemessen, daß 80 Passagiere III. Klasse, 58 solcher II. und 80 I. Klasse untergebracht werden können. Außerdem sind auf dem Promenadendeck noch 2 Luxuskammern à 2 Betten, die wegen ihrer prunkvollen Ausstattung ,diesen Namen führen. Selbstverständlich sind auch auf diesem Schiffe alle Einrichtungen vorhanden, die einen modernen Dampfer konkurrenzfähig machen.«[41]

Bei der Konzeption des Reichspostdampfers *Feldmarschall* war das Fahrtgebiet in besonderer Weise berücksichtigt worden: »Um den an der Küste Afrikas reisenden Passagieren die Strapazen der Reise bei dem heißen

Feldmarschall.

Klima nach Möglichkeit zu erleichtern, sind neben allem anderen Komfort, der zur Behaglichkeit dienen kann, die Wände des Damen- und Speisesalons, des Rauchzimmers sowie der Vorplätze und Treppenaufgänge mit Marmor bekleidet, dessen verschiedene Farben und Arten geschickt angeordnet sind und dadurch der Einrichtung eine eigenartige und vornehme Dekoration geben. Man wählte Marmor, weil seine Eigenschaft als schlechter Wärmeleiter die von ihm eingeschlossenen Räume angenehm kühl erhält. Das Schiff findet auch Dank seiner eleganten Ausstattung und seiner guten Eigenschaften als Seeschiff stets den ungeteilten Beifall aller Passagiere.«[42] Außer diesen vier Schiffen wurden 1905 und 1906 noch zwei weitere Neubauten für die Hauptlinie abgeliefert: *Admiral* und *Prinzessin*.

Der 1901 gebaute Dampfer *Gouverneur* war dabei ein Schiff, das besonders vom Pech verfolgt war. Am 30. April 1903 strandete er südlich von Ibo. Passagiere und Post konnten von dem auf der Bombay-Linie eingesetzten Dampfer *Reichstag* übernommen und in Beira am 12. Mai 1903 an den heimkehrenden Dampfer *Herzog* der Hauptlinie übergeben werden. Die *Gouverneur* selbst konnte erst am 10. Mai durch die Schiffe *Präsident* und *Kadett* der Deutschen Ost-Afrika-Linie nach Sansibar geschleppt werden, von wo aus sie nach provisorischer Reparatur am 25. Mai durch den Suezkanal nach Hamburg fuhr.[43] Sechs Jahre später, am 31. Oktober 1909, strandete die *Gouverneur* auf der Reise von Beira nach Bombay vor Zavara-Point und ging verloren. Einen weiteren Neubau, die *Kurfürst,* verlor die Reederei bereits 1904.

Neben den Briten, die als langjährige Konkurrenten im Südafrikaverkehr engagiert waren, richtete 1902 auch der Österreichische Lloyd einen Afrika-Dienst ein, bei dem er Sansibar, Moçambique, Lourenço Marques und

Speisesaal 2. Klasse auf einem Reichspostdampfer der DOAL.

Durban anlief und damit der Deutschen Ost-Afrika-Linie einen Teil des Reiseverkehrs wegnahm. Die österreichische Linie wurde jedoch 1906 wieder eingestellt. Aber dafür hatte in der Zwischenzeit auch die britische Konkurrenz ihre Linien erweitert, sie »schickte ihre Dampfer nach Hamburg und den belgischen und holländischen Häfen, um alles, was sich dort an Ladung finden ließ, abzuholen; erst dann luden ihre Schiffe in England und fuhren nach Südafrika ab«.[44]

So standen schließlich den 26 Schiffen, die die Hamburger Reederei auf Afrika-Kurs schickte, 65 englische Schiffe gegenüber. Nachdem der Geschäftsabschluß des Jahres 1907 vor-

Rauchzimmer 1. Klasse auf einem Reichspostdampfer der DOAL.

lag, waren wieder fünf Jahre vergangen, in denen die Gesellschaft nur ein einziges Mal eine Dividende hatte auszahlen können.[45] Der Ärger bei den Anteilseignern war außerordentlich groß und führte sogar dazu, daß der Aktionär Dr. Rudolf Mönckeberg in der Generalversammlung vom 9. April 1907 die Liquidation der Reederei beantragte.[46] Der Antrag wurde zwar abgelehnt, aber warf doch ein bezeichnendes Licht auf die Schwierigkeiten, die die Reederei hatte, den Betrieb gewinnbringend zu gestalten. Nicht zuletzt verursachten auch notwendige Investitionen und Infrastrukturmaßnahmen zunächst hohe Kosten.

1904 begann die Deutsche Ost-Afrika-Linie zusammen mit der ostafrikanischen Eisenbahn-Gesellschaft, die Kaianlagen in Daressalam auszubauen, um sich das Hinterland weiter zu erschließen. In Hamburg pachtete sie zusammen mit der Woermann-Linie vier große Schuppen am Petersenkai. Dadurch wurde es möglich, die Waren direkt vom Schuppen auf das Schiff umzuladen. Die gewaltige Anlage, die etwa einen Kilometer Länge hatte, verfügte über eine eigene Lichtzentrale und ein eigenes Kraftwerk für den Betrieb der Kräne. In den folgenden zehn Jahren wurden 3 422 Schiffe am Petersenkai geladen und gelöscht, der Gesamtgüterumschlag belief sich auf 4,5 Mill. t.

Bei Abschluß des neuen Subventionsvertrages hatte die Deutsche Ost-Afrika-Linie 14 Schiffe mit 43 800 BRT besessen, 1907 verfügte sie trotz der angespannten Situation über 22 Schiffe mit insgesamt 86 000 BRT.[47]

Eine besondere Rolle für die Deutsche Ost-Afrika-Linie spielte der Passagierverkehr, und ebenso wie der Norddeutsche Lloyd legte sie großen Wert auf die Ausstattung ihrer Schiffe. Unter ihren Passagieren konnte sie dann auch eine Reihe prominenter Gäste verbuchen wie Theodor Roosevelt, den ehemaligen Präsidenten der USA, und sogar Mitglieder des britischen Königshauses. Im Jahre 1900 erhielten auch Kreuzfahrten einen besonderen Platz im Angebot des Unternehmens: Erstmals wurde damals die Fahrt bis Neapel als »neue Vergnügungsreise« ausgeschrieben, ein Konzept, in das bald auch die übrigen von der Linie angefahrenen Mittelmeerhäfen und die Kanarischen Inseln einbezogen wurden.

Immer häufiger wurde allerdings seitens der Reederei in diesen Jahren über die große Abhängigkeit und den mangelnden Handlungsspielraum der Linie geklagt, die an Regierungsentscheidungen gebunden war. »Der Staat beschränkte sich nicht darauf, der Deutschen Ost-Afrika-Linie das Ziel, das sie erreichen sollte, anzugeben, um es ihr dann zu überlassen, wie sie als Wirtschaftsunternehmen zu diesem Ziel hinkommen wollte. Er begleitete ihr Tun und Handeln auf Schritt und Tritt und behielt sich vor, jeden dieser Schritte selbst zu bestimmen.«[48] Besonders zäh waren schließlich die Verhandlungen um einen neuen Fahrplan. Als die Reederei nach dem Ausscheiden des Österreichischen Lloyd aus dem Afrikadienst im Oktober 1906 beantragte, ihren Fahrplan neu strukturieren zu dürfen, mußte sie bis Mai 1907 auf eine Entscheidung der Behörden warten.

Dabei wurden die vierwöchentlichen Rundfahrten der Hauptlinien von vier auf dreiwöchige Abstände verdichtet, die Zwischenlinie wurde fortan mit größeren Schiffen bedient und in eine reine Post- und Frachtlinie umgewandelt. Um den Anschluß zu den Hauptlinien zu halten, fuhr diese Linie künftig alle sechs Wochen, wobei ihr Endhafen nicht mehr Beira, sondern das deutsche Kilwa war. Auch die Bombay-Linie fuhr fortan häufiger – alle 10

bis 11 Tage – und bediente zudem die Seychellen.

Anstelle der bis dahin in beiden Richtungen ausgeführten je 13 Rundreisen pro Jahr führte die Linie künftig 17 bis 18 durch, d. h. insgesamt 34 bis 36 anstatt 26 wie zuvor. Bislang hatten 13 Reisen von Schiffen der Größe von 2 400 bis 3 000 BRT auf der Zwischenlinie stattgefunden, nun bedienten Schiffe der Größe von 5 000 bis 6 000 BRT diese Strecke auf acht bis neun Fahrten. Der bewegte Schiffsraum erhöhte sich um ein Drittel.[49]

Die gravierendste Veränderung stellte die Einbeziehung von Deutsch-Südwestafrika in den Dienst der Deutschen Ost-Afrika-Linie dar. Die Dampfer liefen nun abwechselnd Lüderitzbucht und Swakopmund an.

Diese Routenänderung war von der Reichsregierung erzwungen worden, sie bedeutete das Eindringen der Deutschen Ost-Afrika-Linie in ein Fahrtgebiet, das traditionsgemäß von der Woermann-Linie bedient wurde. Um einer unsinnigen Konkurrenz unter den deutschen Reedereien vorzubeugen, schlossen am 9. November 1907 die Deutsche Ost-Afrika-Linie, die Woermann-Linie und die Hamburg-Amerika Linie, die wenige Monate zuvor mit ihren Afrikadiensten eine Betriebsgemeinschaft eingegangen waren, ein Übereinkommen, wonach die Deutsche Ost-Afrika-Linie den Passagierverkehr von und nach Deutsch-Südwestafrika sowie die normalen Truppentransporte übernahm und die beiden anderen Reedereien den Frachtverkehr.[50]

Die Deutsche Ost-Afrika-Linie zog drei der neun Dampfer ihrer Hauptlinie zurück, die durch drei Schiffe der Betriebsgemeinschaft ersetzt wurden. Für die Woermann-Linie fuhren die *Gertrud Woermann* und *Adolph Woermann,* für die HAPAG die *Windhuk*.[51] Als erstes Schiff nach Abschluß der Verhandlungen verließ die *Gertrud Woermann* mit Post und Passagieren, wenngleich ohne Ladung, am 12. September 1907 den Hamburger Hafen mit Kurs Afrika. Für ihre Fahrten wurden die Woermann-Linie und die HAPAG anteilig an der Subvention des Reiches beteiligt.[52]

1909 gab es für die Bombay-Linie eine neue Konkurrenz. Die India & Persia Steam Navigation Company, die zuvor von Indien zum Persischen Golf und zum Roten Meer gefahren war, richtete eine Linie nach Ost- und Südafrika – die sogenannte Mogul-Linie – ein, die der deutschen Linie einen Teil der Passagiere und auch der Fracht nahm. Diese Linie war ein rein indisches Unternehmen, und aus dieser Tatsache versuchte sie Passagiere und Unternehmen auf ihre Seite zu ziehen, was ihr auch gelang. Ein Konkurrenzkampf, der mit großer Härte und Schärfe ge-

Der Petersenkai in Hamburg.

führt wurde, bahnte sich an mit Dumpingpreisen, die für Waren und Passagen bis zu 75 % unter dem normalen Tarif lagen. Lachende Dritte waren letztlich die Passagiere, um die mit günstigen Überfahrttarifen gebuhlt wurde.

H. M. Foerster, dem in den Jahren 1905–1910 als Erstem Offizier an Bord der Schiffe *Reichstag, Somali* und *Präsident* die Postverwaltung oblag, berichtete darüber: »Als ich 1908/10 auf *Präsident* der Bombay-Linie war, machte ich den bekannten Ratenkampf mit der Mogul-Linie mit. Dabei unterstand mir die Kontrolle über 500 und mehr Deckspassagiere (einige Kabinenpassagiere ebenfalls) und eventuelle Einkassierung des immer geringeren Passagepreises bis 3½ Rupien (eine Rupie = 1 Mark und 30 Pfennig). Man sprach schon von ›1 Rupie und ein Taschentuch‹. Dann kam die Pilgerfahrt der *Markgraf* dazwischen.«[53] Diese Fahrt im August 1909 war ein geschickter Schachzug der Deutschen Ost-Afrika-Linie gewesen. Sie hatte das Schiff aus der Bombay-Fahrt herausgenommen und zu ermäßigten Raten für die Pilgerfahrt nach Mekka eingesetzt. Das brachte die Mogul-Linie zum Einlenken, denn die Abwicklung der Pilgerfahrten war ihr Hauptgeschäft, das sie in keinem Falle mit der Konkurrenz teilen wollte. Die beiden Linien einigten sich im März 1910 darauf, daß die Deutsche Ost-Afrika-Linie fortan keine Pilgerfahrten mehr durchführte, die Mogul-Linie hingegen sich aus dem Afrikageschäft zurückzog.

Die wirtschaftlich positive Entwicklung, die nach der Fahrplanänderung 1907 eingesetzt hatte, führte schließlich dazu, daß die Reederei begann, ihre Flotte zu vergrößern und zu modernisieren.

1910 wurde die bei Blohm & Voss gebaute *General* in Dienst gestellt, 1912 die beiden Schiffe *Tabora* und *Leutnant,* und als letzter Reichspostdampfer der Deutschen Ost-Afrika-Linie nahm 1914 die *Kigoma* den Dienst auf. Auf den Hauptlinien fuhren jetzt *Kigoma, Tabora, General, Prinzessin, Admiral, Prinzregent, Feldmarschall, Bürgermeister* und *Kronprinz.*[54]

Die Dampferflotte der Deutschen Ost-Afrika-Linie hatte sich damit auf 23 Schiffe mit 102 157 BRT vergrößert.[55] Im Passagierverkehr belegte die Reederei sogar den zweiten Platz hinter der britischen Union Castle Line.[56]

Auch für die Abfertigung ihrer Schiffe an der afrikanischen Küste baute die Reederei ein Dienstleistungssystem auf. 1897 hatte die Deutsche Ost-Afri-ka-Linie ihre erste eigene Agentur in Sansibar errichtet, eine zweite wurde 1898 in Beira eröffnet, 1903 folgten eine eigene Agentur in Lourenço Marques sowie die Generalagentur in Durban. Bereits von 1897 bis 1900 bestand in Lourenço Marques eine Agentur, sie mußte allerdings wieder ge-

General.

Landungsbrücke in Mwanza am Victoriasee, dessen südlicher Teil zum deutschen Gebiet gehörte (1907).

General, Speisesaal 1. Klasse.

Schwimmbad der *Tabora.*

Der Reichspostdampfer *Tabora* wurde 1912 in Dienst gestellt.

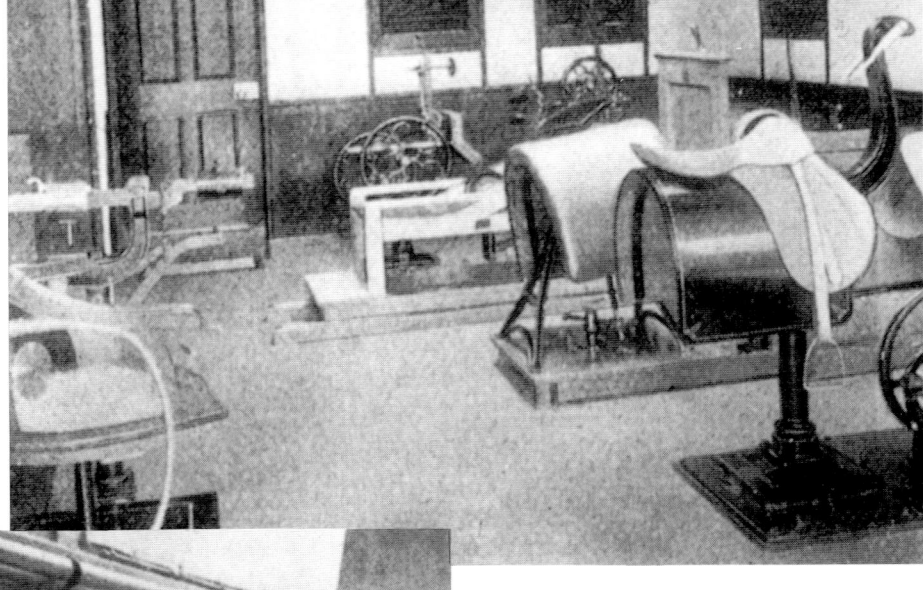

Turnhalle der *Tabora.*

Badevergnügen an Bord der *Tabora.*

schlossen werden, da es an geeigne-
tem Personal fehlte.

Im Jahr 1907 errichtete die Deutsche
Ost-Afrika-Linie eine Agentur in Daressalam und 1912 eine in Tanga.[57]

1914 standen Vertragsverhandlungen
über die Zukunft der Reichspostdampfer mit Kurs Afrika an. Der Ausbruch
des Ersten Weltkrieges beendete jedoch diese Periode der Deutschen
Ost-Afrika-Linie. »Das ganze gewaltige Werk hat mit einem Schlage der

Foto links:
Halle der *Tabora.*

Sport an Deck.

Niederlassung der Deutschen Ost-Afrika-Linie in Beira.

Niederlassung der Deutschen Ost-Afrika-Linie in Lourenço Marques.

Weltkrieg vernichtet«, schließt Karl Brackmann diesen Abschnitt seiner Firmenchronik. »Nur der *Gouverneur von Puttkammer* blieb der Woermann-Linie erhalten, nicht ein einziges Schiff hat die Deutsche Ost-Afrika-Linie aus dem Zusammenbruch gerettet.«[58]

Bleibt mit Arno Gottspenn und Bernhard Koch statistisch Bilanz zu ziehen: »Von den durch die DOAL während der Jahre 1890 bis 1914 im Verkehr zwischen Europa und Afrika unternommenen Fahrten entfallen

178 Reisen

auf die Zeit von 1890 – 1900

Telefunkenstation.

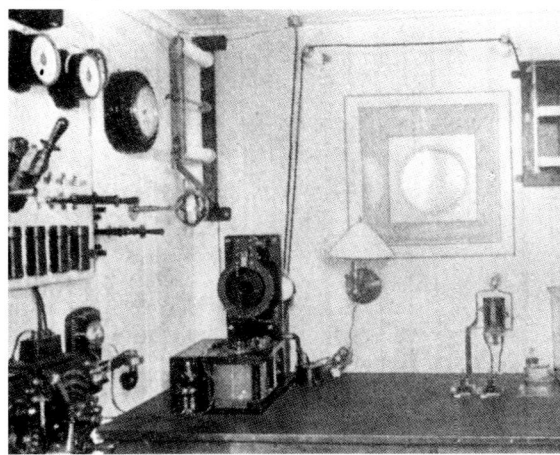

24 Reisen (mindestens) auf Sonderfahrten via Cap von 1894 – 1900
454 Reisen auf den Rundverkehr um Afrika von 1901 – 1914 und
128 Reisen auf die Zwischenlinie von 1901 – 1907 **mit**, von 1907 – 1911 **ohne** Passagierverkehr.
Zusammen 784 Reisen.«[59]

Anmerkungen

[1] Eine Reise durch die Deutschen Kolonien. Berlin 1909, S. 68. Zit. nach: Brüggemann, Anne: Der unterbrochene Draht. Die Deutsche Post in Ostafrika – Historische Fotografien. Eine Publikation des Deutschen Postmuseums Frankfurt am Main, Heidelberg 1989, S. 165.

[2] Vgl. Jaensch, Georg: Die deutschen Dampfersubventionen, ihre Entstehung, Begründung und ihre volkswirtschaftlichen Auswirkungen, Berlin 1907, S. 33.

[3] Vgl. Rothe, Claus: Deutsche Ozean-Passagierschiffe 1896 bis 1918, Berlin 1986, S. 27.

[4] Gottspenn, Arno und Bernhard Koch: Deutsche Ost-Afrika-Linie. Vorgeschichte, Postgeschichte und Seepoststempel. Sonderdruck der Arbeitsgemeinschaft der Sammler Deutscher Kolonialpostwertzeichen und der Arbeitsgemeinschaft Schiffspost im BDPh, H. 1, Hamburg 1976, S. 7.

[5] Ebenda, S. 9.

[6] Vgl. Ebenda. – Die *Zanzibar* hatte zwei Nachfolger gleichen Namens, ein 1899 gebautes, 1270 BRT großes Schiff, das 1912 verkauft wurde und ein 1912 gebautes mit 1268 BRT, das 1915 verkauft wurde (vgl. ebenda).

[7] Vgl. Brackmann, Karl: Fünfzig Jahre deutscher Afrikaschiffahrt, Berlin 1935, S. 20; Gottspenn, Koch, a. a. O., S. 18; Georg Jaensch: »Die amtlich nachweisbare Ausfuhr Hamburgs und Bremens nach Ostafrika war 1888 ganz beachtlich, sie bezifferte sich auf 36747 Doppelzentner, die Einfuhr hingegen auf 17398 Doppelzentner« (Jaensch, a. a. O., S. 65).

[8] Thilo, D., »Deutsch-Ostafrika«, in: Schmidt, W. und H. Werner (Hrsg.): Geschichte der Deutschen Post in den Kolonien und im Ausland, Leipzig 1939, S. 231.

[9] Vgl. Brackmann, a. a. O., S. 21.

[10] Aktenstück Nr. 106 der Drucksache des Reichstages 1889/90, zit. nach: Jaensch, a. a. O., S. 34.

[11] Zit. nach: ebenda.

[12] Vgl. Kludas, Arnold: Die Geschichte der deutschen Passagierschiffahrt. Bd. 2, Hamburg 1987, S. 27.

[13] Vgl. Gottspenn, Koch, a. a. O., S. 19; Brackmann, a. a. O., S. 22; Kludas, a. a. O.

[14] Brackmann, a. a. O.

[15] Vgl. Brackmann, a. a. O., S. 24.

[16] Vgl. Jaensch, a. a. O., S. 36.

[17] Thilo, a. a. O., S. 232.

[18] Vgl. Brackmann, a. a. O., S. 25.

[19] Ebenda, S. 27.

[20] Ebenda, S. 26.

[21] Kludas, a. a. O., S. 32.

[22] Brackmann, a. a. O., S. 27 f.

[23] Vgl. Gottspenn, Koch, a. a. O., S. 36.

[24] Ebenda, S. 39.

[25] Im Dienste der Afrika-Schiffahrt. Aus der Chronik der Deutschen Afrika-Linien, Hamburg 1971.

[26] Brackmann, a. a. O., S. 29. Vgl. auch Kludas, a. a. O., S. 36.

[27] Brackmann, a. a. O., S. 30.

[28] Ebenda, S. 31.

[29] Gottspenn, Koch, a. a. O., S. 23.

[30] Vgl. Brackmann, a. a. O., S. 37.

[31] Vgl. Gottspenn, Koch, a. a. O., S. 68.

[32] Zu den Hintergründen vgl. Kludas, a. a. O., S. 37: »Im Januar 1896 hatten die Buren den ominösen Jameson-Raid zurückgeworfen, jenen Angriff berittener Polizeiverbände aus Britisch-Betschuanaland auf die Goldstadt Johannesburg. Kaiser Wilhelm II. hatte dem Präsidenten von Transvaal daraufhin das als Krügerdepesche bekannt gewordene Glückwunschtelegramm gesandt, das in England starke Verstimmung ausgelöst hatte. In dieser Situation und angesichts der Spannungen in der Kap-Region schien es der DOAL besser, auf spektakuläre Gesten gegenüber der britischen Konkurrenz zu verzichten.«

[33] Brackmann, a. a. O., S. 39. Vgl. auch Jaensch, a. a. O., S. 122.

[34] Brackmann, a. a. O.

[35] Arno Gottspenn und Bernhard Koch berichten darüber: »Da der *Bundesrath* infolge seiner Beschlagnahme auf Fahrt 121 nicht rechtzeitig zurückkehren konnte, um die zur vorgesehene Ausreise 125 am 28. 2. 1900 anzutreten, musste auch hier ein Extraschiff gesucht werden. Auch in diesem Fall wurde nur ein Frachtdampfer *Anna Podeus* gefunden, der Neapel nicht anlief und nur bis Beira fuhr. Die sonst in Neapel zu übernehmende Post aus Deutschland übernahmen die englischen bzw. französischen Postdampfer, die schneller ihr Ziel erreichten, mit« (Gottspenn, Koch, a. a. O., S. 44).

[36] Vgl. Brackmann, a. a. O., S. 50.

[37] Ebenda, S. 42 f.

[38] Vgl. ebenda, S. 43.

[39] Gottspenn, Koch, a. a. O., S. 25.

[40] Kludas, a. a. O., Bd. 3, S. 22 f.

[41] Lehmann-Felskowski, C.: Der deutsche Schiffbau 1900 – 1906, Berlin o. J., S. 187 f.

[42] Ebenda, S. 188.

[43] Gottspenn, Koch, a. a. O., H. 2, S. 157.

[44] Brackmann, a. a. O., S. 45.

[45] Vgl. Jaensch, a. a. O. In den Jahren bis 1902 hatte die Deutsche Ost-Afrika-Linie folgende Dividenden ausgezahlt: 1899: 6 %, 1900: 8 %, 1901: 2 %, 1902: 2½ % . 1905 wurden 4 % gezahlt.

[46] Vgl. Mathies, Otto: Hamburgs Reederei 1814–1914, Hamburg 1924, S. 185 und Brackmann, a. a. O., S. 46.

[47] Vgl. Brackmann, a. a. O., S. 47.

[48] Ebenda, S. 49.

[49] Vgl. ebenda, S. 53. Arno Gottspenn und Bernhard Koch haben aufgrund von Angaben der vom Kursbureau des Deutschen Reichspostamtes Berlin Anfang 1907 publizierten Angaben für die beiden Rundfahrten die Entfernungen der Hafenplätze und die Beförderungsdauern auf den einzelnen Strecken zusammengestellt (1 sm = 1852 m):

»Östliche Rundfahrt
Von Hamburg über Bremerhaven (Aufenthalt nach Bedarf) 122, Rotterdam (Aufenthalt 1½ Tage) 385, Lissabon (Aufenthalt 1 Tag) 1455, Marseille (Aufenthalt 1½ Tage) 2455, Neapel 2905, Port Said 4030, Suez 4117, Aden 5425, Kilindini (Mombasa) 7037, Tanga 7117, Daressalam (Aufenthalt 1 Tag) 7232, Zanzibar 7272, Beira (Aufenthalt 2½ Tage) 8322, Lourenço Marques (Delagoa Bay – Aufenthalt 4 Tage) 8777 nach Durban (Aufenthalt 6 Tage) 9097 sm. Beförderungsdauer ab Hamburg 48 Tage, ab Neapel 32 Tage.
Heimreise: von Durban über East London (Aufenthalt 2 Tage) 262, Port Elizabeth (Aufenthalt 1 Tag) 400, Capstadt (Aufenthalt 2 Tage) 820, Las Palmas/Gran Canaria 5288, Dover 6925, Antwerpen (Aufenthalt 1 Tag) 7058, Bremerhaven 7386 nach Hamburg 7508 sm. Beförderungsdauer Durban–Hamburg 33 Tage.

Westliche Rundfahrt
Von Hamburg über Bremerhaven 122, Antwerpen (Aufenthalt 2½ Tage) 450, Boulogne sur Mer 592, Las Palmas/Gran Canaria 2214, Capstadt (Aufenthalt 2 Tage) 6682, Port Elizabeth 7102, East London (Aufenthalt 2 Tage) 7240, nach Durban (Aufenthalt 3 Tage) 7502 sm. Beförderungsdauer 35 Tage. Heimreise von Durban über Lourenço Marques/Delagoa Bay (Aufenthalt 4 Tage) 320, Beira (Aufenthalt 1 Tag) 775, Mozambique 1260, Zanzibar 1910, Tanga 1985, Mombasa/Kilindini 2065, Aden 3677, Suez 4985, Port Said 5072, Neapel 6197, Marseille (Aufenthalt 2 Tage) 6647, Lissabon 7647, Vlissingen 8677, Bremerhaven (nach Bedarf) 8963 nach Hamburg 9085 sm. Beförderungsdauer bis Hamburg 47 Tage« (Gottspenn, Koch, a. a. O., H. 1, S. 26 f.).

[50] Im März 1908 schloß auch der Norddeutsche Lloyd für seine Hamburg-Bremer Afrikalinie der Vereinbarung an. Vgl. Rothe, a. a. O., S. 28 und Kludas, a. a. O., Bd. 3, S. 149 ff.

[51] Vgl. Kludas, a. a. O., S. 31; vgl. Gottspenn, Koch, a. a. O., S. 78.

[52] Vgl. Brackmann, a. a. O., S. 55.

[53] Zit. nach: Gottspenn, Koch, a. a. O., H. 2, S. 236.

[54] Vgl. Kludas, a. a. O., S. 32. – Neben den Schiffen der Deutschen Ost-Afrika-Linie fuhren auf diesen Routen *Gertrud Woermann* und *Adolph Woermann* von der Woermann-Linie und die *Windhuk* und *Rhenania* der Hamburg-Amerika Linie.

[55] Mathies, a. a. O., S. 186.

[56] Vgl. Kludas, a. a. O., S. 35.

[57] Vgl. Brackmann, a. a. O., S. 97.

[58] Ebenda, S. 115.

[59] Gottspenn, Koch, a. a. O., S. 295.

Postdampfer *Stephan*
auf der Ostsee, 1881.

Postbeförderung über
das Eis nach Sylt im
Jahre 1892. Eine Post-
karte des Bundespost-
museums in Frankfurt.

Die *Elbe* wurde zeitweilig auf den Reichspostdampferlinien eingesetzt.

Plakate, Postkarten und Passagierlisten
illustrieren die große Zeit der Passagierschiffahrt.

Ein Modell des Reichspostdampfers *Kaiser
Wilhelm II* im Postmuseum am Stephansplatz
in Hamburg.

R. P. D. „Prinz Ludwig"
NORDD. LLOYD, BREMEN.

Postkarte der *Prinz Ludwig.* Gruß von einer Reise im Oktober/November 1909.

Eine zeitgenössische Zeichnung zeigt den 1899 gebauten Reichspostdampfer *Grosser Kurfürst.*

„GROSSER KURFÜRST." – Reg. Tons 13182.

Die phantasievoll gestalteten Postkarten sind zu beliebten Sammelobjekten geworden.

König Albert, Postkarte.

Postbeförderung zur Zeit der Reichspostdampfer: Wattenpost zwischen Duhnen und der Insel Neuwerk, um 1905.

König Albert in Port Said.

Reichspostdampfer
der Feldherren-Klasse.

Speisekarte vom
Reichspostdampfer
Prinz Eitel Friedrich.

Speisekarte der *Seydlitz*.

Die Marshall-Inseln erinnerten mit einer Brief-
marke an den Reichspostdampfer *Prinz Eitel
Friedrich,* wenngleich mit Druckfehler!

Der Lloyd legte Wert auf eine gute Ausbildung
seiner Besatzungen: das Schulschiff *Herzogin
Cecilie.*

NORDDEUTSCHER LLOYD
BREMEN.

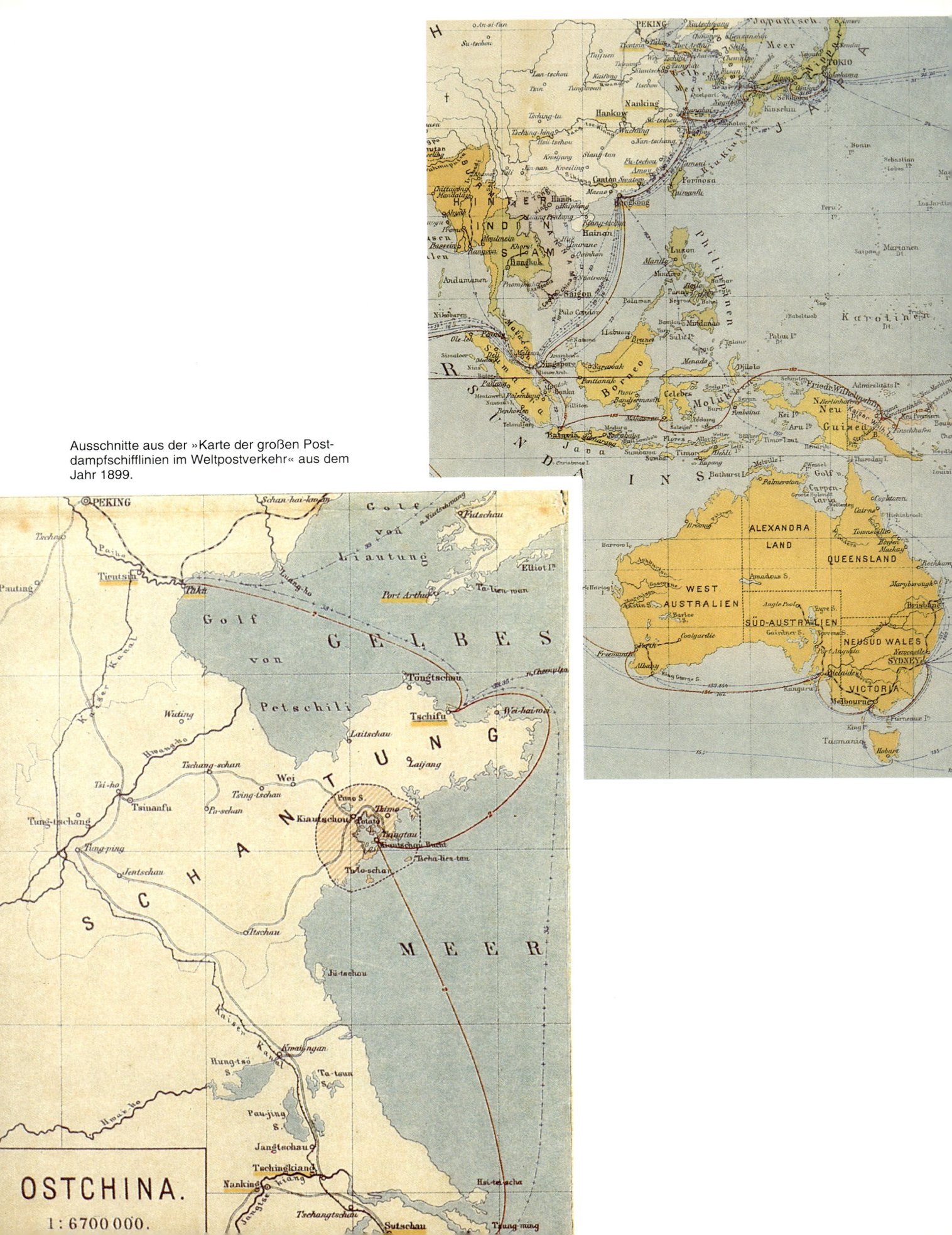

Ausschnitte aus der »Karte der großen Postdampfschifflinien im Weltpostverkehr« aus dem
Jahr 1899.

Ausschnitt aus der »Karte der großen Postdampfschifflinien im Weltpostverkehr« aus dem Jahr 1899.

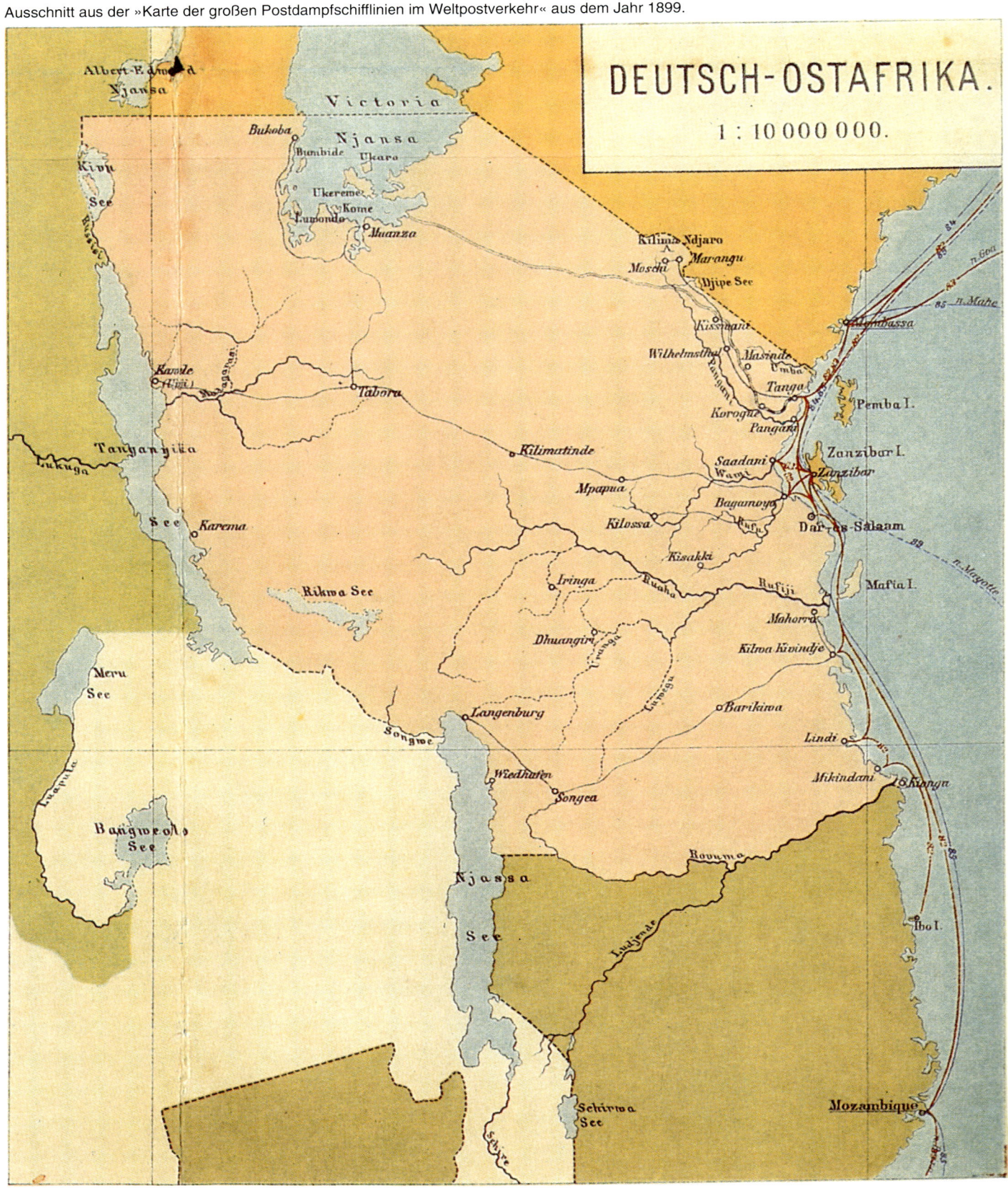

Passagierliste der *Bundesrath*.

Bundesrath.

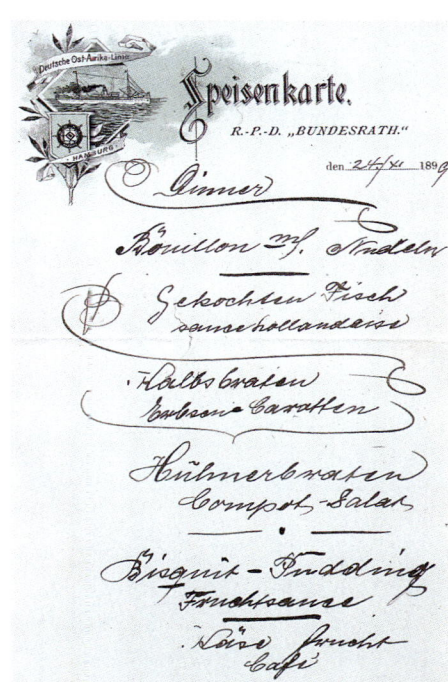

Speisekarte der *Bundesrath*.

Admiral.

General.

Kanzler.

König.

Briefmarken der Deutschen Reichspost in den
Kolonien, hier aus Deutsch-Ostafrika.

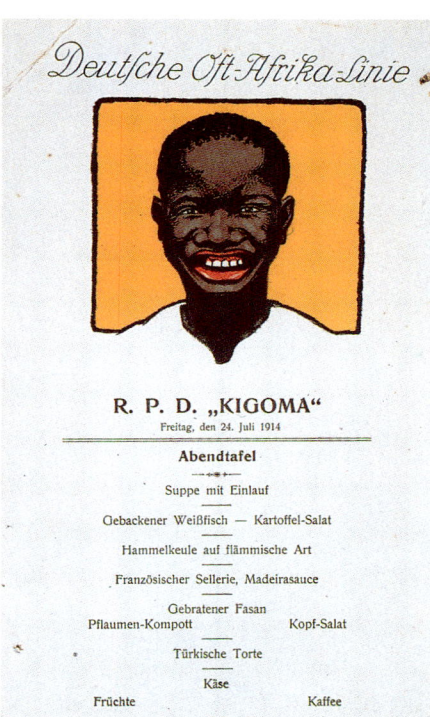

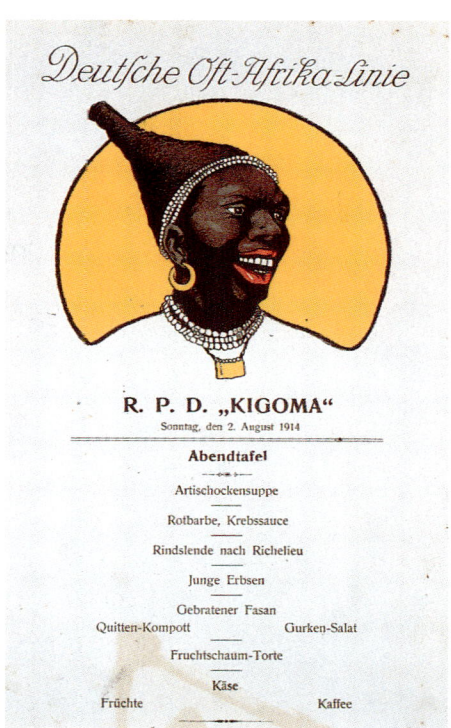

Speisekarten der *Kigoma*.

Suez Canal
D. O. A. L. passing the Canal

Die zeitgenössische Karte zeigt den Reichspostdampfer *Feldmarschall* bei der Passage des Suezkanals.

Titelbilder von Broschüren der DOAL.

Deutsche Ost-Afrika-Linie
Hamburg.

Hafenanlagen von
Lourenço Marques.

Deutsche Ost-Afrika Linie Hamburg.

Im hellen Sonnenlichte eines klaren Wintertages lag der Hafenplatz unserer neuen deutschen Colonie mit seiner Umgebung plastisch in allen Einzelheiten vor uns. Rechts über der blauen Meeresfläche hin im Hintergrunde der Bucht der Ort Tsingtau, überragt von der, von einer Signalstation gekrönten Höhe des Signalberges... Dahinter erhebt sich die niedrige runde Kuppe des Gouvernementsberges, von dem aus zur Linken ein Höhenzug sich bis zum westlichen Endpunkt der Bucht niederstreckt; noch weiter zur Linken springt Cap Evelyn hervor, das von einem hohen Gebirgskamme her sich in das Meer erstreckt. Zwischen Cap Evelyn und dem westlichen Ende des genannten Höhenzuges blicken wir in den Eingang der Kiautschou-Bay, über welche hinaus bläuliche Bergconturen sichtbar werden. Vielgestaltig wie das röthlich schimmernde Gestade im goldenen Sonnenlichte daliegt, erinnert es an die buchtenreichen Küsten Siciliens und Süd-Italiens, nur fehlt, zur jetzigen Winterzeit wenigstens, ausser einigen Tannenwäldchen an den Berghängen und kleineren Baumculturen aus der Neuzeit fast jede Vegetation.«[1]

Am 24. Dezember 1898 war Heinrich Wiegand in der Bucht von Qingdao (Tsingtau) angekommen. Der Generaldirektor des Norddeutschen Lloyd befand sich auf einer großen Informationsreise durch Ostasien, um sich vor Ort ein Bild der wirtschaftlichen und verkehrstechnischen Verhältnisse im Fernen Osten zu machen und die Möglichkeiten weiterer Handelsbeziehungen auszuloten. Es wurde eine Reise, die tatsächlich »reiche Früchte tragen sollte«,[2] wie eine Firmenchronik aus dem Jahre 1927 würdigte. Wiegand hatte die Reise nicht zuletzt vor dem Hintergrund angetreten, daß am 1. Oktober 1899 vertragsgemäß der Reichspostdampferdienst, den das Reich erneut dem Lloyd übertragen hatte und der insbesondere für die Ostasienfahrt

Reichspostdampfer nach Ostasien und Australien (1898–1914)

eine Reihe von Änderungen vorsah, in seine zweite Phase treten sollte.

Die wichtigste Veränderung, die der neue Vertrag für den Liniendienst der Reichspostdampfer brachte, war der Ausbau der bis dahin vierwöchentlichen Fahrten im Ostasiendienst zu einer vierzehntäglichen Verbindung. Außerdem wurde die Hauptlinie über Shanghai hinaus nach Japan geführt. So gab es jetzt im Ostasiendienst zwei Hauptlinien. Die eine führte von Deutschland nach Shanghai und zurück, wobei Genua, Neapel, Port Said, Suez, Aden, Colombo, Singapur und Hongkong angelaufen wurden, die andere, die bis Hongkong auf derselben Route verlief, zweigte nach Japan ab, und zwar direkt nach Yokohama, und führte zurück über Hyogo (Kobe) und Nagasaki wieder nach Hongkong und von dort im Wechsel über Rotterdam oder Antwerpen nach Deutschland.

Darüber hinaus gab es zwei Anschlußlinien. Die eine verlief zwischen Hongkong und Shanghai, die andere von Singapur nach Deutsch-Neuguinea und zurück. Der neue Vertrag sah außerdem vor, daß größere und vor allem schnellere Schiffe auf den Linien eingesetzt werden sollten.

Mit der Einführung des vierzehntäglichen Dienstes auf der Ostasienlinie gin-

gen schließlich eine Reihe anderer, gravierender Betriebserweiterungen einher. »Mir liegt vor allem, um dies noch einmal zu wiederholen, daran, Handel und Schiffahrt unseres Weserstromes grosszubringen, und zwar in noch weit energischerer Weise als dies bisher geschehen ist, ist mir vor allem auf dieser Reise klar geworden«,[3] betonte Wiegand nach Abschluß der Fahrt, die ihn über New York und San Francisco nach Japan, von dort nach mehrwöchigem Aufenthalt weiter nach Shanghai und den Chang Jiang (Yangtse) aufwärts bis Hankou sowie zu Deutschlands damals jüngster Kolonie Jiaozhou (Kiau-Tschou), nach Hongkong und Kanton, Singapur, Java und Sumatra und schließlich über Colombo

Dr. Heinrich Wiegand übernahm 1892 die Firmenleitung des Norddeutschen Lloyd.

und Suez zurück nach Deutschland geführt hatte.[4] Zu den wesentlichen Erkenntnissen, die er u. a. wenige Tage nach seiner Rückkehr im April 1899 in einer Denkschrift für den Aufsichtsrat niederlegte, gehörte, daß vor allem zusätzliche Zubringerlinien zur Ergänzung und Verstärkung des Verkehrsnetzes der Reichspostdampferlinien eingerichtet werden müßten.

Das notwendige Schiffspotential für ein derartiges Netz fand er in den Flotten zweier im hinterindisch-chinesischen Verkehr fahrenden britischen Dampferlinien. Im Anschluß an seine Reise kaufte Wiegand die Scottish Oriental Steamship Company und die East Indian Steamship Company und vergrößerte damit die ostasiatische Küstenflotte des Norddeutschen Lloyd um 26 Dampfer mit 35 145 BRT.[5] Darüber hinaus wurden später für den ostindischen Küstendienst noch zusätzlich neun neue Schiffe in Auftrag gegeben und weitere angekauft.[6] Mit diesen Schiffen wurde in den folgenden Jahren eine Reihe von Zubringerlinien aufgebaut bzw. erweitert, die der Lloyd ohne staatliche Beihilfen betrieb:

○ eine Zweiglinie von Singapur und Penang zur Ostküste Sumatras,
○ eine Zweiglinie von Singapur nach Bangkok,
○ eine Zweiglinie von Singapur nach Borneo,
○ eine Zweiglinie von Singapur nach Sulawesi (Celebes) und zu den Molukken,
○ eine Zweiglinie auf dem Chang Jiang (Yangtse),
○ der Lokalverkehr von Rabaul in Neu-Pommern (heute: New Britain in Papua-Neuguinea),
○ die Verlängerung der Linie Australien–Hongkong nach Japan,
○ die Aufnahme von Qingdao (Tsingtau) in den Fahrplan.[7]

Hintergrund des umfassenden Ausbaus der Küstenlinien, die 1905 insgesamt 17 verschiedene Einzelrouten[8] aufwiesen und auf denen im Jahre 1906 51 deutsche Dampfer verkehr-ten,[9] waren die politischen und wirtschaftlichen Entwicklungen im Fernen Osten in den neunziger Jahren des 19. Jahrhunderts,[10] die nach Wiegands Plänen unter Ausschaltung der Konkurrenz der anderen Kolonialmächte soweit wie möglich genutzt werden sollten.

Die vertraglich vereinbarte Aufnahme des vierzehntägigen Dienstes der Reichspostdampfer nach Ostasien erfolgte am 4. Oktober 1899 durch den Neubau *König Albert;* zur gleichen Zeit stellte der Norddeutsche Lloyd die

Pieranlage des Norddeutschen Lloyd in Rabaul (Neuguinea).

Reichspostdampfer des Norddeutschen Lloyd an der Pier in Genua.

Zweiglinie Hongkong-Yokohama ein und ließ diese über Shanghai nach Japan und zurück laufen.[11]

Die Fahrt der *König Albert* war aber gleichzeitig auch die erste Fahrt, die im Rahmen eines neuen Gemeinschaftsdienstes im Betrieb der Reichspostdampferlinien des Norddeutschen Lloyd und der HAPAG durchgeführt wurde. Noch während der Norddeutsche Lloyd und die Reichsregierung über die Verlängerung des Reichspostdampfervertrages verhandelt hatten, war Jiaozhou (Kiau-Tschou) von Deutschland besetzt worden. Dadurch versprachen sich zahlreiche Unternehmen und Institutionen eine Belebung des Handelsverkehrs mit China,[12] und auch bei der Hamburg-Amerika Linie kamen Pläne zur Einrichtung eines Ostasiendienstes auf. Sie wurde darin zusätzlich bestärkt durch Drängen der Hamburger, Londoner und Antwerpener Agenten der Bremer Rickmers-Rhederei, die 1896 begonnen hatte, Frachtfahrten nach Ostasien durchzuführen.[13] Dabei hatte Rickmers auf dieser Route fünf Dampfer von 6 000 bis 7 000 t Tragfähigkeit eingesetzt, die etwa 8 bis 10 kn schnell waren. Diese Frachter fuhren über Bremen und Antwerpen nach Singapur, Hongkong und Japan.

Dem Norddeutschen Lloyd gelang es jedoch bald – zumal Wiegand zum Aufsichtsrat der Rickmers AG gehörte[14] – die unliebsame Konkurrenz von der Unsinnigkeit eines ruinösen Wettbewerbs zu überzeugen und sie 1897 zu einem Vergleich zu bewegen. Danach vercharterte die Reederei Rickmers diese Schiffe für

drei Jahre mit einer anschließenden Kaufoption an den Norddeutschen Lloyd und die HAPAG.[15] Mit dieser Lösung wollten sich die Agenten der Rickmers-Linie nun allerdings nicht zufrieden geben, sie setzten vielmehr die Fahrten mit einigen kleineren Schiffen fort und wandten sich schließlich an die HAPAG mit der Anregung, ihrerseits die Route nach Ostasien zu befahren. Dieser Vorschlag traf sich mit den Ideen Albert Ballins, der bereits Mitte der neunziger Jahre zu der Überzeugung gelangt war, daß eine einseitige Konzentration der HAPAG auf den Nord- und Südamerikaverkehr für das Unternehmen riskant werden könnte, und der eine sukzessive Aufnahme weiterer Fahrtrouten plante.

»Nach Verhandlungen, die nur wenige Tage in Anspruch nahmen, gab die Hamburg-Amerika-Linie am 3. Januar 1898 öffentlich bekannt, daß sie einen monatlichen Frachtdienst von Hamburg und Antwerpen nach Penang, Singapore, Hongkong, Schanghai, Yo-

Albert Ballin, Generaldirektor der Hamburg-Amerika Linie.

kohama und Hiogo einrichten werde. Die Linie sollte mit sechs A-Schiffen von je etwa 8 000 Tonnen Tragfähigkeit bedient werden und nach Futschu, Kiautschou, Tientsin usw. Anschluß erhalten.«[16] Am 25. Februar 1898 verließ das erste Schiff auf dieser Linie, die 7 500 BRT große, 1896 gebaute *Andalusia,* den Hamburger Hafen. Außerdem unterbreitete die HAPAG der zweiten in diesem Fahrtgebiet engagierten deutschen Linie, der Kingsin-Linie, die sich in wirtschaftlichen Schwierigkeiten befand, den Vorschlag zur Übernahme. Der Kingsin-Linie blieb keine Wahl, auf der Generalversammlung am 26. März 1898 stimmten die Eigner zu. Noch im gleichen Jahr übernahm die HAPAG die gesamte Flotte der 13 Kingsin-Schiffe mit einer Tonnage von 46 727 BRT. Die Aktionäre der Kingsin-Linie konnten ihre Aktien im Verhältnis 1:1 gegen HAPAG-Aktien eintauschen und erhielten noch eine Zuzahlung von 7 %.[17]

Der Eintritt der Hamburg-Amerika Linie in den Ostasienverkehr beschwor für den Norddeutschen Lloyd eine neue Situation herauf, die die Gefahr eines kostspieligen Konkurrenzkampfes in sich barg, zumal die HAPAG nach der Übernahme der Kingsin-Linie wirtschaftlich auf einer noch breiteren Basis stand. Durch Vermittlung der Reichsregierung kam es jedoch zu einer Verständigung zwischen den beiden Reedereien, und bereits Ende Januar 1899 waren die Wogen geglättet. Der Norddeutsche Lloyd und die HAPAG vereinbarten eine Beteiligung der Hamburger Reederei am Reichspostdampferdienst nach Ostasien. Die Reichsregierung stimmte den Vereinbarungen zwischen Norddeutschem Lloyd und HAPAG zu. Dabei blieb der Lloyd gegenüber dem Reich allerdings alleiniger Vertragspartner. Die Beteiligung der HAPAG wurde durch einen Untervertrag mit dem Lloyd geregelt. Er war auf 15 Jahre angelegt und verpflichtete die HAPAG zur Einstellung von 4 Schiffen auf der Hauptroute.[18] Weiterer Bestandteil der Vereinbarungen zwischen dem Norddeutschen Lloyd und der HAPAG war, daß von den 13 Dampfern der Kingsin-Linie sieben in den Besitz des Lloyd übergin-

Der Speisesaal des 1899 in Dienst gestellten Reichspostdampfers *König Albert.*

gen,[19] der sie auf einer von beiden Reedereien gemeinsam auf der Route der Reichspostdampfer zusätzlich betriebenen Frachtlinie nach Ostasien einsetzte.

Die HAPAG hingegen mußte ihre Flotte um Schiffe erweitern, die den Anforderungen der Reichsregierung entsprachen. Sie vergab daher für die Beteiligung am Reichspostdienst den Auftrag zum Bau von zwei Doppelschraubendampfern der beim Lloyd bewährten Barbarossa-Klasse an den Stettiner Vulcan.

Als erstes Schiff lief der Reichspostdampfer *Hamburg* am 25. November 1899 vom Stapel und eröffnete den neuen HAPAG-Dienst am 21. März 1900.[20] Das zweite Schiff, die *Kiau-*

Albert Ballin und Heinrich Wiegand.

König Albert, Galerie.

tschou, folgte progammgemäß und lief Ende Dezember 1900 zu seiner Jungfernfahrt aus.[21] Fortan wurde die ostasiatische Reichspostdampferlinie von beiden Reedereien gemeinsam betrieben.

Auf der *Kiautschou* unternahm Albert Ballin 1901 eine Reise nach Ostasien. Dabei wollte er einerseits das neue Fahrtgebiet kennenlernen, andererseits nahm er den Betrieb auf dem Postdampfer unter die Lupe, wobei er ein sehr kritisches Auge hatte. Bereits am 10. Januar 1901, also noch in den ersten Tagen seiner Reise, schrieb er über die *Kiautschou:* »Die Dekoration des Salons ist meiner Ansicht nach minderwertiger als diejenige der *Hamburg:* Die weißen Serviceschränke im Salon sind nicht nur schlecht gearbeitet, sondern werden natürlich auch, wenn sie gut gehalten werden sollen, viele Mühe und Kosten verursachen. Die Schränke sind nicht einmal mit einem Riegel versehen, so daß die Stewards, wie ich wahrnahm, schon auf den genialen Einfall gekommen sind, unten den Stiel von einem Teelöffel hineinzuklemmen, damit die Türen nicht immer offen fallen.«[22] Auch über den Restaurantbetrieb gab es kritische Anmerkungen: »Zu Nutz und Frommen der Ausrüstungsabteilung füge ich noch hinzu, daß die Äpfel außerordentlich minderwertig sind, ein Umstand, der um so mehr befremdet, als man es doch so bequem gehabt hätte, dem Schiff amerikanische Äpfel an Bord zu geben. Die Frühstückskarten sind noch nach der alten Mode und nicht, wie etwa vor Jahresfrist beschlossen, täglich wechselnde. Ginger Ale, welches auf solchen Fahrten sicher begehrt ist, steht zwar auf der Karte, ist aber nicht an Bord. Die Stewards sind teilweise noch sehr jung und unerfahren, und vorläufig macht die ganze Bedienung noch einen sehr verwilderten Eindruck. Wir sollten der kürzlich besprochenen Idee, während des Winters englische Unterrichtsstunden einzuführen, ernsthaft näher treten, denn auch auf dieser Reise sind mindestens ebenso viele Engländer an Bord wie deutschsprechende Passagiere.«[23]

Reichspostdampfer *Kiautschou* der Hamburg-Amerika Linie.

Die *Hamburg* nahm 1900 den Reichspostdampferdienst nach Ostasien für die Hamburg-Amerika Linie auf.

Und während der Reichspostdampfer *Kiautschou* am 24. Januar vor Colombo lag, notierte der HAPAG-Chef: »Ich mache die Ausrüstungsabteilung auf einen anderen großen Übelstand aufmerksam, den ich auf vielen unserer Schiffe und auch hier gefunden habe, das ist das verständnislose Zusammenpacken empfindlicher Proviantartikel mit solchen, die einen starken Geruch von sich geben. Ich habe hier z. B., wie schon so oft, das Schwarzbrot in einem Raum gelagert gefunden, in welchem außer anderen Artikeln Schinken und große Stücke anderen Fleisches waren... Es sollte auf den Schiffen ein Raum geschaffen werden, der nur für die Aufbewahrung des Brotes bestimmt ist, und die Küper müßten eingehend darüber belehrt werden, welche Artikel sie unbedenklich zusammenpacken können und welche für sich gesondert gehalten werden müssen.«[24] Damit war er allerdings mit seiner Kritik noch lange nicht am Ende: »Die folgenden Mängel möchte ich noch erwähnen: 1. Die Leinenkammer in der 2. Kl. ist viel zu klein; das Leinenzeug war in einer Passagierkammer aufgestapelt. 2. Im Damensalon

der 2. Kl. sind Plüschbezüge verwendet worden, in der Hitze natürlich eine sehr unerfreuliche Einrichtung. 3. Die Zahlmeisterkammer ist zu klein. 4. Die Herrentoilette beim Rauchzimmer müßte mit einer selbstschließenden Tür, die unten und oben offen ist, versehen werden, wie man sie auf den White Star Schiffen hat. 5. Für das Achterdeck der 1. Kl. wäre ein doppeltes Sonnensegel erwünscht. 6. Der Direktor der Suez Canal Cy. riet dringend, für das Steuern der großen Schiffe durch den Kanal 3 oder 4 der besten Leute speziell auszusuchen und möglichst wenig zu wechseln. 7. Die Kammer Nr. 257 ist kein menschenwürdiger Aufenthalt, sie hat weder Luft noch Licht. 8. In der Kammer ist nicht die Möglichkeit gegeben, irgend etwas zu verschließen. 9. Der Teppichläufer in den Gängen sah schon nach der Abfahrt von Genua total verschossen und alt aus. Es ist sehr bedauerlich, daß wir es nicht durchsetzen können, den Gummibelag auf unseren Schiffen einzuführen.«[25]

Insgesamt war er mit den beiden Reichspostdampfern der HAPAG, die nach dem Muster der Lloyd-Schiffe ge-

baut worden waren, in keiner Weise zufrieden: »Was die Einrichtung des Schiffes anbetrifft, so muß ich sagen, daß wenn die *Hamburg* und *Kiautschou* nach unseren eigenen Plänen erbaut worden wären, das Urteil sehr nahe läge, daß wir ohne Erfahrung bezüglich der Erfordernisse der Passagierschiffahrt in den Tropen die Aufgabe zu lösen versucht hätten. Tatsache ist, daß ich, was die Passagiereinrichtung anbetrifft, auf diesen Schiffen so gut wie nichts finde, worin man besondere Rücksicht auf die Tropenfahrt und auf die langen Reisen genommen hat. Die Kammern sind viel zu klein, meiner Meinung nach sind sie mit ganz vereinzelten Ausnahmen nicht größer als auf den nordamerikanischen Dampfern, und die große Zahl von Innen-Kammern ist für die Fahrten natürlich von Übel. Ebenso ist die Zahl der Badezimmer bei besetztem Schiff unzureichend, und Rauchzimmer sowie Gesellschaftssalons können bei ungünstiger Witterung und vollem Schiff die platzsuchenden Passagiere bei weitem nicht aufnehmen. Ohne der Frage des Rendiments heute schon näher treten zu wollen, eine Frage auf welche eingehend zurückzukommen ich mir vorbehalte, möchte ich die Vermutung dahin aussprechen, daß die Verwendung der Klassen der P- und Barbarossa-Dampfer auf dieser großen ostasiatischen Reichspostfahrt ein Fehlgriff ist. Der Moment der Frachtbeförderung tritt bei diesen Schiffen viel zu sehr in den Vordergrund, und die Wahrnehmung der umfangreichen Ladungsgeschäfte in der großen Zahl der Häfen wird nicht durchgeführt werden können, ohne große Belästigung und Beeinträchtigung des Passagier- und Postdienstes. Der bisherige Verlauf der Reise der *Kiautschou* liefert Ihnen schon den Beweis der Berechtigung meiner Bedenken. Um wieder in den vorgezeichneten Fahrplan zu kommen, müssen wir die ganze Reservekraft dransetzen, und schleppen so über 7.000 Tons Ladung unter schweren Opfern an Kohlenverbrauch mit 15–16 Knoten über diese weiten Strecken. Das wäre noch plausibel, wenn für diese außerordentlichen Aufwendungen auch höhere Frachteinnahmen erzielt würden. Tatsächlich befördern wir aber die große Ladung zu gleichen Raten wie die Frachtdampfer, und tatsächlich handelt es sich mit wenigen Ausnahmen um Ladung, die eine schnelle Beförderung gar nicht beansprucht und ebensowohl mit 11 Knoten Geschwindigkeit reisen könnte. Ich fürchte sehr, daß ein krasses Mißverhältnis sich ergeben wird zwischen den erhöhten Leistungen der Reedereien mit diesen Schiffen und der dafür gewährten Erhöhung des Reichszuschusses.«[26]

Ballin zog aus seinen Beobachtungen bald die Konsequenzen, zumal ihm die Reise deutlich gezeigt hatte, daß es aufgrund der starken Position des Norddeutschen Lloyd in der ostasiatischen Küstenfahrt schwer sein würde, im Fernen Osten zusätzliche Aktivitäten der HAPAG zu entwickeln. Hatte er ursprünglich beabsichtigt und sich dazu auch vertraglich verpflichtet, noch zwei weitere Schiffe in den Reichspost-

Prinzess Irene trat am 30. Oktober 1900 ihre erste Fahrt von Bremerhaven nach Yokohama an. Sie war das letzte Schiff der Barbarossa-Klasse.

dampferdienst einzubringen, um eine 50%ige Beteiligung zu erhalten, zog er sich statt dessen zurück, und im Oktober 1903 endete der gemeinsame Ostasiendienst der HAPAG und des Norddeutschen Lloyd vorzeitig. In Verhandlungen der beiden Reedereien wurde vereinbart, daß der Norddeutsche Lloyd ab 1904 den Reichspostdampferdienst wieder allein betreiben und die HAPAG den Frachtdienst übernehmen würde. Außerdem wurde vereinbart, daß die HAPAG im Rahmen ihres Frachtdienstes bis zu 40 Kajütspassagiere auf ihren Schiffen mitnehmen dürfe. In einer endgültigen Regelung 1908 verzichtete die HAPAG schließlich auf jede weitere Passagierbeförderung im Ostasiendienst.[27]

Im Februar 1904 fuhr die *Hamburg* als letztes Schiff der Hamburg-Amerika Linie nach Ostasien. Die HAPAG setzte es künftig in der Nordamerika-Fahrt ein und überließ den Dampfer *Kiautschou* im Tausch gegen die fünf Frachtschiffe *Bamberg*, *Königsberg*, *Nürnberg*, *Stolberg* und *Strassburg* dem Lloyd, der ihn als *Prinzess Alice* weiter im Ostasiendienst betrieb.[28]

Der Reichspostdampfer *Grosser Kurfürst* gehörte zwar zur Barbarossa-Klasse, war in seinen Dimensionen allerdings erweitert worden und war das größte Schiff im Australiendienst.

Die Ausweitung des Liniennetzes des Norddeutschen Lloyd hatte auch hausintern um die Jahrhundertwende zu einer Neuerung geführt: Im November 1900 erschien die erste Ausgabe der

Lloyd-Nachrichten, der Hauszeitschrift des Unternehmens. »Die erhebliche Ausdehnung, welche unser Betrieb während der letzten Jahre insbesondere durch die Erweiterung der Reichspostdampferlinien, die Errichtung der indisch-chinesischen Küstenlinien usw. erfahren hat, hat uns veranlaßt, unter dem Titel Lloyd-Nachrichten ein Blatt herauszugeben, welches in erster Reihe für unsere Herren Kapitäne, Offiziere und Maschinisten bzw. die im Offiziersrange stehenden Personen unserer Dampfer bestimmt ist und ein Organ bilden soll, durch welches denselben eine fortlaufende Orientierung über die jeweiligen wichtigeren Vorgänge in unserem Betriebe ermöglicht wird und dadurch gewissermaßen einen geistigen Zusammenhang mit unserer Centrale vermittelt.«[29]

In dieser Zeitschrift finden sich jedoch neben zahlreichen Hinweisen für die Schiffsführung auch ausführliche Schilderungen wichtiger Ereignisse im Fir-

menalltag, und sie ist somit auch eine lebendige Chronik gesellschaftlicher Höhepunkte in der Entwicklung des Unternehmens. So berichtete die Juliausgabe des Jahres 1901 detailliert über eine Fahrt am 17. Juni mit dem Reichspostdampfer *Prinzess Irene,* die Prinz Heinrich von Preußen und seine Frau, die Namensgeberin, auf dem Schiff von Bremerhaven nach Hamburg machten: »Der Speisesaal des Dampfers bot in seiner strahlenden Beleuchtung und seinem bunten Farbenschmuck einen reizvollen Anblick dar... Während der Tafel hatten die Beleuchtungskünstler des Dampfers dafür gesorgt, daß das ganze Schiff in festlicher Beleuchtung erstrahlte. Es war unterdes zehn Uhr und ganz dunkel geworden; naß und kalt rieselte der Regen hernieder.«[30] Die Festgesellschaft ließ sich dennoch nicht davon abhalten, einen Tender zu besteigen und eine Runde um den Reichspostdampfer zu wagen: »Dieser gewährte

einen entzückenden Anblick durch die zahllosen Lichter, die überall an den Masten und der Reling erglühten. Dann flammten neue Lichter auf, in verschiedenen Farben erglänzend. Bremerhaven mit seinen Lichtern im Hintergrunde schloß das magische Bild stimmungsvoll ab.«[31] Kaum weniger prunkvoll verlief vom 12. bis 24. März 1904 die Fahrt Kaiser Wilhelms II. mit dem Reichspostdampfer *König Albert* von Bremerhaven nach Neapel.

Das 20. Jahrhundert hatte politisch unruhig begonnen, insbesondere in den Fahrtgebieten der Reichspostdampfer. Während in Südafrika der Burenkrieg tobte, war in China der sogenannte Boxeraufstand ausgebrochen. Er führte im Sommer 1900 zum bewaffneten Eingreifen der europäischen Mächte und am 14. August 1900 zur Besetzung Pekings und rief auch die deutsche Reichsregierung auf den Plan. Am 18. Juni 1900 gab der Kaiser den Befehl zur Mobilmachung der gesamten Marineinfanterie und ihrer Beförderung nach China.

Die umfassenden Truppentransporte nach Ostasien waren vom Kriegsministerium dem Norddeutschen Lloyd und der Hamburg-Amerika Linie übertragen worden. Der Lloyd stellte dafür 14 Transport- und Lazarettschiffe bereit. Insgesamt wurden 769 Offiziere und 18 324 Unteroffiziere und Mannschaften, dazu 860 Geschütze und Fuhrwerke sowie 20 500 m³ Kriegs- und Ausrüstungsmaterial aller Art, von Bremerhaven nach China befördert.[32] »Alles ›klappte‹ vorzüglich bei der Einschiffung wie später beim Rücktransport, und sowohl der Lloyd mit seinem Heer von Beamten und Arbeitern und nicht zuletzt auch die Hafeneinrichtungen selbst zeigten sich trotz der Neuheit dieses höchst lehrreichen militärischen Massentransportes zu Wasser den an sie gestellten enormen Anforderungen in jeder Beziehung gewachsen. Der Lloyd mußte damals auch für die Hamburg-Amerika-Linie einsprin-

Grosser Kurfürst in der Schleuse.

gen und deren Dampfer in Bremerhaven abfertigen, da die Hamburger Gesellschaft infolge eines Streiks der Hamburger Hafenarbeiter ihre Schiffe nicht von Hamburg expedieren konnte.«[33]

Als diese deutschen Truppen in China ankamen, waren die Unruhen »beigelegt«, und die »Rückbeförderung der Truppen ... wurde ausgeführt durch die fahrplanmäßigen Reichspostdampfer und durch gecharterte Schiffe. Im ganzen fand der Rücktransport auf 21 Dampfern statt, nämlich auf 6 fahrplanmäßigen Reichspostdampfern (4 Dampfer des Norddeutschen Lloyd und 2 Dampfer der Hamburg-Amerika-Linie), zu denen an gecharterten Dampfern 6 Schiffe des Norddeutschen Lloyd, 5 Schiffe der Hamburg-Amerika-Linie, 2 Schiffe der Hamburg-Südamerikanischen Dampfschiffahrtsgesellschaft und je 1 Schiff des Oesterreichischen Lloyd und der Firma Rob. M. Sloman in Hamburg hinzukamen.«[34]

Nur gut ein dreiviertel Jahr vor diesen Ereignissen hatte der Norddeutsche Lloyd im Herbst 1899 nach den Sondierungen Wiegands eine Linie auf dem Chang Jiang (Yangtse) bis nach Hankou eingerichtet und im darauffolgenden Jahr zusammen mit der Bremer Firma Rickmers nach Chongqing (Tschungking) in Sichuan ausgedehnt.[35] Dieser Yangtse-Dienst auf der wichtigsten chinesischen Binnenwasserstraße unterlag kaum Veränderungen. Einen nennenswerten wirtschaftlichen Erfolg erzielte der Lloyd mit dieser Linie zwar nicht, dennoch waren die Yangtse-Dampfer als Zubringer für die ostasiatischen Reichspostdampfer unentbehrlich und wurden infolgedessen aufrechterhalten; im Jahre 1911 wurde dieser Dienst sogar mit zwei Dampfern, den Schiffen *Mei Lee* und *Mei Dah,* betrieben.

Bei der Erneuerung des Subventionsvertrages 1898 für die Reichspostdampfer waren für die Route nach Australien zunächst keine nennenswerten Neuregelungen vorgesehen, erst 1901 ist für diese Linie eine Fahrplanänderung zu verzeichnen: Der Lloyd versuchte nun auch auf dieser Linie die Frequenz der Fahrten zu erhöhen, indem er dreiwöchentliche Abfahrten anbot, eine Änderung, die sich jedoch nur für die Hauptverkehrszeit von September bis Februar als sinnvoll erwies[36] und die 1905 wieder auf einen vierwöchentlichen Turnus umgestellt wurde.

Ebenfalls zu Beginn des 20. Jahrhunderts absolvierte die 1900 in Dienst gestellte, mit mehr als 13 000 BRT vermessene *Grosser Kurfürst* die erste Fahrt auf der Reichspostdampferroute. Sie verließ am 7. November 1901 Bremerhaven und traf am 21. Dezember in Adelaide ein. Als größter Reichspostdampfer, wie überhaupt als größtes Schiff, das bis dahin in den australischen Gewässern erschienen war, erregte sie großes Aufsehen,[37] die Dimensionen des Schiffes gingen weit über das damals übliche Durchschnittsmaß der Ozeandampfer hinaus. Es hatte eine Kapazität für ca. 150 Passagiere in der 1. Klasse, 300 in der 2. Klasse und bis zu 2 500 Passagiere in der 3. Klasse. Wie bei den übrigen Schiffen der Barbarossa-Klasse hatte der Lloyd auch bei diesem Schiff großen Wert auf die Innenarchitektur und Ausgestaltung der Passagiereinrich-

Grosser Kurfürst, Promenadendeck.

tungen gelegt und versucht, den Reisenden den Aufenthalt an Bord in jeder Weise, wenngleich in Abhängigkeit von der jeweiligen Preiskategorie, zu einem schönen und unvergeßlichen Erlebnis werden zu lassen. »Und dennoch war dabei weniger auf einen prunkvollen, als einen einfachen, aber gediegenen Stil Gewicht gelegt.«[38]

War die *Grosser Kurfürst* ein Schiff, das in erster Linie durch ihre Dimensionen bestach, so waren die *Prinz Sigismund* und *Prinz Waldemar,* die 1903 in Fahrt kamen, in ganz besonderer Weise auf die Tropenfahrt eingestellt.

Eine Werbebroschüre wies darauf hin, daß selbst die Kabinen der zweiten Klasse durchweg mit elektrischen Ventilatoren versehen seien,[39] und die Lloyd-Nachrichten schwärmten: »Die vorwiegende Farbe der Räume des Dampfers *Prinz Waldemar* ist Weiß. Die Möbel und die unteren Paneelstücke des Speisesaals I. Klasse sind in blau gebeiztem und patiniertem Eichenholz gehalten, die Ornamente in getriebener Bronze ausgeführt. Bei den oberen

Grosser Kurfürst, Rauchzimmer.

Grosser Kurfürst, Speisesaal.

Grosser Kurfürst, Gang.

Grosser Kurfürst, Galerie.

Paneelstücken sind die Rahmenhölzer und der obere Fries als Übergang zur Decke in Weiß ausgeführt, während die Füllungen mit grünlich-blauem Stoff bespannt sind. Das Oberlicht der Decke ist mit bunter Verglasung abgedacht... Auch der Gesellschaftssalon zeigt den für die Tropen bevorzugten weißen Ton.«[40]

Die beiden Schiffe hatte der Lloyd für die Sydney-Neuguinea-Singapur-Linie bauen lassen, die seit 1902 nach dem Wunsch der Reichsregierung im Sechswochenabstand befahren wurden.

Prinz Sigismund war »zugleich der erste Reichspostdampfer, welcher hier in Bremen erbaut wurde und von der Reichskommission in Bremen selber abgenommen worden ist«,[41] meldeten die Lloyd-Nachrichten kurz vor Indienststellung des Schiffes im September 1903.

Im Jahre 1903 tauchte neue Konkurrenz für die Reichspostdampfer der

Prinz Sigismund in Friedrich-Wilhelmshafen auf Neuguinea.

Prinz Sigismund in Rabaul (Neuguinea).

Der Reichspostdampfer *Prinz Waldemar* wurde von der Seebeck AG, Geestemünde, für den Sydney–Neuguinea–Singapur-Dienst gebaut.

Ostasienlinie auf: »Gemäss Amtsblatt des Reichspostamtes Berlin vom 18. September 1903 konnte ab 1. Oktober 1903 der Eisenbahnweg über Sibirien zur Beförderung von Briefsendungen aller Art von Deutschland nach dem nördlichen Teil von China, nach Kiautschou, Japan (ohne Formosa) und Korea benutzt werden. Absendung aus Deutschland täglich. Verbindung nach Peking, Tientsin, Tongku, Tschifu und Kiautschou viermal wöchentlich, nach Shanghai und Japan einmal wöchentlich, Beförderungsdauer ab Berlin bis Peking/Tientsin 20 bis 22 Tage, bis Shanghai oder Nagasaki 22 bis 28 Tage. In der Richtung aus Ostasien hatten die deutschen Postanstalten in Peking, Tientsin, Tschifu, Tsingtau und Shanghai direkte Briefposten auf die Bahnpost Alexandrowo-Berlin abzufertigen.«[42]

Dennoch baute der Norddeutsche Lloyd den Reichspostdampferverkehr nach Ostasien weiter aus, richtete neue Anschlußlinien ein und begegnete den Anforderungen des Passagierverkehrs mit dem Bau neuer Schiffe. Allerdings zeichneten sich Änderungen in der Schiffskonzeption ab: »Nachdem die Hamburg-Amerika-Linie aus dem Reichspostdampferdienst nach Ostasien ausgeschieden ist, haben wir die seitdem aus diesem Dienst zurückgezogenen Dampfer der König-Albert-Klasse durch die äusserst praktisch eingerichteten und auch ausserhalb der eigentlichen Reisesaison vorteilhafteren Dampfer der Feldherren-Klasse ersetzt.«[43] Zu Ballins Erkenntnis über das Mißverhältnis von Kosten und Nutzen der Schiffe der Barbarossa-Klasse, die er nicht zuletzt an Bord der Kiautschou während seiner Weltreise 1901 gewonnen hatte, war nun auch der Norddeutsche Lloyd gekommen.

So ließ der Lloyd in den Jahren von 1902 bis 1905 die zum Teil auch im Nordamerikadienst verwendeten Schiffe der Feldherren-Klasse, Zieten, Seydlitz, Gneisenau, Roon und Scharnhorst

Stapellauf der *Scharnhorst* am 14. Mai 1904 auf der Tecklenborg-Werft in Geestemünde.

bauen, zu denen bis 1908 noch die etwas größeren Schiffe Bülow, Goeben, Yorck und Derfflinger mit einem Raumgehalt von 8 000 bis 9 000 BRT kamen.[44]

Als erstes Schiff dieses Typs lief im Juli 1902 die Zieten, die mit 8 000 BRT eine etwa 20 % geringere Kapazität hatte als die Schiffe der Barbarossa-Klasse, bei der Schichau-Werft in Danzig vom Stapel, die ihre Jungfernfahrt zwar am 25. Januar 1903 nach New York machte, aber anschließend bis 1914 abwechselnd im Australien- und Ostasiendienst der Reichspostdampferrouten fuhr. In die Konzeption dieser Schiffe waren die Erfahrungen des Betriebs auf den Reichspostdampferlinien der vergangenen Jahre zusammengefaßt worden; die Schiffe sollten sich in ihrer Kombination als Fracht- und Passagierschiffe, die vor allem auf die Tropenfahrt eingerichtet waren, gut bewähren.[45]

Sie fanden auch im Ausland positive Kritiken. So schrieb beispielsweise der in Shanghai erscheinende Ostasiatische Lloyd über die Zieten: »Was gleich beim Betreten des Schiffes auffällt, und zwar in sehr vorteilhafter Wei-

se, ist das ungemein breite Promenadendeck; wir haben noch keinen Postdampfer gesehen, der in dieser Beziehung im Verhältnis so freigiebig ausgestattet ist, wie eben die Zieten. Für die Reise durch die Tropen, die die Schiffe auf der Fahrt nach Ostasien zu machen haben, liegt darin ein ganz außer-

Reichspostdampfer *Yorck* in Genua.

Die *Zieten* war das Typschiff der Feldherrn-Klasse.

ordentlicher Vorzug. Einen etwas ungewohnten Eindruck macht der Salon der ersten Klasse; er erstreckt sich über die ganze Breite des Schiffes und dürfte wohl über 50 Fuß messen; da er aber nur für 85 Passagiere Platz zu bieten hat, so ist er verhältnismäßig kurz und scheint daher zunächst etwas gedrückt; die Passagiere des Schiffes rühmen dagegen, daß er sehr luftig ist. Aus denselben Gründen erscheinen Damensalon und Rauchzimmer klein. Einen verhältnismäßig viel geräumigeren Eindruck macht dagegen der Speisesaal der zweiten Klasse. Bemerkenswert scheinen uns die unteren,

sehr großen Kabinen der zweiten Klasse für je vier Passagiere, die auf anderen Schiffen kaum ihresgleichen finden dürften. Die Kabinen der ersten Klasse sind nicht groß, aber höchst bequem und mit allen modernen Einrichtungen versehen. Recht angenehm empfindet man das Fehlen der sonst vielfach auf modernen Dampfern üblichen, in aufdringlichem Gold gehaltenen Dekorationen, die wohl mehr dem amerikanischen Geschmack entsprechen als dem deutschen. Wir ziehen die gediegenen Einrichtungen der *Zieten* mit ihren ruhigen Tönen entschieden vor. Alles in allem dürften die neuen Reichspostdampfer, deren sehr ruhiger Gang allgemein gerühmt wird, sich auf der ostasiatischen Linie ausgezeichnet bewähren.«[46] Der Ceylon Standard

fragte sich angesichts des neuen Dampfers *Zieten*:
»Seine Einrichtungen für Passagiere sind wunderbar. Was werden die Engländer dagegen tun?«[47]
Und während die *Zieten* ihre ersten Fahrten absolvierte, konnte die *Bayern* im Juni 1904 als Oldtimer unter den Reichspostdampfern auf beachtliche Leistungen zurückblicken. 1886 gebaut, war sie im Januar 1887 in Dienst gestellt worden »und hat zunächst 34 Reisen von Bremerhaven bzw. Hamburg nach Shanghai und zurück gemacht. Im Jahre 1900 verlängerte der Norddeutsche Lloyd diese Route bis nach Yokohama, und seitdem hat die *Bayern* nach dort und zurück weitere 13 Reisen gemacht; die jetzige Reise ist die vierzehnte. Die noch restlichen

Die *Yorck* absolvierte 1907 sowohl die erste Fahrt nach Ostasien als auch nach Australien.

Rauchzimmer auf der *Seydlitz*.

zwei Reisen zum fernen Osten haben Sydney zum Ziel gehabt. Mit der gegenwärtigen 50. Reise wird der Dampfer nahezu 1 200 000 Seemeilen zurückgelegt haben, und er wird auf der demnächstigen Rückreise zum 100. Male den Suezkanal passieren, was jedenfalls auch in der Geschichte des

Kanals als ein bemerkenswertes Ereignis verzeichnet werden kann. Eine solche Reise nach Ostasien oder Australien und zurück nimmt stets eine Zeit von 3½ bis 4 Monaten in Anspruch.«[48]

Das Frachtaufkommen auf den Reichspostdampferlinien stieg zu Beginn des 20. Jahrhunderts zwar langsam, aber kontinuierlich an. So heißt es für das Jahr 1903: »Der Gesamtverkehr der beiden Linien – Aus- und Heimreise zusammengenommen – belief sich auf 313 804 Tonnen im Werte von 345 109 000 Mark gegen 311 558 Tonnen im Werte von 331 450 000 Mark im Jahre 1902... Danach zeigt die durch die Reichspostdampfer vermittelte Aus- und Einfuhr im Jahre 1903 gegen das Vorjahr eine Zunahme um zusammen 2 246 Tonnen und 13 659 000 Mark.«[49]

Es war eine bunte Palette von Waren, die mit den Reichspostdampfern verschifft wurden. »Die hauptsächlichsten Frachtgegenstände bildeten auf der Ausreise Zeugwaren aller Art, Drogen, Chemikalien und Farben, Verzehrungs-

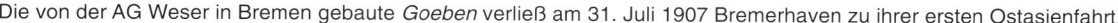

Die von der AG Weser in Bremen gebaute *Goeben* verließ am 31. Juli 1907 Bremerhaven zu ihrer ersten Ostasienfahrt.

Die *Bülow* (Baunr. 209) war bei der Joh. C. Tecklenborg AG, Geestemünde, vom Stapel gelaufen.

gegenstände (besonders Wein, Bier, kondensierte Milch, Zucker, Früchte aller Art, Butter, Margarine, Fette, Sprituosen), Eisen- und Stahlwaren, Metalle und Metallwaren, Maschinen aller Art, Kleidung und Hutwaren, Garne aller Art, Posamenten und Stickereien, Musikinstrumente, Wolle (einschl. Kammzug), Papier und Papierwaren, Strumpfwaren und Trikotagen, Instrumente und Apparate, Glaswaren, Leder und Lederwaren, Zigarren und Zigaretten, Eisen und Stahl; auf der Heimreise: Seide aller Art (einschl. Kokons), Wolle (einschl. Wollabfälle),

Die Vierfachexpansionsmaschinen für den Doppelschraubendampfer *Bülow*.

Häute, Felle und Pelzwerk, Verzehrungsgegenstände (namentlich Tee, Kaffee, Gewürze), Tabak, Zinn, Drogen, Chemikalien und Farben, Kupfer, Blei (einschl. Silberblei), Kopra, Strohgeflechte und Matten, Zeugwaren, Erze aller Art, Kuriositäten, Talg und Wachs, Bettfedern, Sesamsaat, Borsten, Baumwolle (einschl. Abfälle), Korallen.«[50]

Obwohl die Sicherheitsanforderungen an die Reichspostdampfer hoch waren und die Nautiker über eine gute Ausbildung verfügen mußten, kam es doch zu einigen Unfällen, die allerdings stets glimpflich für die Passagiere abliefen. So war am 13. März 1893 die *Preussen* südlich vom Royal-Sovereign-Leuchtschiff mit dem russischen Dampfer *Peter der Grosse* kollidiert,[51] zehn Jahre später lief sie in der Scheldemündung auf Grund. 1904 hatte die *Oldenburg* eine Havarie, und auch der

Reichspostdampfer *Roon,* der im Mai 1906 auf der Fahrt von Nagasaki nach Hyogo bei Ukinoshima strandete, hatte Glück im Unglück. Er kam nach zwei Tagen wieder frei und fuhr zur Reparatur nach Nagasaki. Vom Hergang des Unfalls hat einer der Passagiere ein recht aufschlußreiches Stimmungsbild aufgezeichnet: »Mehrere Passagiere befanden sich noch gegen 11 Uhr auf dem Promenadendeck und im Rauchzimmer bei Karten und Schach, als zwei leichte, kurz aufeinander folgende Stöße verspürt wurden, welche uns über unsere Strandung keine Zweifel ließen. Durch den starken, schon während des ganzen Abends herrschenden Nebel ließ sich bei näherer Betrachtung eine Felsenwand der Insel Ukinoshima erkennen, welche einige Meter vor dem Bug des Schiffes steil aus der Tiefe ragte. Infolge der Stöße aufgeweckt, versammelten sich bald

bald auch die Frühschläfer auf Deck und diskutierten mit denjenigen, welche wachen Auges das Auflaufen erlebt hatten, die Möglichkeiten des Loskommens und die Frage, wo wir uns wohl zurzeit befinden könnten. Ich machte von der mir seitens des Kapitäns freundlichst gegebenen General-Erlaubnis Gebrauch und ging auf die Kommandobrücke, wo ich Gelegenheit hatte, die klare und zielbewußte Haltung des Kapitäns und des Ersten Offiziers zu bewundern, welche in ihrer unerschütterlichen Ruhe mehr den Eindruck machten, ein Übungsmanöver zu dirigieren, als unter dem Drucke einer anscheinend unmittelbaren Gefahr zu handeln. Die Ausmessung der Wassertiefen, die Untersuchung der entstandenen Schäden, die Beleuchtung des Felsens, das Klarmachen der Boote wurde Schlag auf Schlag angeordnet und auf das

Reichspostdampfer *Roon* im Kaiserhafen zu Bremerhaven.

schnellste ausgeführt. Ganz besonders bei letzterem Manöver gefiel mir die Mannschaft. Ohne sich zu drängen, kamen die Leute im langsamen Laufschritt herauf, stellten sich an die ihnen zukommenden Plätze und entledigten sich unter Unterlassung des sonst üblichen gegenseitigen Anschreiens ihrer Arbeit.

Als ich wieder auf das Promenadendeck herunterkam, sah ich ebenso wie im Anfang Gruppen sich ruhig unterhaltender Herren und Damen. Ungeachtet des Klarmachens der Boote und der bei Erkenntnis etwaiger vitaler Beschädigungen des Schiffes notwendig werdenden Ausschiffung der Passagiere habe ich außer zwei Kindern niemand bemerkt, der seine etwaige innere Erregung zur Schau getragen hätte. Erst mit der Zeit entschloß man sich, die aus den Kabinen herausgebrachten Rettungsgürtel für den Fall eines plötzlichen Wegsackens des Schiffes anzulegen, was zu manch' merkwürdigen Bildern Veranlassung gab. Unsere Maskerade dauerte jedoch nicht lange, denn bald kam die Nachricht, daß sich nur in Nr. 1 Wasser befände und wir vor Sonnenaufgang nichts unternehmen würden. So kehrten denn alle zu der vor dem Unglücksfall gewählten Tätigkeit zurück.

Nachdem ich meinem unermüdlichen Gegner noch Gelegenheit zu einer Schach-Revanche gegeben, war es schon spät, wohl zwei Uhr geworden. Wir ergingen uns noch etwas auf dem Deck, als wir plötzlich das immer näher kommende Nebelhorn eines anderen Dampfers hörten, der, wie sich später herausstellte, ohne unsere Warnungs- und Hilfesignale durch dieselbe Stromversetzung gezwungen im dicken Nebel und mangels der Möglichkeit Anker zu werfen, ebenso gestrandet wäre. Nach einiger Zeit ließ der Dampfer erkennen, daß er unserer Seenot bewußt sei und bei uns bleiben werde. Da mir die Überführung auf das ande-

Gesellschaftszimmer der *Roon*.

re Schiff wahrscheinlich erschien, so ging ich in die Kabine, um meine Sachen einzupacken.

Wie hervorragend der Besatzungsapparat der *Roon* funktioniert hat, ist auch daraus zu erkennen, daß wir trotz

Backbordmaschine der *Roon*.

Strandung des Schiffs am nächsten Morgen um 6 Uhr, zwei Stunden früher als sonst, unser reichhaltiges Frühstück, wie an jedem anderen Tage, auf der für den Morgen gedruckten Speisekarte aussuchen konnten. Wohlgesättigt, aber – um die Rettung der *Roon* nicht ungezwungen hinauszuschieben – ohne großes Gepäck, wurden wir gegen 7 oder 8 Uhr bei halbklarem Wetter auf den inzwischen näher gekommenen *Stanley Dollar* gebracht. Wir waren von einer Schar von Stewards und einem Teil der Küchenbedienung mit allem Nötigen begleitet, damit uns auf dem neuen Dampfer die gute Pflege des Lloyd nicht abgehen sollte. Nachdem der *Stanley Dollar* vergeblich versucht hatte, die *Roon* frei zu machen, brachte er uns nach Schimonoseki, wo wir abends anlangten.«[52] Die *Roon* konnte wenige Stunden später, nachdem auch der zu Hilfe geeilte Kreuzer *Hansa* vergeblich versucht hatte, sie freizuschleppen, aus eigener Kraft freikommen.

Neben der technischen Ausgestaltung seiner Schiffe legte der Lloyd auch Wert auf eine solide Ausbildung des Nachwuchses, wofür er u. a. die beiden Segelschulschiffe *Herzogin Cecilie* und *Herzogin Sophie Charlotte* betrieb.

»Mit Anwachsen der Lloydflotte, insbesondere aber mit der Ausdehnung der Aufgaben, welche Kapitäne und Offiziere grosser Passagierdampfer der Gegenwart zu erfüllen haben, machte sich beim Lloyd das Bedürfnis geltend, in Ergänzung zu den staatlichen Vorschriften mit Rücksicht auf die Vorbildung seiner Seeleute selbst tätig einzugreifen, sich durch eigene Mittel den Ersatz des Offizierpersonals zu schaffen und hierbei diejenigen Prinzipien zugrunde zu legen, welche aus der Entwicklung des Schiffbaus und der

Schiffahrt der Gegenwart sich als notwendig ergaben. Es leuchtet von vornherein ein, daß Kapitän und Offiziere eines modernen Passagier-Schiffes eines ungleich grösseren Wissens, einer ausgeglicheneren Bildung bedürfen, als dies früher der Fall war. Der Passagierdampfer der Gegenwart stellt einen so komplizierten Mechanismus dar, dass nicht nur zur Beherrschung der einzelnen Teile dieses Mechanismus, wie sie von Kapitän und Offizieren verlangt werden muss, eine auf anderen Grundlagen als früher ausgebildete fachtechnische Schulung gehört, sondern, dass auch vor allem für die Navigation eines solchen Schiffes nicht mehr die frühere seemännische Tüchtigkeit allein ausreicht, dass vielmehr dieselbe durch wissenschaft-

liche Grundlagen unterstützt werden muss.«[53]

Im Jahre 1904 gab es beim Norddeutschen Lloyd eine wesentliche Änderung auf der australischen Zweiglinie. Er stellte die bisherige Linie Singapur–Neuguinea–Sydney ein und richtete mit Zustimmung der Reichsregierung eine sechswöchentliche Verbindung von Sydney über die Häfen von Neuguinea und Hongkong nach Japan (Kobe, Yokohama) und zurück ein. Noch im gleichen Jahr wurde die Linie in vierwöchentlichem Turnus bedient. Gleichzeitig erfolgte die Einrichtung des Inseldienstes im Schutzgebiet von Neuguinea.[54]

Außerdem ersetzte der Norddeutsche Lloyd die Schiffe der Städte-Klasse, für deren Betrieb auf den Reichspost-

Die Kessel des Reichspostdampfers *Roon* (1 582 m² Heizfläche).

Der Reichspostdampfer *Kleist* im Hafen von Genua.

Der Reichspostdampfer *Kleist* im Hafen von Genua.

dampferlinien die Regierung bereits Ende der achtziger Jahre die Genehmigung erteilt hatte und die hier noch immer im Einsatz waren. 1904 übergab die Stettiner Vulcan-Werft den Neubau *Prinz Eitel Friedrich* an die Reederei, und 1906 lieferte sie *Prinz Ludwig* ab, die beide auf der Ostasien-Linie eingesetzt wurden. *Prinz Ludwig* war schließlich der einzige Reichspostdampfer, der direkt von den Ereignissen des Russisch-Japanischen Krieges betroffen war. Er wurde am 15. Juli bei Aden vom russischen Hilfskreuzer *Smolensk* gestoppt und zur Herausgabe der für Japan bestimmten Post – 34 Brief- und 51 Paketbeutel –

gezwungen.[55] Nach Reklamation durch die deutsche Reichsregierung gab die *Smolensk* die Post allerdings wieder heraus »und übergab sie an D. *Persia* der P. & O.-Line, behielt aber 2 Pakete einer deut. Munitionsfabrik für Nagasaki ein«.[56]

Als letzte Schiffe der Feldherren-Klasse wurden 1908 *Lützow* und *Derfflinger* in Dienst gestellt. Bruno Paul, bekannt als Zeichner des Simplizissimus, hatte für den auf der Danziger Schichauwerft gebauten Reichspostdampfer *Derfflinger* den Rauchsalon gestaltet:

Einlaufen des Reichspostdampfers *Prinz Eitel Friedrich* in Qingdao (Tsingtau).

Prinz Eitel Friedrich – Gesellschaftszimmer 1. Klasse.

»Der ganze Raum ist aus gestreiftem Mahagoniholz (Sapeli) getäfelt – wobei das Spiel der Holzmasern geschickt verwendet worden ist – und macht einen würdigen, ruhigen und zugleich farbigen Eindruck, der durch die massiv und behäbig wirkenden Lederpolsterungen der Sofas an den Wänden und der Armstühle noch mehr gehoben wird. In der Mitte der Längswand befindet sich eine kaminartige Heizkörperverkleidung nebst Spiegel, welche dem Raum ein wohnliches, behagliches Aussehen verleiht. Der Fußboden ist mit blauem Linoleum belegt. Die Tische sind ebenfalls mit Linoleum bedeckt. Die eine Seitenwand ist in geschickter Weise als Nische ausgearbeitet; die etwas heruntergezogene Decke der Nische ist mit mattierten Messingblechen in besonders schöner Ausführung bekleidet. Den Beleuchtungskörpern hat der Künstler eine eigenartige, kastenförmige Form gegeben.«[57]

Die Berliner Technische Hochschule in Charlottenburg ehrte 1907 anläßlich des 50jährigen Bestehens des Norddeutschen Lloyd deren Generaldirektor Heinrich Wiegand mit der Verleihung des Dr.-Ing. h. c. Damit sollten nicht nur seine Ambitionen als Reeder

Prinz Eitel Friedrich in Fahrt.

geehrt werden, sondern auch seine Initiativen im Zusammenhang mit der Weserkorrektion und dem Ausbau von Landstraßen.[58] »Unsere Zeit steht unter dem Zeichen des Verkehrs. Die Wahrheit dieses Satzes bedingt, dass dasjenige Land unter den heutigen Existenzbedingungen der Völker die grösste Lebensenergie bethätigen wird, das seine Verkehrsmittel zu höchster Vollkommenheit entwickelt; je leichter, je schneller. Je billiger sich seine inneren Verkehrsbeziehungen abwickeln, desto einschneidender ist die Wirkung, die seine Concurrenz im ausländischen Wettbewerbe ausübt«,[59] hatte Wiegand 1898 auf seiner Ostasienreise geschrieben, und seine Aufmerksamkeit hatte dabei insbesondere den Eisenbahnverbindungen gegolten. Die Lloyd-Nachrichten vom Juli 1901 berichteten: »Über die neue Luxus-Schnellzugverbindung Hamburg–Bremen–Genua, welche die Internationale Schlafwagengesellschaft nach den Vorschlägen des Dr. Wiegand vom Norddeutschen Lloyd plant, wurden

Erinnerungs-Medaille anläßlich des 50jährigen Bestehens des Norddeutschen Lloyd, gestiftet vom Senat der Freien Hansestadt Bremen, 20. Februar 1907.

nähere Einzelheiten bekannt. Die neue Linie wird unter dem Namen ›Lloyd-Expreß‹ ein überaus wichtiges Verbindungsglied in dem internationalen Eisenbahn- und Schiffsverkehr bilden.«[60] »Die in Aussicht genommene dreimal wöchentliche Verbindung wird im unmittelbaren Anschluß an die in Bremen und Hamburg eintreffenden und von dort abgehenden großen transatlantischen Schnell- und Passagierdampfer

des Norddeutschen Lloyd und der Hamburg-Amerika-Linie erfolgen und wiederum in Genua einen Anschluß an die Schnell- und Reichspostdampfer der beiden Gesellschaften bieten... Der Zug wird nur 1. Klasse führen und mit allen Bequemlichkeiten ausgestattet sein, wie sie die modernen Luxus-Züge, welche in Europa und in den Vereinigten Staaten zur Zeit verkehren, enthalten.«[61]

Der Reichspostdampfer *Derfflinger* wurde im Mai 1908 in Dienst gestellt.

Derfflinger, Teilansicht des Gesellschaftszimmers 1. Klasse.

Bis die Linie allerdings tatsächlich eröffnet werden konnte, sollten noch einige Jahre vergehen. 1909 konstatierte der Geschäftsbericht: »Seit Mitte Oktober vorigen Jahres hat die Internationale Schlafwagen-Gesellschaft zur Hebung des Reiseverkehrs durch Einlegung eines Luxuszuges, welcher den Namen Lloyd-Express führt, eine neue vorzügliche Verbindung zwischen den Nordseehäfen und dem Mittelmeer geschaffen.

Der Zug, welcher mit allen Bequemlichkeiten: Schlaf-, Salon- und Speisewagen, versehen ist, hat Anschluß an unsere Dampfer der Reichs- und Mittelmeerlinien, ist aber auch zugleich für den allgemeinen Reiseverkehr nach und von der Schweiz, Ober-Italien, der Riviera usw. von besonderer Wichtigkeit. Des weiteren sind Eisenbahnanschlüsse nach den verschiedensten sonstigen Richtungen vorhanden. Als große Annehmlichkeit ist hervorzuheben, daß eine Gepäckrevision für unsere überseeischen Passagiere bei Benutzung dieses Zuges überhaupt entfällt. Wir zweifeln nicht, daß der Lloyd-Express, welcher einem wiederholt hervorgetretenen Bedürfnis Rech-

nung trägt, sich bald einer lebhaften Frequenz zu erfreuen haben wird.«[62]
Eine andere Bahnlinie bereitete dem Lloyd zumindest vorübergehend Sorgen: die Transsibirische Eisenbahn. Ihr schrieb man in Bremen für das Jahr 1909 den Rückgang der Passagiere der 2. Klasse im Ostasienverkehr zu,[63] einen Trend, der jedoch nicht anhielt. In den folgenden Jahren scheinen die Reisenden das Schiff der Bahn wieder vorgezogen zu haben. Im Ostasienverkehr hatte es zudem 1909 eine Neuerung gegeben, der Lloyd hatte dem Wunsch der Reichsregierung entsprochen und Qingdao (Tsingtau) in das subventionierte Streckennetz aufgenommen.
Weniger positiv verliefen die Entwicklungen auf der Australien-Linie. Hier hatte die britische Konkurrenz 1909 vier 18 kn schnelle und 12 000 BRT große neue Schiffe eingesetzt, die den Reichspostdampfern Konkurrenz machten. Das Jahr 1910 brachte zudem für die deutschen Reichspostdampferlinien weitere Probleme. In Australien stand ein neues Schifffahrtsgesetz zur Verabschiedung an, das sich gezielt zum Nachteil der deutschen Linie auswirken mußte. 1911

wurde das Gesetz, das den Norddeutschen Lloyd von der australischen Küstenfahrt ausschloß, im australischen Oberhaus verabschiedet. Durch sofortigen Einspruch der deutschen Regierung in London gelang es jedoch, dem Gesetz seine Schärfe zu nehmen und die zahlreichen Härten für die deutsche Schiffahrt zu mildern.[64]
Vor dem Hintergrund dieser Entwicklungen unternahm im Mai 1910 Generaldirektor Heineken, der nach Wiegands Tod 1909 das Ruder des Lloyd übernommen hatte, eine Informationsreise nach Australien und Ostasien, die über ein dreiviertel Jahr dauerte und erst im Februar 1911 endete. Schließlich ließen die 1914 anstehenden neuen Verhandlungen über die Zukunft der Reichspostdampfer es auch dem neuen Chef des Norddeutschen Lloyd geboten erscheinen, sich eingehend persönlich über die Situation zu informieren, zumal seit Wiegands Reise 1898 kein Mitglied der Geschäftsleitung mehr vor Ort gewesen war. Mit dem Reichspostdampfer *Prinz Sigismund* machte Heineken dabei eine Fahrt durch die Südsee, die ihn über »Rabaul, Peterhafen, Herzog-Johann-Albrechthafen, Friedrich-Wilhelmshafen, Alexishafen, Maronn, Jap und Angaur – die Hauptplätze der deutschen Südseekolonien nach Manila«[65] führte. Über Manila und Hongkong ging die Reise weiter nach Japan. »Es ist in jeder Beziehung ein interessantes Land, das voll von Kontrasten ist, ein Land, das in verhältnismäßig wenig Jahren aus einem wenig entwickelten asiatischen Staate in die Reihe der Kulturstaaten und Großmächte eingetreten ist, und das sich nun mit großem Eifer bestrebt, es diesen gleich zu tun«,[66] notierte Heineken, bevor er mit dem Reichspostdampfer *Derfflinger* weiter nach China fuhr, über das er schrieb: »China ist eines der interessantesten Länder, die ich kenne. Das immense Land mit seinen mindestens 400 bis 500 Millionen Einwohnern, die zäh an althergebrachten

Dr. Ing. h. c. Philipp Heineken, 1906 – 1909 Direktor, 1909 – 1921 Generaldirektor und ab 1921 Präsident des Norddeutschen Lloyd.

Sitten und Gebräuchen festhalten und Neuerungen schwer zugänglich sind, wird uns noch manches Rätsel aufgeben.«[67]

Nur kurze Zeit nach Heinekens Heimkehr konnten die Reichspostdampferlinien am 30. Juni 1911 auf ihr 25jähriges Bestehen zurückblicken. In Bremen wurde auf eine offizielle Feier mit Rücksicht auf die gerade überstandene Wirtschaftskrise verzichtet, dafür gab der Generalvertreter des Norddeutschen Lloyd für Belgien, Generalkonsul Albert von Bary, am 16. Dezember 1911 in den Räumen der Société Royale de Zoologie in Antwerpen ein glänzendes Fest, um die Bedeutung, die die belgische Hafenstadt für die Reichspostdampfer besaß, zu würdigen. Vom Gesamtumschlag des Antwerpener Hafens entfiel damals mehr

als ¹/₁₂ auf den Norddeutschen Lloyd. Bereits 1913 begannen die Verhandlungen über die Zukunft des Reichspostdampfervertrages. Nach einer ersten Regierungsvorlage sollte die Subventionierung der Linien nach Australien und Ostasien künftig entfallen, dafür aber eine Vergütung für die Aufrechterhaltung der Verbindung zu den deutschen Kolonien in der Südsee und für eine Verlängerung der Zweiglinie von Rabaul bis nach Samoa in Höhe von 1,3 Mill. Mark jährlich gezahlt werden. Diese Vorlage wurde am 30. April 1913 an die Budgetkommission überwiesen, die sie auch annahm, aber gleichzeitig beantragte, die bestehende Verbindung nach Australien bis zum 31. März 1917 aufrechtzuerhalten und sie angemessen zu vergüten. Hatte die Reichsregierung zuvor noch auf die Australien-Linie verzichten wollen, da sie nur Verluste einfuhr, vertrat sie am 18. Mai 1913 in der dritten Lesung zum Gesetzentwurf die Ansicht, daß es »nationale und wirtschaftliche Gründe erforderten, die australische Linie nicht eingehen zu lassen«.[68]

Am 18. Juni 1913 wurde der zwischen der Reichsregierung und dem Norddeutschen Lloyd geschlossene Vertrag über den Weiterbetrieb der Linie für die nächsten 2¹/₂ Jahre, für den eine Vergütung von 3,75 Mill. Mark gewährt wurde, vom Bundesrat genehmigt. Der Norddeutsche Lloyd verpflichtete sich zusätzlich, in den Zeiten stärksten Verkehrs eine schnellere Verbindung als bisher aufrechtzuerhalten und sich der ausländischen Konkurrenz anzupassen,[69] doch zur Erfüllung des Vertrages kam es infolge des Ersten Weltkriegs nicht mehr. »Das Jahr 1914 wäre für den Reichspostdampferdienst auf jeden Fall ein Schicksalsjahr geworden«,[70] gibt Arnold Kludas zu bedenken. Während der Verhandlungen des Lloyd mit dem Reich hatte die Hamburg-Amerika Linie der Regierung gegenüber die Erklärung abgegeben, daß sie ohne Subvention durch das Reich vom 1. Oktober 1914 ab einen einmonatlichen Personen- und Postdienst durch Dampfer mit einer Geschwindigkeit von etwa 15 kn nach Ostasien aufnehmen werde. Dabei

16. Dezember 1911: Feier anläßlich des 25jährigen Bestehens der Reichspostdampfer.

sollten regelmäßig alle wichtigen Häfen einschließlich Qingdao (Tsingtau) angelaufen werden.[71] Daraufhin erklärte sich der Lloyd ebenfalls dazu bereit, »den ostasiatischen Dienst, und zwar in 14tägiger Fahrt und unter entsprechend freieren Bedingungen, versuchsweise ohne Reichsbeihilfe zu übernehmen«,[72] eine Probe, der er sich nicht mehr zu stellen brauchte, denn der Ausbruch des Ersten Weltkrieges beendete die Ära der Reichspostdampfer jäh. Am 7. August 1914 noch hatte die deutsche Wochenzeitschrift Der Ostasiatische Lloyd den gesamten Fahrplan veröffentlicht, nur eine Woche später, am 14. August 1914, hieß es lapidar: »Infolge Ausbruch des Krieges finden keine Abfahrten mehr statt.«[73]

Der Reichspostdampfer *Gneisenau* unternahm von seiner Indienststellung 1903 bis zum Kriegsausbruch 1914 insgesamt sieben Reisen nach Ostasien und siebzehn nach Australien, außerdem fuhr er zehnmal nach New York.

Anmerkungen

1 Berichte des Director Dr. jur. Wiegand an die Verwaltung des Norddeutschen Lloyd über seine Reise nach Nord-Amerika und Ostasien 1898–1899, S. 91 (Hapag-Lloyd AG, Archiv Hamburg).
2 Vgl. Siebzig Jahre Norddeutscher Lloyd Bremen 1857–1927, Berlin 1927, S. 66.
3 Zit. nach: Petzet, Arnold: Heinrich Wiegand. Ein Lebensbild, Bremen 1932, S. 57.
4 Vgl. ebenda, S. 48.
5 Vgl. Siebzig Jahre Norddeutscher Lloyd, a. a. O., S. 67. Das Jahrbuch des Norddeutschen Lloyd 1910/11 spricht hingegen von 14 Dampfern der Scottish Oriental Steamship Company und 13 der East Indian Ocean Steamship Company (Vgl. Jahrbuch des Norddeutschen Lloyd 1910/11, o. O. o. J., S. 45). Arnold Kludas weist im Zusammenhang mit diesem Kauf lediglich 25 Schiffe aus. Dabei han-

Die *Gneisenau* wurde 1914 im Fahrwasser der Schelde versenkt.

delte es sich um folgende Dampfer (Angaben aus: Kludas, Arnold: Die Seeschiffe des Norddeutschen Lloyd 1857 – 1919, Herford 1991, S. 76 ff):

1. Schiffe der East Indian Ocean SS Co, Liverpool (11 Schiffe):
Sandakan, Baujahr: 1872, Bauwerft: A. Leslie & Co, Newcastle,
Labuan, Baujahr: 1881, Bauwerft: Ramage & Ferguson, Leith,
Kudat, Baujahr: 1882, Bauwerft: Scott & Co, Greenock,
Patani, Baujahr: 1885, Bauwerft: W. H. Potter & Sons, Liverpool,
Sulu, Baujahr: 1886, Bauwerft: Wigham Richardson & Co, Newcastle,
Kelantan, Baujahr: 1886, Bauwerft: W. H. Potter, Liverpool,
Kedah, Baujahr: 1888, Bauwerft: W. H. Potter, Liverpool,
Tringganu, Baujahr: 1890, Bauwerft: W. H. Potter, Liverpool,
Singora, Baujahr: 1894, Bauwerft: Workman, Clark & Co, Belfast,
Bangkok, Baujahr: 1894, Bauwerft: Workman, Clark & Co, Belfast,
Korat, Baujahr: 1895, Bauwerft: Workman, Clark & Co, Belfast,

2. Schiffe der Scottish Orienteal SS Co, Glasgow (14 Schiffe):
Phra Chom Klao, Baujahr: 1882, Bauwerft: Caird & Co, Greenock,
Mongkut, Baujahr: 1883, Bauwerft: John Elder & Co., Glasgow,
Kong Beng, Baujahr: 1883, Bauwerft: John Elder & Co, Glasgow,
Phra Chula Chom Klao, Baujahr: 1883, Bauwerft: Caird & Co. Greenock,
Taichiow, Baujahr: 1883, Bauwerft: John Elder & Co, Glasgow,
Menam, Baujahr: 1885, Bauwerft: John Elder & Co, Glasgow,
Devawongse, Baujahr: 1887, Bauwerft: Fairfield Shipb. & Eng. Co, Glasgow,
Chow Fa, Baujahr: 1888, Bauwerft: Fairfield Shipb. & Eng. Co, Glasgow,
Phra Nang, Baujahr: 1890, Bauwerft: Fairfield Shipb. & Eng. Co, Glasgow,
Loo Sok, Baujahr: 1891, Bauwerft: Fairfield Shipb. & Eng. Co, Glasgow,
Machew, Baujahr: 1894, Bauwerft: Fairfield Shipb. & Eng. Co, Glasgow,
Keong Wai, Baujahr: 1895, Bauwerft: Fairfield Shipb. & Eng. Co, Glasgow,
Chow Tai, Baujahr: 1896, Bauwerft: Fairfield Shipb. & Eng. Co, Glasgow,
Wong Koi, Baujahr: 1896, Bauwerft: Fairfield Shipb. & Eng. Co, Glasgow.

6 Der mit diesen Schiffen unterhaltene Küstendienst spielte eine entscheidende Rolle im Zulieferdienst für die Reichspostdampfer. In der Zeit von 1900–1901 wurden weitere Schiffe angekauft bzw. in Auftrag gegeben. Im einzelnen waren dies:
Chiengmai, Baujahr: 1895, Bauwerft: J. Scott & Co., Kinghorn,
Deli, Baujahr: 1899, Bauwerft: AG Weser, Bremen,
Nuen Tung, Baujahr: 1900, Bauwerft: G. Seebeck AG, Geestemünde,
Asahan, Baujahr: 1899, Bauwerft: A. Legal, Nantes,
Paknam, Baujahr: 1900, Bauwerft: Workman, Clark & Co, Belfast,
Natuna, Baujahr: 1898, Bauwerft: Ramage & Ferguson, Leith,
Tanglin, Baujahr: 1900, Bauwerft: Workman, Clark & Co, Belfast,
Rajaburi, Baujahr: 1900, Bauwerft: Joh. C. Tecklenborg AG, Geestemünde,
Dagmar, Baujahr: 1896, Bauwerft: R. Craggs & Sons, Middlesborough,
Mei Lee, Baujahr: 1900, Bauwerft: S. C. Farnham & Co., Shanghai,
Mei Sun, Baujahr: 1900, Bauwerft: S. C. Farnham & Co., Shanghai,
Mei Dah, Baujahr: 1900, Bauwerft: S. C. Farnham & Co., Shanghai,
Mei Yu, Baujahr: 1901, Bauwerft: S. C. Farnham & Co., Shanghai,
Kohsichang, Baujahr: 1894, Bauwerft: Flensburger Schiffsbau-Gesellschaft, Flensburg,
Meklong, Baujahr: 1901, Bauwerft: Hongkong & Whampoa Dock Co, Hongkong,
Tacheen, Baujahr: 1901, Bauwerft: Hongkong & Whampoa Dock Co, Hongkong,
Pitsanulok, Baujahr: 1901, Bauwerft: G. Seebeck AG, Geestemünde,
Sambas, Baujahr: 1901, Bauwerft: Joh. Tecklenborg AG, Geestemünde,
Medan, Baujahr: 1899, Bauwerft: Burmeister & Wain, Kopenhagen,
Petchaburi, Baujahr 1901, Bauwerft: G. Seebeck AG, Geestemünde,
Bangpakong, Baujahr: 1903, Bauwerft: Hongkong & Whampoa Dock Co, Hongkong,
(Die Aufstellung folgt: Kludas, a. a. O. Hier finden sich weitere, sehr detaillierte Angaben zu den einzelnen Schiffen und ihren Schicksalen.)

7 Norddeutscher Lloyd Bremen: Denkschrift betreffend die Reichspostdampferlinien nach Ostasien und Australien, o. J. o O. (Bremen 1913), S. 12.

8 Nach den Lloyd-Nachrichten Nr. 51, Januar 1905, S. 572, waren dies folgende Linien: »Penang-Belawan (Deli), Singapore-Asahan-Penang, Singapore-Belawan (Deli), Singapore-Bangkok, Singapore-Britisch Nordborneo, Singapore-Südphilippinen-Manila, Singapore-Celebes-Molukken, Singapore-Südphilippinen-Molukken, Bangkok-Bombay-Karachi, Hongkong-Bangkok, Hongkong-Singapore-Bangkok, Hongkong-Swatow-Singapore-Bangkok, Hongkong-Amoy-Swatow-Straits-Bangkok, Hongkong-Hoihow-Singapore-Bangkok, Hongkong-Sandakan-Kudat, Shanghai-Hankow, Hankow-Ichang.«

Für die Linie Singapur-Britisch Nordborneo hatte der Norddeutsche Lloyd 1905 bei der Schiffswerft Henry Koch in Lübeck zwei neue Fracht- und Passagierdampfer in Auftrag gegeben: »Bei der Errichtung dieser Dampfer werden für die Passagierräume alle neuesten Erfahrungen verwertet werden, so daß die modernsten, für die Tropenfahrt besonders geeigneten Akkomodationen geschaffen werden. Die Räumlichkeiten für 20 Passagiere erster und 9 Passagiere zweiter Klasse, die jeder der beiden Dampfer erhalten soll, werden sämtlich auf dem Promenadendeck untergebracht werden, damit sie eine möglichst luftige Lage bekommen. Die Dampfer werden 1 500 Brutto Registertonnen und eine Tragfähigkeit von 1 750 Tons erhalten. Die stündliche Geschwindigkeit wird 11 Meilen betragen. Neben einer Reihe von Sicherheitseinrichtungen werden die Dampfer auch Schlingerkiele erhalten, die eine möglichst ruhige Fahrt gewährleisten«.

9 Lloyd-Nachrichten Nr. 69 vom Juli 1906, S. 862.

10 Paul Neubaur schildert die Entwicklungen im Fernen Osten wie folgt: »Im Jahre 1894 war es bekanntlich zu dem Kriege zwischen China und Japan gekommen, ... der seinen Abschluss im Frieden von Schimonoseki im Jahre 1895 fand. Dieser Frieden von Schimonoseki bildet mit seinen Folgezuständen den Ausgangspunkt der gesamten neueren, und wie man wohl annehmen darf, dauernden Erschliessung Chinas für europäische Interessen. Dem Friedensvertrag zwischen China und Japan folgte ein Handels- und Schiffahrtsvertrag zwischen beiden Mächten, der in seinen Einzelheiten von höchster Bedeutung ist. Der Friede von Schimonoseki hatte aber auch für alle Kulturnationen, die am Handel mit China beteiligt waren, sehr wichtige Konsequenzen. Die Vorteile, welche von seiten Chinas durch den Handels- und Schiffahrtsvertrag mit Japan gewährt wurden, bekamen zwar nach der Meistbegünstigungsklausel ohne weiteres für die europäischen Kulturnationen und für Amerika wenigstens in den Hauptbestimmungen Geltung; damit allein aber begnügten sich die Kulturnationen nicht, sondern es kam zu den bekannten Kompensationen, durch welche Russland Port Arthur, England Weiheiwei und im späteren Verlauf ein ziemlich erhebliches Territorium Hongkong gegenüber auf der Landseite, nämlich Kowloon, Deutschland endlich Kiautschou erwarb. Auf diese Kompensationen bzw. Landerwerbungen folgten im Jahre 1898 die grossen Eisenbahn- und Minenkonzessionen, durch welche die Bahnverbindungen zwischen Peking und Hankau, von Kiautschou nach Tsinanfu nebst Anschlüssen, sowie die Mandschureibahnen zum Anschluss an die Sibirische Bahn und die Bahnkonzession Kanton-Hankau von seiten Chinas gewährt wurden. Die Erwerbung eines Territorialstützpunktes seitens Deutschlands an der

chinesischen Ostküste, die Bildung der Schangtung-Eisenbahn- und Bergbau-Gesellschaft, ... die ungeheure Wichtigkeit endlich der in Schantung befindlichen, der deutschen Interessensphäre zufallenden Kohlenlager mussten es wünschenswert erscheinen lassen, eine neuere Verbindung der chinesischen Häfen mit Deutschland herzustellen, als sie bis dahin bestand« (Neubaur, Paul: Der Norddeutsche Lloyd, 50 Jahre der Entwicklung. 1857–1907. Bd. 1, Leipzig 1907, S. 195).

[11] Vgl. Siebzig Jahre Norddeutscher Lloyd, a. a. O., S. 68. Die Verbindung Hongkong-Japan war nun Teil der Hauptlinie.

[12] Bessell, Georg: Norddeutscher Lloyd. 1857–1957. Geschichte einer bremischen Reederei. Bremen o. J., S. 77.

[13] Vgl. Himer, Kurt: Geschichte der Hamburg-Amerika-Linie. 2. Teil: Albert Ballin, Hamburg o. J., S. 44.

[14] Vgl. Kludas, Die Geschichte der deutschen Passagierschiffahrt. Bd. 2, Hamburg 1987, S. 208.

[15] Vgl. Seiler, Otto J.: Ostasienfahrt. Linienschifffahrt der Hapag-Lloyd AG im Wandel der Zeiten, Herford 1988, S. 49. – Über die weiteren Pläne der Rickmers Rhederei vermutet Arnold Kludas: »Peter Rickmers mochte gehofft haben, daß es ihm nach Ablauf der Charter gelingen könnte, seine Ostasienfahrt wieder aufzunehmen. Belegen läßt sich das nicht, dafür spräche aber, daß die Vorbereitungen für die chinesischen Küsten-Dienste unverändert weiterliefen. Eine solche Hoffnung war aber nach dem Eintritt der Hapag in die Ostasienfahrt kaum noch begründet, und tatsächlich nahmen Hapag und Lloyd ihre Kaufoptionen auf die Rickmers-Schiffe wahr« (Kludas, a. a. O., S. 211).

[16] Himer, a. a. O.

[17] Mathies, Otto: Hamburgs Reederei 1814–1914, Hamburg 1924, S. 116.

[18] Dieser Verpflichtung ist die HAPAG niemals nachgekommen, es kam lediglich zum Einsatz von zwei Schiffen auf diesen Linien.

[19] Es waren folgende Schiffe:
Kriemhild, Baujahr 1889, 2595 BRT,
Gerda, Baujahr 1892, 3206 BRT,
Erato, Baujahr 1894, 3694 BRT,
Hertha, Baujahr 1894, 3347 BRT,
Ceres, Baujahr 1896, 4149 BRT,
Wally, Baujahr 1896, 4861 BRT,
Oceana, Baujahr 1890, 2480 BRT,
Salatiga, Baujahr 1890, 2576 BRT,
Irene, Baujahr 1893, 3372 BRT,
Thekla, Baujahr 1895, 3689 BRT,
Senta, Baujahr 1895, 4148 BRT,
Bellona (III), Baujahr 1895, 4150 BRT und
Della, Baujahr 1897, 4855 BRT.
(Angaben aus: Gottspenn, Arno und Bernhard Koch: Die deutschen Reichspostdampfer im Ostasien-Verkehr mit ihrer Vorgeschichte und ihren Seepoststempeln. Sonderdruck der Arbeitsgemeinschaft der Sammler deutscher Kolonial-Postwertzeichen im BDPh und der Arbeitsgemeinschaft Schiffspost im BDPh, H. 1., Hamburg 1971, S. 17.)

[20] Himer, a. a. O., S. 45.

[21] Gottspenn, Koch, a. a. O., S. 26.

[22] Huldermann, Bernhard: Albert Ballin, Oldenburg, Berlin 1922, S. 179 f.

[23] Ebenda, S. 180.

[24] Ebenda, S. 181 f.

[25] Ebenda, S. 182.

[26] Ebenda, S. 180 f.

[27] Vgl. Gottspenn, Koch, a. a. O. Ballin hatte im Februar 1900 bei der Werft Blohm & Voss noch zwei Neubauten (variierte Typen der Barbarossa-Klasse) bestellt, die im Ostasiendienst eingesetzt werden sollten. Auch ihren Verwendungszweck änderte er nach seiner Reise. Die *Moltke* und *Blücher* gingen in den New York-Dienst (vgl. Kludas, a. a. O., S. 203).

[28] Gottspenn, Koch, a. a. O.

[29] Lloyd-Nachrichten Nr. 1, November 1900, S. 1.

[30] Ebenda, Nr. 9, Juli 1901, S. 144 f.

[31] Ebenda, S. 145.

[32] Siebzig Jahre Norddeutscher Lloyd, a. a. O., S. 79.

[33] Ebenda.

[34] Neubaur, a. a. O. Bd. 2, S. 666. Der Transport von Ablösungsmannschaften der Kaiserlichen Marine gehörte vertraglich zu den Aufgaben der Reichspostdampfer. Im Fall einer Mobilmachung stand es dem Reich zudem zu, die Schiffe anzukaufen. (Vgl. Art. 20 des Vertrages von 1885 und Art. 17 des Vertrages von 1898 im Anhang.) Eine detaillierte Aufstellung der Inanspruchnahme der fahrplanmäßigen Reichspostdampfer beispielsweise im Ostasienverkehr durch die Deutsche Reichsmarine ist bei Gottspenn, Koch, a. a. O., H. 4, S. 114 ff. zu finden.

[35] Vgl. Lloyd-Nachrichten Nr. 9, Juli 1901 S. 147.

[36] Vgl. Seiler, Otto J.: Australienfahrt. Linienschifffahrt der Hapag-Lloyd AG im Wandel der Zeiten, Herford 1988, S. 41.

[37] Vgl. Siebzig Jahre Norddeutscher Lloyd, a. a. O., S. 70.

[38] Ebenda.

[39] Vgl. Kludas, a. a. O., S. 125.

[40] Lloyd-Nachrichten Nr. 34, August 1903, S. 327.

[41] Ebenda, September 1903, S. 341.

[42] Gottspenn, Koch, a. a. O., Heft 1, S. 26 f.

[43] Norddeutscher Lloyd, Jahresberichte, 15. April 1905, S. 2; Vgl. auch Kludas, a. a. O., Bd. 3, S. 156.

[44] Siebzig Jahre Norddeutscher Lloyd, a. a. O., S. 74.

[45] Paul Neubaur faßt sie zu den Schiffen der Roon-Klasse zusammen, eine Bezeichnung, die sich auch in den Lloyd-Nachrichten gelegentlich findet. Gebräuchlicher ist die Bezeichnung Feldherren-Klasse, die Heinrich Wiegand anläßlich des Stapellaufes der *Zieten* näher ausführt: »Getreu einer langjährigen Tradition, welche zur Geburtsstunde des Norddeutschen Lloyd an stets das Ziel verfolgt hat, mit den wirthschaftlichen Zwecken, denen die Schiffe der Gesellschaft dienen, auch ideale und nationale Interessen zu verbinden, hat der Lloyd seine Schiffe durch Namen zu individualisieren versucht, welche dem Fremden die Ehre und Macht des Deutschen Reiches, dem Deutschen aber an den fernen Meeresküsten den Stolz der Heimath vergegenwärtigen« (Lloyd Nachrichten Nr. 22, August 1902, S. 135).

[46] Zit. nach: ebenda, Nr. 34, August 1903, S. 333.

[47] Zit. nach: ebenda.

[48] Ebenda, Nr. 44, Juni 1904, S. 474 f.

[49] Ebenda, Nr. 53, März 1905, S. 614.

[50] Ebenda, S. 614 f.

[51] Vgl. Ebenda, Nr. 7, Mai 1901, S.134.

[52] Ebenda, Nr. 70, August 1906, S. 893.

[53] Neubaur, Paul, a. a. O., S. 545–547

[54] Vgl. Norddeutscher Lloyd, Denkschrift, a. a. O., S. 4.

[55] Vgl. Gottspenn, Koch, a. a. O., Heft 4, S. 112.

[56] Ebenda.

[57] Lloyd-Nachrichten Nr. 80, Juni 1907, S. 1085.

[58] Möring, Maria, »Heinrich Wiegand, Generaldirektor des Nordeutschen Lloyd«, in: Plagemann, Volker (Hrsg.): Übersee, München 1988, S. 246.

[59] Berichte des Director Dr. jur. Wiegand, a. a. O., S. 14.

[60] Lloyd-Nachrichten Nr. 9, Juli 1901, S. 148.

[61] Ebenda.

[62] Geschäftsbericht des NDL zur 52. ordentlichen Generalversammlung (1908) vom März 1909, S. 7.

[63] Vgl. Kludas, a. a. O., S. 165.

[64] Vgl. 50 Jahre Ostasien- und Australdienst, Maschinenschriftliches Manuskript. Hapag-Lloyd AG, Archiv Hamburg, S. 29 und Seiler, a. a. O., S. 45; Kludas, a. a. O., S. 166.

[65] Die deutschen geographischen Namen haben sich nur teilweise bis heute als Ortsnamen in Papua-Neuguinea erhalten. Peterhafen = Garove, Friedrich-Wilhelmshafen = Madang. – »Informationsreise des Herrn Direktor Heineken nach Australien und dem fernen Osten vom Mai 1910 bis Februar 1911«, in: Jahrbuch des Norddeutschen Lloyd 1910/11, S. 177. Am 2. Juli 1909 war vom Lloyd und vom Reichskanzler ein Nachtragsabkommen zum Vertrag von 1898 unterzeichnet worden, das die Schaffung folgender Verbindungen vorsah:
– die vierwöchentliche Postdampfschiffslinie von Simpsonhafen (Rabaul) im damaligen Schutzgebiet Deutsch-Neuguinea nach Hongkong und Sydney mit jeweiligem Anlaufen von Kaiser-Wilhelmsland (Friedrich-Wilhelmshafen) und der Insel Yap (Mikronesien) auf der Fahrt nach und von Hongkong;
– eine vierwöchentliche Postdampfschiffslinie zwischen Neuguinea und Singapur mit Anlaufen verschiedener Häfen im Schutzgebiet;
– einen regelmäßigen dreimonatlichen Inseldienst zwischen Simpsonhafen und allen wichtigen Plätzen des Bismarckarchipels.
Für diese Leistungen standen dem Lloyd vom 1. April 1909 an jährlich 770 000 Mark zu, davon waren 270 000 Mark in der Summe von 559 000 Mark enthalten, die bereits im Vertrag von 1898 vereinbart waren (Vgl. Windmann, Theodor: Die Reichspostdampferlinien nach Ostasien und Australien, Bremen 1972, S. 39).

[66] »Informationsreise... «, a. a. O., S. 180.

[67] Ebenda, S. 184 f.

[68] Siebzig Jahre Norddeutscher Lloyd, a. a. O., S. 99.

[69] Die Tabelle auf S. 121 gibt einen Überblick über die internationalen Leistungen im Fahrtgebiet der Reichspostdampfer (Quelle: Jahrbuch des Norddeutschen Lloyd 1913/14, S.57):

[70] Kludas, a. a. O.

[71] »Aus der Denkschrift zu dem Entwurf eines

Gesetzes betreffend Postdampfschiffsverbindungen mit überseeischen Ländern«, in: Jahrbuch des Norddeutschen Lloyd 1913/14, S. 52.

[72] Ebenda.

[73] Zit. nach: Gottspenn, Koch, a. a. O., Heft 1, S. 27. Die 1914 in Fahrt befindlichen Reichspostdampfer des Lloyd wurden während des Krieges beschlagnahmt oder mußten anschließend abgeliefert werden. Lediglich die beiden Schiffe *Seydlitz* und *Yorck* konnte der Lloyd im Rahmen des sogenannten Columbus-Abkommens behalten. »Dieses Abkommen war im Herbst 1921 zwischen der deutschen und englischen Regierung dadurch zustande gekommen, daß der 1913 bei Schichau in Danzig bestellte und inzwischen fertiggestellte 32 000 BRT große Passagierdampfer *Columbus* nicht mehr den Ablieferungsbestimmungen unterlag, da Danzig Ausland geworden war. Die englische White Star Line übernahm den neuen Dampfer *Columbus* als *Homeric,* und der NDL konnte dafür neben vier anderen Schiffen (*Göttingen, Gotha, Holstein* und *Westfalen*) die Dampfer *Seydlitz* und *Yorck* behalten. Dem NDL war hiermit sehr gedient, konnten doch diese sechs Dampfer viel nutzbringender eingesetzt werden« (Windmann, a. a. O., S. 42).

Tabelle zu Anmerkung 69:

Laufende Nummer	Reederei	Zahl der jährlichen Fahrten	Größe der Schiffe Reg.-T.	Geschwindigkeit vom letzten europäischen Hafen in kn	Gesamtzahl der jährlich auf der subventionierten Linie zurückzulegenden Seemeilen	Betrag der von der Regierung gewährten Entschädigung Mk.	Betrag der Entschädigung für jede deutsche Seemeile Mk.
1.	Norddeutscher Lloyd	26	etwa 9000	14	675 246	3 420 000	5,06
2.	Peninsular and Oriental Steam Navigation Company	26	etwa 8000 bis 10 000	14,48	731 120	3 290 659	4,49
3.	Compagnie des Messageries Maritimes	26	11 000	15 Marseille– Saigon 14 Saigon– Yokohama	528 372	4 579 224	8,66
4.	Gesellschaft Nederland	26	etwa 4500 bis 5500	14	494 000	530 400	1,07
5.	Rotterdamsche Lloyd	26	etwa 4500 bis 5500	14	468 000	530 400	1,13
6.	Österr. Lloyd	12	4000	10	235 716	681 219	2,89
7.	Società Marittima (Genua–Bombay)	13	6000	15	117 499	1 368 000	11,64
8.	Nippon Yusen Kaisha	26	6300 bis 8500	12	639 808	6 338 488	9,90

Die *Weimar* wurde 1897 erstmals auf der Linie nach Australien und 1900 auf der Route nach Ostasien eingesetzt.

Die *Scharnhorst* lief am 31. August 1904 in Bremerhaven zu ihrer Jungfernfahrt aus, die sie nach Australien führte.

Mehr als 70 belgische Journalisten waren am 16. Oktober 1904 in Antwerpen der Einladung zur Besichtigung des Reichspostdampfers *Prinz Eitel Friedrich* kurz vor dem Auslaufen gefolgt. »Was soll man nur alles von den Einrichtungen der 1. und 2. Klasse sagen?« schrieb die Brüsseler Etoile belge anschließend, »sie vereinigen alles, was die Schiffbaukunst bisher in der Wissenschaft und vollendeter Kunst hervorgebracht hat. Man kann sich nichts reicheres und wunderbareres denken. Vom Badezimmer an, das nach den vollkommensten Regeln der Hygiene eingerichtet ist, bis zum Saal für Gymnastik ist alles vorgesehen. Das ist, das Wort ist nicht zu stark, das Wunder aller Wunder.«[1]

Es waren stets wohlwollende und positive Kritiken, die die Reichspostdampfer von der Presse im Ausland erhielten, eine Tatsache, die um so mehr erstaunt, wenn man bedenkt, daß der Schiffbau in Deutschland damals auf keine lange Tradition zurückblicken konnte, die Schiffbauindustrie sich hier erst im Aufbau befand und sich zudem gerade bei den deutschen Reedern selbst gegen eine international ebenso starke wie auch bewährte Konkurrenz durchsetzen mußte.

Obwohl Werften in Deutschland im letzten Drittel des 19. Jahrhunderts bereits durch Neubauten für verschiedene ausländische Marineverwaltungen ihre Kompetenz unter Beweis gestellt hatten – so hatte beispielsweise der Stettiner Vulcan die Panzerschiffe *Ting Yuen* und *Chen Yuen* sowie den Kreuzer *Tsi Yuen* zur Zufriedenheit seiner chinesischen Auftraggeber abgeliefert[2] – zögerten deutsche Reeder weiterhin damit, Schiffe im Inland zu ordern.

Bis zum Beginn der achtziger Jahre beschränkten sie sich bei der Bestellung von Handelsschiffen auf kleine Neubauten, die Erteilung von Bauaufträgen für Schiffe über 2 000 BRT an deutsche Werften war durchaus eine Rarität.[3] Die Auftragserteilung für den Bau der beiden Passagierdampfer *Ru-*

Ein Wort zum Schluß

gia und *Rhätia,* die die Hamburg-Amerika Linie 1882 auf Anregung von Marineminister von Stosch an den Stettiner Vulcan sowie an die Hamburger Reiherstiegwerft vergab, war die große Ausnahme, und die Schiffslisten des Germanischen Lloyd weisen für das Jahr 1886, in dem die Reichspostdampferlinien nach Ostasien und Australien eröffnet wurden, kein weiteres Schiff von mehr als 3 000 BRT auf, das in Deutschland gebaut worden war. Auch von den 54 Schiffen zwischen 2 000 und 3 000 BRT waren nur 14 Dampfer und 2 Segelschiffe, also nicht einmal ein Drittel, auf deutschen Werften vom Stapel gelaufen.[4]

Nach wie vor orderten deutsche Reeder ihre Schiffe in London, Newcastle, Liverpool, Glasgow oder Belfast, wo die Werften damals Weltgeltung besaßen und die beste Garantie für gute Ausführung und pünktliche Ablieferung boten.[5] »Überdies liessen die althergebrachten Geschäftsverbindungen mit englischen Banken den hanseatischen Reedern eine Änderung in ihren Bezugsquellen auch deswegen nicht ratsam erscheinen, weil sie für ihre Schiffskäufe englische Kredite in Anspruch zu nehmen pflegten und bei der Vergabung von Aufträgen an deutsche Werften diese Erleichterungen entbehren mußten.«[6]

Der Aufbau und die Stärkung einer leistungsfähigen eigenen Werftindustrie war ein wesentlicher Gesichtspunkt für die Reichsregierung bei der Einrichtung subventionierter Reichspostdampferlinien. Sie verlangte daher von den

Betreibern dieser Linien, daß alle Schiffe, die neu in den Reichspostdampferdienst eingestellt werden sollten, auf heimischen Werften gebaut sein mußten, ohne übrigens explizit den Bau der Schiffe finanziell zu fördern. Zwar war bereits durch das Zolltarifgesetz vom 15. Juli 1879, das die zollfreie Einfuhr von Schiffbaumaterial gewährte, ein erster Versuch unternommen worden, die deutsche Werftindustrie zu stärken, doch diese Maßnahme reichte bei weitem nicht aus.

Ebenso bedeutsam für die Entwicklung des deutschen Schiffbaus war, daß die Subventionsgesetze und die ihre Ausführung regelnden Verträge technische Vorschriften enthielten, die für die Neubauten zwingend einzuhalten waren. So diktierte das Reich den beteiligten Reedereien Größe, Geschwindigkeit und Maßnahmen zur Erhöhung der Schiffssicherheit.

Bevor der Norddeutsche Lloyd und die Deutsche Ost-Afrika-Linie überhaupt eine erste Reichsmark als Zuschuß erhielten, hatten sie umfangreiche Vorleistungen zu erbringen. So sah Art. 9 des 1885 mit dem Norddeutschen Lloyd geschlossenen Vertrages vor, daß die Schiffe der australischen und ostasiatischen Hauptlinie mindestens 3 000 BRT Rauminhalt besitzen mußten. Art. 7 bestimmte darüber hinaus, daß wenigstens drei Dampfer für diese Linien neu zu bauen seien. Der Norddeutsche Lloyd ging damals über diese Vorgaben sogar hinaus und erteilte den Auftrag für drei Neubauten von durchschnittlich 4 500 BRT an den

Reichspostdampfer Stettin, *Lübeck, Danzig*

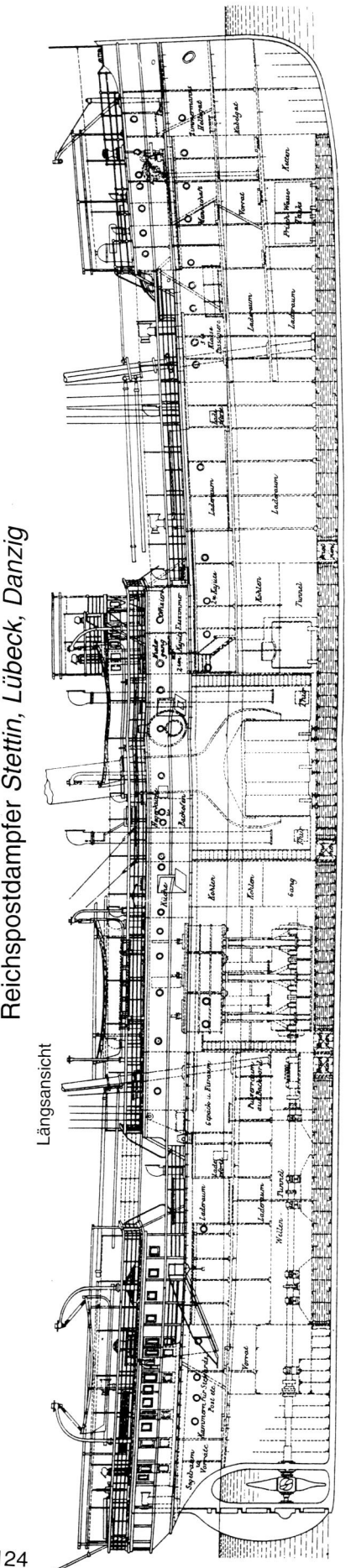

Längsansicht

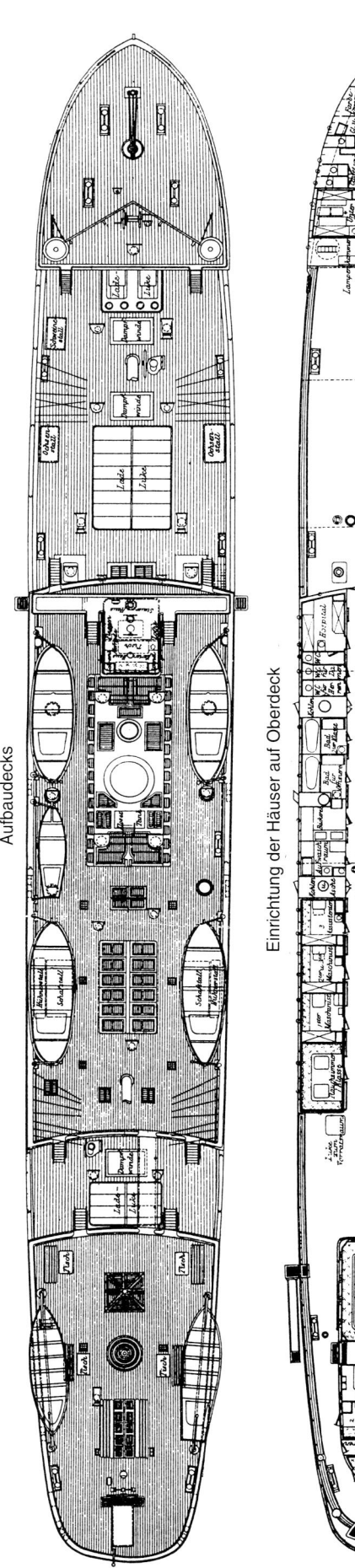

Aufbaudecks

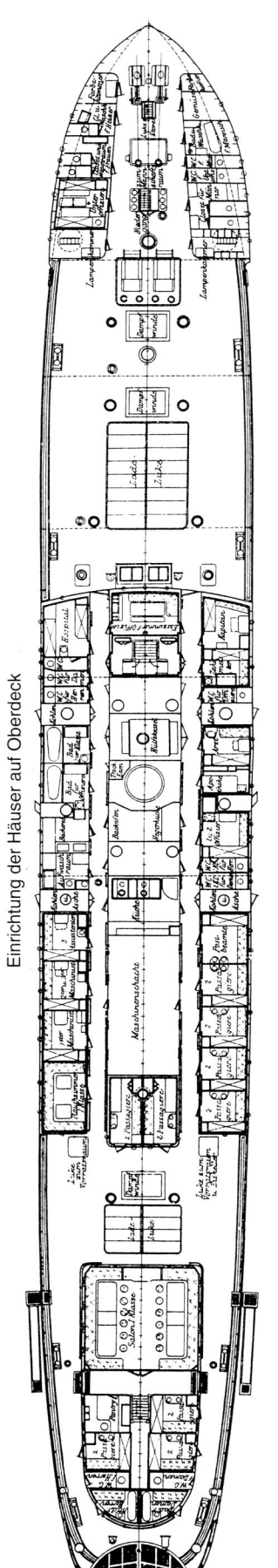

Einrichtung der Häuser auf Oberdeck

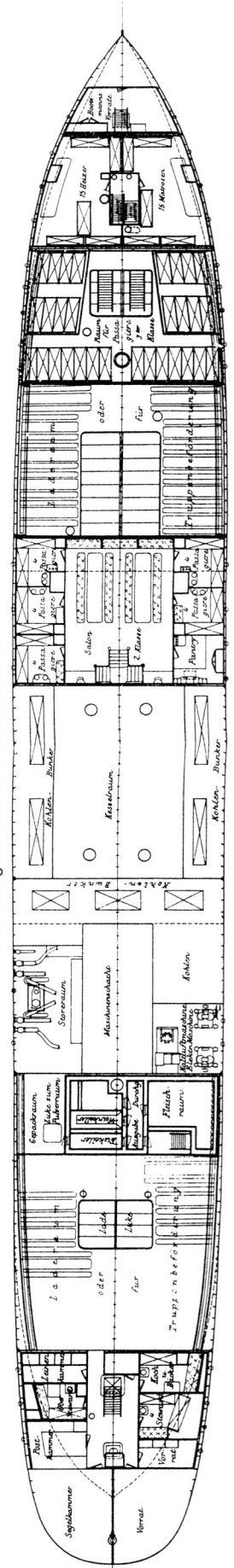

Einrichtung der Räume im Zwischendeck

124

Stettiner Vulcan. Ferner bestellte er noch drei kleinere Schiffe von je 1 800 BRT für die Anschlußlinien und kam damit einer weiteren Verpflichtung nach.

Für den Stettiner Vulcan bedeutete dieser umfangreiche Auftrag über den Neubau von sechs Schiffen, der innerhalb von kürzester Zeit erfolgen mußte – das Reich sah die Einstellung der sechs Neubauten innerhalb von 18 Monaten vor – eine außerordentliche Herausforderung, zumal die Dampfer der Hauplinien »namentlich in bezug auf Sicherheit, Bequemlichkeit und Komfort für die Reisenden auf denselben Linien laufenden Postdampfern anderer Nationen nicht nachstehen«[7] durften und den Anforderungen der höchsten Klasse des Germanischen Lloyd zu entsprechen hatten.

Zwar lieferte der Stettiner Vulcan die Schiffe nicht fristgerecht, sondern mit einigen Wochen Verspätung ab, die Produkte hingegen konnten sich sehen lassen: Es waren solide, gerade im Passagierbereich äußerst komfortable und schnelle Schiffe.

Der Bau der sechs ersten Reichspostdampfer bedeutete für den Vulcan in technischer Hinsicht einen Erfolg, geschäftlich brachte er ihm einen Verlust in Höhe von 1,75 Mill. Mark ein.

Aber die Werft hatte für den Bau ihre Betriebsanlagen erweitert, darüber hinaus aber neue Erfahrungen im Schiffbau gewonnen und fühlte sich nunmehr in der Lage, auch andere Herausforderungen anzunehmen und sich den Bau von Schnelldampfern zuzutrauen.

Tatsächlich erhielt die Hamburg-Amerika Linie 1888, als sie den Bau von Schiffen des neuen Doppelschraubentyps, die 18 bis 19 kn schnell waren, ins Auge faßte, vom Stettiner Vulcan als einziger deutscher Werft ein Angebot, das die britischen Mitbewerber aus dem Felde schlug. Der Bau der Reichspostdampfer war ein erster Schritt in diese Richtung gewesen. »Mit der erfolgreichen Lösung dieser

neuen grossen Aufgabe ist der ›Vulcan‹ in die Reihe der ersten Schiffbauanstalten der Welt und die deutsche Schiffbauindustrie eingetreten«,[8] resümierte 1907 Georg Jaensch.

Einen weiteren Erfolg für die deutsche Schiffbauindustrie bedeutete 1893 der kapazitätssteigernde Umbau der Reichspostdampfer Bayern, Sachsen und Preussen, der von der Hamburger Werft Blohm & Voss durchgeführt wurde. Die Schiffe wurden um 16,8 m bzw. 20,4 m verlängert. Dadurch gewannen sie 2 100 m^3 bzw. 2 540 m^3, d. h. 64 bzw. 77 % mehr an Laderaum, ohne daß nennenswerte Einbußen in bezug auf die Geschwindigkeit bei gleicher Maschinenstärke auftraten. Es war eine Aktion, die, wie Paul Neubaur schreibt, »für die Geschichte des deutschen Schiffbaues ein besonderer Merkstein geworden ist«.[9] Derartige Arbeiten waren zuvor zwar bereits in den Trockendocks englischer Werften durchgeführt worden, allerdings an erheblich kleineren Schiffen, während die Reichspostdampfer, »abgesehen von den Schnelldampfern damaliger Zeit, Passagierdampfer größter Abmessung«[10] waren. Allerdings gab es in Deutschland damals kein Trockendock in der erforderlichen Größe. Allein Blohm & Voss in Hamburg verfügten über ein Schwimmdock mit den passenden Ausmaßen. Das Angebot der Werft, den Umbau im Schwimmdock vorzunehmen, löste unter den Experten eine Kontroverse aus. Die meisten waren davon überzeugt, daß das Vorhaben undurchführbar sei. Paul Neubaur: »Die zu verlängernden Dampfer wurden im Schwimmdock mittschiffs vor der Maschine von oben bis unten durchgeschnitten, die beiden Teile durch hydraulische Kraft auseinander-

gezogen und das neue, mittlere Kompartiment in Länge von 50 Fuß – bei der zwei Jahre später umgebauten Preussen ... 70 Fuß – eingebaut. Daß damit eine Veränderung der Schwerpunktsverhältnisse bzw. eine Verlegung von Kesselanlagen verbunden sein mußte, daß ganz besondere Maßnahmen für die Verbandstärken getroffen werden mußten, daß mit dem Umbau eine ... Verlegung der Saloneinrichtungen der Dampfer verbunden war, soll nur nebenher erwähnt werden.«[11]

Der erfolgreiche Abschluß der Maßnahme trug dazu bei, daß die deutsche Schiffbauindustrie ihren Stellenwert erhöher konnte und daß fortan weitere Reeder dazu übergingen, ihre Schiffe auf heimischen Werften zu bestellen. In der Statistik las sich das wie folgt: Abgesehen von Schiffen unter 100 BRT wurden beispielsweise 1904 nur noch 6 Segel- und 1 Dampfschiff mit insgesamt 16 608 BRT für deutsche Rechnung im Ausland gebaut, gegenüber 96 Schiffen, die auf deutschen Werften vom Stapel liefen.

Der Norddeutsche Lloyd und die Deutsche Ost-Afrika-Linie gewannen im praktischen Betrieb der Reichspostdampfer eine Reihe von Erfahrungen, die sie in die Konzeption ihrer Schiffe einbrachten. »Die sich im Reichspostdampferdienst verkörpernde schiffbauliche Leistung fand ihren sichtbaren Ausdruck in der Entwicklung ganz bestimmter Schiffstypen. Es handelte sich dabei um das Tropenschiff und um den Postdampfer, der seiner Größe entsprechend für die Personen- und Frachtbeförderung geeignet war und zu diesem Zweck völlig voneinander getrennte Einrichtungen besaß.«[12] Dabei brachten die beiden Reedereien neben ihrem Know-how auch erhebliche Geldmittel zum Einsatz, denn die deutsche Reichsregierung gewährte ihnen zwar eine Betriebs-, aber keine Baukostenunterstützung.[13]

Für die Baukosten der Reichspostdampfer im Afrika-Dienst sind keine genauen Angaben mehr vorhanden, doch allein der Lloyd konstatierte 1913: »Seit Beginn des Betriebes der Reichslinien bis heute sind den deutschen Werften ausschließlich für die Reichslinien zugeflossen M. 126 778 000,–, für die privaten Anschlußlinien des Lloyd, welche mit den Reichspostlinien in Verbindung stehen, M 13 778 000,–.«[14]

Es versteht sich natürlich, daß die Reichspostdampfer in ihrer Entwicklung nicht isoliert von der übrigen Lloydflotte betrachtet werden dürfen und zudem mit der Entwicklung der Technik auf dem Sektor des Eisen- und Stahlschiffbaus gesehen werden müssen.

So setzte sich das Prinzip des Doppelbodens im Schiffbau durch, dabei wird durch senkrechte Stahlwände ein Zellensystem aus – in der Barbarossa-Klasse z. B. 26 – einzelnen Abteilun-

gen gebildet, das im Falle einer Strandung oder eines unterseeischen Hindernisses zusätzliche Sicherheit bietet, die Festigkeit des Unterschiffes erhöht und zur Unterbringung von Frischwasser für die Kessel sowie von Trinkwasser und von Ballastwasser dient. Der Doppelboden wurde für alle Schiffe der Lloydflotte eingeführt.

In engem Zusammenhang mit dem Doppelboden steht das Schottensystem im Schiffskörper, das sich allmählich mit dem Eisenschiffbau entwickelt hatte. Unter anderem mußten die Reichspostdampfer beispielsweise durch Querschotte in so viele wasserdichte Abteilungen geteilt sein, »daß durch das Vollaufen zweier Abteilun-

Schottenschließvorrichtung nach dem Lloyd-Stone-System.

gen das Sinken des Schiffes nicht herbeigeführt wird«.[15]

Solange Schiffe allerdings nur eine Maschine hatten, die zudem die ganze Breite des Schiffes einnahm, war das Konzept des Schottensystems schwer realisierbar. Ein Schiff konnte noch so viele wasserdichte Abteile haben, der Maschinenraum war stets eine nicht-unterteilbare Einheit. Wurde dieser Raum beschädigt, so daß Wasser eindrang, war das Schiff normalerweise verloren. Erst die Einführung des Doppelschraubensystems mit zwei Betriebsmaschinen brachte hier eine Änderung. Die beiden unabhängig voneinander arbeitenden Betriebsmaschinen ermöglichten den Einbau eines Längsschotts durch den gesamten Maschinenraum hindurch, so daß nun die Gefahr des Sinkens verringert werden konnte. Neben der Schottenzahl spielte die Schottenstärke für die

Schiffssicherheit eine Rolle; der Lloyd hat sich auf diesem Gebiet wiederholt profiliert.[16]

Darüber hinaus ging mit dem Bau der Reichspostdampfer die Entwicklung auch anderer Sicherheitssysteme einher, wie etwa der Feuerlöschsicherungen und Rettungsboote. »Zahl, Größe, Art und Aufhängung der Boote sind bei Passagierdampfern immer mehr Gegenstand der Aufmerksamkeit der Rheder und in letzter Zeit auch der Behörden geworden«, heißt es in einem Artikel der Zeitschrift des Vereines Deutscher Ingenieure im Jahre 1890. »Für jeden Passagier an Bord eines gefüllten transatlantischen Schiffes einen Bootsplatz zu haben, war nicht möglich, so lange die hölzernen, eisernen oder Stahlboote allein zur Verwendung kamen; erst jetzt, durch Zuhilfenahme der zusammenlegbaren Boote aus Segeltuch, kann man diesem Zie-

le näher kommen... Von den Schiffen des Norddeutschen Lloyds haben die älteren 8 Boote, je 4 an jeder Seite des Oberdecks in Davits aufgehängt. Mit der *Braunschweig* begann man, deren 10 anzubringen, und nur die beiden für die Baltimore-Linie gebauten Schiffe *Berlin* und *Baltimore* hatten nachher noch 8. Allein *Kaiser Wilhelm II* ist mit 12 festen Booten ausgerüstet, und es sind ihm außerdem noch 4 zusammenlegbare aus Segeltuch mitgegeben, welche auf Rollen stehen und so aufgestellt sind, dass sie leicht nach den Davits transportirt werden können.«[17] Und in einer Beschreibung des Reichspostdampfers *Bülow* heißt es später: »Die Bootsausrüstung entspricht den Vorschriften der Seeberufsgenossenschaft für Passagierdampfer in außereuropäischer Fahrt und vereinigt 16 Böte in sich von 30–26' Länge; sie stehen in Welin-Pa-

Hydraulischer Schottürenverschluß (System Dörr).

Manöver bei den Rettungsbooten.

Umdrehungen der Welle zurückgelegt.«[19]

Auch auf die Einführung von größeren
und leistungsfähigeren Schiffsmaschi-
nen selbst hat der Bau der Reichspostdampfer für die Flotte des Lloyd
Einfluß gehabt: »Die allgemeine Einführung der vierfachen Expansions-
maschinen geschah ... erst im Jahre

Reiherstiegwerft.

tent-Quadrant-Davits und werden mittels zweier waagerechter Dampfboots-
winden geheißt.«[18] Auch die von Mar-
coni 1897 erstmals demonstrierte
drahtlose Telegrafie hielt im Laufe der
Zeit nach und nach auch auf den
Reichspostdampfern Einzug.
In nicht unerheblichem Maße haben
diese Schiffe auch dazu beigetragen,
das »Made in Germany« zu einem
Qualitätsattribut werden zu lassen, so
auf dem Materialsektor, insbesondere
bei Schrauben und Kurbelwellen. Eine
besondere Rolle spielte die Einführung
der Nickelstahlwellen, mit denen ganz
erhebliche Leistungen erzielt wurden:
»Der Reichspostdampfer Sachsen vollendete mit einer Kurbelwelle 43 ganze
Rundreisen nach China, er legte dabei
1 006 520 Meilen zurück, wobei die
Kurbelwelle 293 286 770 Umdrehungen machte. Der Reichspostdampfer
Preussen machte mit seinen von
Krupp aus Tiegelstahl angefertigten
Kurbelwellen zunächst 42 Rundreisen
nach China mit 978 500 Meilen und
285 266 000 Umdrehungen. Der Reichspostdampfer Bayern vollendete mit
seinen Kurbelwellen aus Tiegelstahl

ebenfalls 42 Rundreisen nach China
mit 981 423 Meilen, bei denen die Wellen 283 108 000 Umdrehungen zu machen hatten. Die Auswechslungen einzelnen Wellen fanden so statt, dass bei
der Sachsen die erste Welle nach $6^{1}/_{4}$
Jahren, die zweite Schraubenwelle
nach 7 Betriebsjahren ausgewechselt
wurde. Bei der Preussen wurde die
Druckwelle nach $7^{1}/_{2}$ Jahren ausgewechselt, die erste Schraubenwelle
nach $5^{3}/_{4}$ Jahren, die zweite Schraubenwelle nach $5^{1}/_{4}$ Jahren. Bei der
Bayern fand die Auswechslung der
Druckwelle nach $6^{1}/_{2}$ Jahren statt, der
Schraubenwelle nach 9 Jahren.
Von den neueren Dampfern des Lloyd
hat der Prinzregent Luitpold, der 1894
in Fahrt gestellt wurde, mit seiner Kurbelwelle aus Martinstahl 26 Rundreisen von Bremerhaven nach Australien und New York ausgeführt, wobei
492 128 Meilen zurückgelegt und von
der Welle 183 Millionen Umdrehungen
gemacht wurden. Barbarossa besitzt
Kurbeldruck- und Schraubenwelle aus
Martinstahl und hat auf 33 Rundreisen
Bremerhaven New-York und Australi-
en 333 900 Meilen mit 104 106 810

1896 zunächst auf den Neubauten *Friedrich der Grosse, Königin Luise, Barbarossa* und *Bremen,* diese vier Dampfer sowie die schon zwei Jahre zuvor in Dienst gestellten Dampfer *Prinzregent Luitpold* und *Prinz Heinrich* waren außerdem die ersten mit Doppelschrauben versehenen Schiffe des Lloyd.«[20]

Die Liegezeiten im Hafen waren für die Reichspostdampfer stets nur kurz, von daher war ein schnelles Laden und Löschen erforderlich. Die *Preussen, Bayern* und *Sachsen* waren die ersten deutschen Dampfer, die hydraulische Hebevorrichtungen erhielten.[21] Auch die später gebauten Reichspostdampfer *Friedrich der Grosse, Königin Lui-* se, *Barbarossa, König Albert, Prinzess Irene, Prinzess Alice* und *Grosser Kurfürst* erhielten neben einer Anzahl von Dampfwinden auch hydraulische Kräne.[22]

In vielen Bereichen des Schiffsbetriebes hat man damals neueste Technik verwandt, um die Schiffe so komfortabel und gut wie nur irgend möglich aus-

Reihersteigwerft von der Landseite.

zustatten, wie eine Beschreibung des Reichspostdampfers *Bülow* zeigt: »In besonders umfangreicher Weise hat die Elektrizität wiederum Verwendung gefunden, und zwar außer zum Betriebe von etwa 750 Glühlampen noch ferner zum Betriebe von Flügelrad-Ventilatoren, der Zigarrenanzünder, Brennscherenwärmer, der Tellerwasch-, Messerputz- und Knetmaschine, der Werkzeugmaschinen in der Maschinenwerkstatt usw. Den Strom erzeugen zwei direkt gekuppelte Dampfdynamos von je 70 Kilowatt Leistung.«[23]

Insgesamt wurden in der Zeit von 1886 bis 1914 auf deutschen Werften 53 Reichspostdampfer gebaut: 16 vom Stettiner Vulcan, 9 von Schichau in Danzig/Elbing, 14 von Blohm & Voss, 6 von der Reiherstiegwerft, 3 von der Joh. C. Tecklenborg AG in Geestemünde, 3 von der AG Weser in Bremen und jeweils 1 von der G. Seebeck AG in Bremerhaven und der Flensburger Schiffsbau-Gesellschaft.

Deutlich ist ein Aufwärtstrend in den Zahlen der beschäftigten Werftarbeiter zu erkennen: Im Jahre 1880 waren beim Vulcan 2 200 Arbeiter beschäftigt, im Jahre 1900 bereits 7 000, bei Schichau stieg die Zahl der Arbeiter im gleichen Zeitraum von 1 200 auf 6 000, bei Blohm & Voss von 500 auf 5 000, bei Seebeck von 10 auf 804; die Tecklenborg-Werft hatte 1900 ebenfalls über 1 000 Mitarbeiter.[24] Die Gesamtzahl der im Jahre 1900 auf deutschen Werften beschäftigten Arbeiter belief sich auf 50 000.

Neben dem direkten Einfluß der Gesetzgebung über die Reichspostdampfer auf die deutschen Werften darf der gleichzeitige Einfluß der Bauaufträge auf die Zuliefererindustrie nicht unterschätzt werden, selbst wenn darüber heute keine Zahlen vorliegen. Zwar kann der Anstieg der Beschäftigten und die Auftragslage der deutschen Werften und ihrer Zuliefererbetriebe nicht ausschließlich auf die Reichspostdampferlinien und ihre Entwicklung zurückgeführt werden, aber sie zeigen doch, so merkt Paul Neubaur an, »wie groß und weitgehend der Einfluß dieser Entwicklung auf die deutsche Gewerbetätigkeit im weitesten Umfang ist, auch soweit sie nur den Schiffbau und seine Hilfsindustrien angeht.«[25]

In Anbetracht einer Erneuerung der Gesetzgebung faßte der Norddeutsche Lloyd seine bisher erbrachten Leistungen in einer Denkschrift zusammen, in der in umfangreichen Statistiken auch die Bedeutung der Reichspostdampfer für das Postwesen beschrieben wird, die Arno Gottspenn und Bernhard Koch zu folgendem Resümee komprimiert haben: »1896 hatte die deutsche Briefpost nach Süd- und Ostasien ein Gewicht von 107 047 kg gehabt, wovon nur 10 342 kg durch die deutschen Reichspostdampfer befördert wurden (also rund nur 10 Tons von 107 Tons). 1907 ergab sich eine Briefpost in gleicher Richtung von 310 Tons, davon eine Beförderung von 79 Tons durch die Reichspostdampfer. Mit Einschluß der Briefpost aus fremden Ländern sind den deutschen Reichspostdampfern im Jahre 1907 insgesamt 400 Tons Briefpost zugewiesen worden gegenüber 20 Tons im Jahre 1896. Und noch einen kurzen Blick auf die Paketpost: Gegen 11 831 Stück in 1896 wurden 1911 bereits 72 583 Pakete aus Deutschland nach Asien befördert. 1910 wurde der Postverkehr nach China auch auf die chinesischen Postanstalten ausgedehnt. Zu dieser Zeit boten die deutschen Postdampfer nicht nur den billigsten Tarif, sondern auch die sicherste Versendungsmöglichkeit.«[26]

Detailliert die Entwicklung der Handelsbeziehungen und die Tendenzen im Warenaustausch zwischen Europa, Afrika, Asien und Australien zu schildern, gehört in einen Zusammenhang, der außerhalb des Blickpunkts dieses Buches liegt. An dieser Stelle sei nur angemerkt, daß sich der Gesamtwarenverkehr allein in den 22 Jahren von 1888 bis 1909 auf der ostasiatischen Linie dem Gewicht nach versechsfacht, dem Wert nach versiebenfacht und auf der australischen Linie dem Gewicht nach verfünffacht, dem Wert nach vervierfacht hat. Darüber hinaus hat die regelmäßige Schiffsverbindung zwischen den Kontinenten mit dazu beigetragen, daß auch deutsche Firmen in diesen Ländern Fuß faßten, wie eine Statistik am Beispiel von China zeigt:[27]

Konsulatsbezirk	Zahl der in China ansässigen deutschen Firmen in den Jahren			
	1885	1895	1900	1912
Shanghai	36	45	63	84
Amoy (Xiamen)	4	3	3	1
Futschau (Fuzhou)	2	1	1	2
Canton (Guangzhou)	8	10	10	17
Hankau (Hankou)	3	10	11	28
Mukden (Shenyang)	1	1	1	5
Niutschwang (Niuzhuang)	1	1	–	3
Charbin (Harbin)	–	–	–	16
Nanking (Nanjing)	–	–	–	8
Pakhoi-Hoihou (Beihai, Haikou)	1	1	1	2
Swatau (Shantou)	1	1	2	4
Tschungking-Tschengtu (Chongqing, Chengdu)	–	–	–	7
Tientsin (Tianjin)	2	13	29	63
Tschifu (Yantai)	2	2	2	4
Tsinanfu (Jinan)	–	–	–	16
Tsingtau (Qingdao)	–	–	34	60
Zusammen	61	88	157	320

Die Entwicklungen im Passagierverkehr der Reichspostdampfer nach Australien und Ostasien (für Afrika gibt es keine vergleichbaren Angaben) zeigt die folgende Tabelle:[28]

	Ostasiatische Fahrt			Australische Fahrt		
Jahr	Ausreise	Heimreise	Insgesamt	Ausreise	Heimreise	Insgesamt
1886	811	274	1 085	1 759	648	2 407
1887	3 261	1 498	4 759	4 269	1 832	6 101
1888	4 575	1 858	6 433	2 620	1 820	4 440
1889	5 666	2 049	7 715	3 649	2 401	6 050
1890	5 467	2 379	7 846	3 137	2 999	6 136
1894	6 471	3 178	9 649	2 043	3 402	5 445
1899	8 644	3 639	12 283	5 405	4 928	10 333
1902	9 812	10 400	20 212	7 331	6 456	13 787
1903	9 586	9 609	19 195	6 271	6 459	12 730
1904	11 539	11 730	23 269	5 719	5 163	10 882
1907	11 979	11 461	23 440	6 344	5 415	11 759
1909	13 320	13 082	26 402	6 730	5 298	12 028
1911	14 214	14 385	28 599	11 943	5 258	17 201
1912	15 336	14 656	29 992	10 714	6 145	16 859

Nicht nur wie eingangs erwähnt bei ausländischen Journalisten, sondern auch bei nichtdeutschen Passagieren fanden die Reichspostdampfer regen Zuspruch, wie in den Jahresberichten des Lloyd nachzulesen ist.

28 Jahre lang transportierten Reichspostdampfer Waren, Passagiere und Post über die Ozeane und erschlossen Häfen in Australien, Asien und Afrika. Im Laufe dieser fast drei Jahrzehnte wurden immer größere, schnellere und leistungsfähigere in Deutschland gebaute Schiffe eingesetzt. Angesichts der Tatsache, daß der Schiffbau in Deutschland zu Beginn der Ära der Reichspostdampfer noch in den Kinderschuhen steckte, ist ihre Entwicklung eine beachtliche Leistung; sie war, wie der Lloyd am Vorabend des Ersten Weltkrieges konstatierte, »eben nur möglich zu einer Zeit, wo die Segnungen des Friedens eine volle Entwicklung der Kräfte auf allen Gebieten des geistigen und werktätigen Lebens gestatteten«.[29]

Anmerkungen

[1] Zit. nach: Lloyd-Nachrichten Nr. 49, November 1904, S. 548.
[2] Vgl. Wulle, Armin: Der Stettiner Vulcan. Ein Kapitel deutscher Schiffbaugeschichte, Herford 1989, S. 14 f.
[3] Vgl. Jaensch, Georg: Die deutschen Dampfersubventionen, ihre Entstehung, Begründung und ihre volkswirtschaftlichen Wirkungen, Berlin 1907, S. 90.
[4] Vgl. ebenda, S. 91.
[5] Vgl. ebenda.
[6] Ebenda.
[7] Art. 7, Abs. 3 des Vertrages vom 3./4 Juli 1885 (Anhang).
[8] Jaensch, a. a. O., S. 93.
[9] Neubaur, Paul: Die deutschen Reichspostdampferlinien nach Ostasien und Australien in zwanzigjährigem Betriebe, Berlin 1906, S. 119.
[10] Ebenda, S. 120.
[11] Ebenda.
[12] 50 Jahre Ostasien- und Australdienste des Norddeutschen Lloyd. Maschinenschriftliches Manuskript. Hapag-Lloyd AG, Archiv Hamburg, S. 24.
[13] Hinzu kommt, daß die Reedereien zusätzlich durch andere Schiffe aus ihrem Bestand den Betrieb ergänzten und die eigentlichen Routen der Reichspostdampfer mit Zubringer-, Zweig- oder Frachtlinien erweiterten.
[14] Norddeutscher Lloyd Bremen: Denkschrift betreffend die Reichspostdampferlinien nach Ostasien und Australien, o. O., o. J. (Bremen 1913), S. 51. »Wenn diese für die deutsche Schiffbauindustrie hocherfreuliche glänzende Entwicklung auch zum Teil auf den allgemeinen wirtschaftlichen Aufschwung Deutschlands zurückzuführen sein wird, so darf doch niemals vergessen werden, dass diese Entwicklung ihre erste Wurzel in dem Gesetze über die Reichspostdampfer hatte, das die Reedereien und Werften in die Lage versetzte zu zeigen, wozu sie im Stande wären. Die Zwangsbestimmung, daß die Schiffe auf deutschen Werften gebaut werden müssen, bezog sich zwar nur auf die Reichspostdampfer, aber von dem Augenblick ab, wo die deutschen Werften im Bau dieser Dampfer ihren Befähigungsnachweis angetreten hatten, fielen ihnen auch Aufträge im grösseren Umfange für freie Dampfer zu« (Ebenda).
[15] Vgl. Art. 8 des Vertrages von 1885 (Anhang).
[16] Vgl. Neubaur, Paul: Der Norddeutsche Lloyd. 50 Jahre der Entwicklung. 1857–1907. Leipzig 1907. Bd. 1, S. 338.
[17] Haack, R. und C. Busley, »Die technische Entwicklung des Norddeutschen Lloyds und der Hamburg-Amerikanischen Packetfahrt-Aktiengesellschaft«, Zeitschrift des Vereins deutscher Ingenieure, Bd. 34, 32, S. 813. »Außer den Booten usw. führen die transatlantischen und die Reichspostdampfer noch verschiedene Lebensrettungapparate am Bord, die für den Notfall gute Dienste leisten können. Rettungsbojen, von denen auf Kaiser Wilhelm II 12 Stück vorhanden, sind an verschiedenen Stellen des Decks so aufgehängt, dass sie schnell ins Wasser geworfen werden können, wenn ein Mensch über Bord gefallen. Für jeden Passagier ist in seiner Kammer oder für Auswanderer in ihrem

Schlafraum eine Korkweste leicht zugänglich verstaut, um sie im Falle der Gefahr sofort anlegen zu können« (Vgl. ebenda, S. 815). Die Liste der mit den Reichspostdampfern eingeführten neuen Sicherheitsmaßnahmen ließe sich fortschreiben; so weisen R. Haack und C. Busley auf folgendes hin: »Den Reichspostdampfern wurden bei der Übergabe an die Direktion des Norddeutschen Lloyds außer den Konstruktions- und Einrichtungszeichnungen, Pläne der Schiffdampf- und Wasserrohrleitungen, eine Detailruderzeichnung, Deplacementsskala für See- und Süßwasser, Kurven der Deplacementsschwerpunkte der Länge und Tiefe nach, der Spant und Wasserlinienschwerpunkte, der Quer- und Längsmetazentren für eine genügende Anzahl Tauchungen, sowie ein übersichtliches Stabilitätsdiagramm übergeben. Ferner wurde durch einen sorgfältig ausgeführten Krängungsversuch mit vollständig ausgerüstetem Schiff, in Anwesenheit eines Vertreters des Lloyds, die Höhenlage des Systemschwerpunktes ermittelt. Allgemeine Einführung derartiger Zeichnungen und Kurven auf allen Schiffen sowie gründliche Unterweisung der Kapitäne und Steuerleute im richtigen Gebrauche derselben können nicht genug empfohlen werden; mancher Unfall, dessen Ursachen jetzt mitunter unbekannt geblieben, könnte dadurch verhütet werden« (Ebenda).

[18] Lloyd-Nachrichten Nr. 67, Mai 1906, S. 835.
[19] Neubaur, a. a. O., S. 340 f.
[20] Vgl. ebenda, S. 378.
[21] Auf der *Preussen, Bayern* und *Sachsen* wurde auch das Ankerspill sowie die hintere Winde zum Verholen hydraulisch betrieben (Vgl. Haack, Busley, a. a. O., 31, S. 776).
[22] Vgl. Neubaur, a. a. O., S. 381 f.
[23] Lloyd-Nachrichten Nr. 67, Mai 1906, S. 835.
[24] Vgl. Neubaur, Die deutschen Reichspostdampferlinien, a. a. O., S. 124.
[25] Ebenda.
[26] Gottspenn, Arno und Bernhard Koch: Die deutschen Reichspostdampfer im Ostasien-Verkehr mit ihrer Vorgeschichte und ihren Seepoststempeln. Sonderdruck der Arbeitsgemeinschaft der Sammler deutscher Kolonial-Postwertzeichen im BDPh und der Arbeitsgemeinschaft Schiffspost im BDPh, H. 1., Hamburg 1971, S. 27.
[27] »Aus der Denkschrift zu dem Entwurf eines Gesetzes betreffend Postdampfschiffsverbindungen mit überseeischen Ländern«, in: Jahrbuch des Norddeutschen Lloyd 1913/14, S. 61 f. – In Klammern die heutigen Ortsbezeichnungen in offizieller Transkription.
[28] Windmann, Theodor: Die Reichspostdampferlinien nach Ostasien und Australien, Bremen 1972. S. 42.
[29] Norddeutscher Lloyd, Jahrbuch 1910/11, S. 157.

Anhang

Gesetz betreffend Postdampfschiffsverbindungen mit überseeischen Ländern

„Wir Wilhelm, von Gottes Gnaden Deutscher Kaiser, König von Preußen etc. verordnen im Namen des Reichs, nach erfolgter Zustimmung des Bundesraths und des Reichstags, was folgt:

§ 1

Der Reichskanzler wird ermächtigt, die Einrichtung und Unterhaltung von regelmäßigen Postdampfschiffsverbindungen zwischen Deutschland einerseits und Ostasien sowie Australien andererseits auf eine Dauer bis zu fünfzehn Jahren an geeignete deutsche Unternehmer auf dem Wege der engeren Submission einzeln oder zusammen zu übertragen und in den hierüber abzuschließenden Verträgen Beihülfen bis zum Höchstbetrage von jährlich vier Millionen Mark aus Reichsmitteln zu bewilligen.

§ 2

Der Reichskanzler wird ferner ermächtigt, zum Anschluß an die Hauptlinien (§ 1) die Einrichtung und Unterhaltung einer Zweiglinie von Triest über Brindisi nach Alexandrien auf eine Dauer bis zu fünfzehn Jahren an geeignete deutsche Unternehmer auf dem Wege der engeren Submission zu übertragen und in den hierüber abzuschließenden Verträgen eine Beihülfe bis zum Höchstbetrage von jährlich vierhunderttausend Mark aus Reichsmitteln zu bewilligen.

§ 3

Die im § 1 bezeichneten Verträge müssen die in der Anlage zusammengestellten Hauptbedingungen enthalten und bedürfen zu ihrer Gültigkeit der Genehmigung des Bundesraths.

Die Verträge sowie die auf Grund derselben geleisteten Zahlungen sind beim Reichstag bei Vorlage des nächsten Reichshaushalts-Etats mitzutheilen.

§ 4

Die nach §§ 1 und 2 zahlbaren Beträge sind in den Reichshaushalts-Etat einzustellen.

Urkundlich unter Unserer Höchsteigenhändigen Unterschrift und beigedrucktem Kaiserlichen Insiegel.

Gegeben Berlin, den 6. April 1885.

Wilhelm
Fürst von Bismarck"

(RGBL 12, 12. April 1885.)

Einzelheiten waren in den elf Hauptbedingungen der Anlage zum Gesetz festgelegt, die folgenden Wortlaut hat:

„1. Die Fahrten müssen auf den Hauptlinien in Zeitabschnitten von längstens vier Wochen stattfinden.

2. Die in die Fahrt einzustellenden Dampfer dürfen in ihrer Konstruktion und Einrichtung, namentlich in bezug auf Personenbeförderung und Sicherheit, den auf denselben Linien laufenden Postdampfern anderer Nationen nicht nachstehen.

3. Die Fahrgeschwindigkeit ist auf mindestens 11$^{1}/_{2}$ Knoten im Durchschnitt festzusetzen. – Die Zeitdauer der Reise ist nach diesem Verhältnis mit entsprechendem Zuschlag für den Aufenthalt in den anzulaufenden Häfen in Stunden mit einem Abschlag von einem Knoten pro Stunde für die Fahrt gegen den Monsun zu berechnen.

4. Die Unternehmer der Hauptlinien (§ 1) sind verpflichtet, bei der Hin- und Rückfahrt einen belgischen oder holländischen Hafen anzulaufen.

5. In diese Linie einzustellende neue Dampfer müssen auf deutschen Werften gebaut sein.

6. Alle in die Fahrt einzustellenden Dampfer müssen vorher durch von der Regierung zu ernennende Sachverständige als den vorstehenden Anforderungen genügend anerkannt werden.

7. Für ungerechtfertigte Verzögerungen bei der Fahrtausführung werden entsprechende Abzüge von der Subventionssumme gemacht.

8. Die Dampfer führen die deutsche Postflagge und befördern die Post nebst den etwaigen Begleitern ohne besondere Bezahlung.

9. Die regelmäßigen Fahrten müssen spätestens 12 Monate nach Abschluß der Verträge beginnen.

10. Zur Sicherstellung der Erfüllung der Vertragsverbindlichkeiten ist, soweit erforderlich, den Unternehmern die Bestellung einer Kaution aufzuerlegen.

11. Erwachsen den Unternehmern aus dem Betriebe dauernd größere Gewinne, so kann die Regierung den Unternehmern größere Leistungen, z. B. in bezug auf schnellere oder vermehrte Fahrten u.s.w. auferlegen, oder die Subventionssumme entsprechend kürzen."

Vertrag über die Einrichtung und Unterhaltung deutscher Postdampfschiffsverbindungen mit Ostasien und Australien.

„Zwischen dem Reichskanzler Fürsten von Bismarck, handelnd im Namen des Reichs, einerseits und dem 'Norddeutschen Lloyd' in Bremen, vertreten durch Vorsitzer des Verwaltungsrats, Konsul H. H. Meier, auf Grund der beigehefteten Bescheinigung, andererseits ist heute nachstehender Vertrag abgeschlossen worden.

Artikel 1.

Der 'Norddeutsche Lloyd' zu Bremen verpflichtet sich, die nachbezeichneten Postdampfschiffslinien einzurichten und während fünfzehn hintereinander folgenden Jahren zu unterhalten:

A. Für den Verkehr mit Ostasien:
   1. eine Linie von Bremerhaven nach China, und zwar über einen niederländischen oder belgischen Hafen, dessen Wahl der Genehmigung des Reichskanzlers unterliegt, Port Said, Suez, Aden, Colombo, Singapore, Hongkong und Schanghai;
   2. eine Anschlußlinie von Hongkong über Yokohama, Hiogo, einen Hafen auf Korea, dessen Wahl der Genehmigung des Reichskanzlers unterliegt, Nagasaki und zurück nach Hongkong.

B. Für den Verkehr mit Australien:
   1. eine Linie von Bremerhaven nach dem Festlande von Australien, und zwar über einen niederländischen oder belgischen Hafen, dessen Wahl der Genehmigung des Reichskanzlers unterliegt, Port Said, Suez, Aden, Tschagosinseln, Adelaide, Melbourne bis Sydney;
   2. eine Anschlußlinie von Sydney über die Tongainseln nach Apia (Samoainseln) und zurück nach Sydney.

C. Eine Zweiglinie von Triest über Brindisi nach Alexandrien.

Die Weiterführung der Linie B 1 von Sydney nach Brisbane bleibt dem Norddeutschen Lloyd überlassen, welcher eintretendenfalls auch bezüglich dieser Strecke die im gegenwärtigen Vertrage wegen Beförderung der Post übernommenen Verpflichtungen ohne besondere Vergütung zu erfüllen hat.

Artikel 2.

Auf den im Artikel 1 unter A und B genannten Postdampferlinien sind jährlich je 13 Fahrten in jeder Richtung in Zeitabständen von je vier Wochen, auf der Mittelmeerlinie (C) jährlich 26 Fahrten in jeder Richtung zum Anschluß an die Linien nach und von Ostasien und Australien auszuführen.

Der Unternehmer hat den Fahrplan aufzustellen und dem Reichskanzler zur Genehmigung (bzw. endgültigen Feststellung) zu unterbreiten. Die Einreichung des Fahrplanentwurfs muß mindestens drei Monate vor dem Einführungszeitpunkte, die Einholung der Genehmigung zu Fahrplanänderungen mindestens zwei Monate vor dem Zeitpunkte, zu welchem sie eintreten sollen, bewirkt werden.

Der Reichskanzler ist berechtigt, zu jeder Zeit unter den im Artikel 25 (letzter Absatz) näher festgesetzten Bedingungen eine Änderung des bestehenden Fahrplans sowie das Anlaufen noch anderer als der im Artikel 1 benannten Häfen anzuordnen. Für diejenigen Fälle jedoch, in denen es sich um eine Änderung in der Fahrgeschwindigkeit oder in der Anzahl der Fahrten handelt, finden die Bestimmungen des Artikels 31 Anwendung. Die angeordnete Änderung ist dem Unternehmer mindestens drei Monate vor dem Zeitpunkte, zu welchem sie in Kraft treten soll, schriftlich mitzuteilen.

Artikel 3.

Die Dampfer haben die Post an den fahrplanmäßig hierzu zu bestimmenden Häfen aufzunehmen und abzuliefern.

Die mit den Dampfern der Mittelmeerlinie zur Beförderung gelangende Post soll in der Regel zwischen Alexandrien und Suez auf dem Eisenbahnwege überführt werden.

In Brindisi und Suez bei der Ausreise und in Alexandrien bei der Heimreise müssen die Dampfer der Mittelmeer- bzw. der ostasiatischen und australischen Linie zu der fahrplanmäßig festgesetzten Stunde bereit liegen, um sogleich nach Empfang der Post die Fahrt antreten zu können. Die Abfahrt darf nicht früher erfolgen, als bis die Post an Bord ist.

Artikel 4.

Die Fahrten sind
   auf der ostasiatischen Hauptlinie (A 1) mit einer Geschwindigkeit von mindestens 12 Knoten,
   auf der australischen Hauptlinie (B 1) und den beiden Anschlußlinien (A 2 und B 2) mit einer Geschwindigkeit von mindestens 11$^{1}/_{2}$ Knoten,
   auf der Mittelmeerlinie mit einer Geschwindigkeit von mindestens 12 Knoten
auszuführen.

Die Post muß von Brindisi nach Alexandrien oder umgekehrt in 69 (neunundsechzig) Stunden befördert werden. Für die Beförderung der Post zwischen Alexandrien und Suez auf dem Eisenbahnwege wird die Reichspostverwaltung Sorge tragen. Wenn und insoweit zur Ausführung dieser Leistung nach dem Ermessen der Reichspostverwaltung die Verwendung von Eisenbahnextrazügen auf der ganzen Strecke oder auf einer Teilstrecke zwischen Alexandrien und Suez notwendig ist, soll der Unternehmer gehalten sein, die betreffenden Reisenden nebst deren Gepäck ebenfalls mittels Extrazuges befördern zu lassen. Die Kosten hierfür sind von dem Unternehmer nach einem seinerseits mit der ägyptischen Eisenbahnverwaltung zu vereinbarenden Tarif an diese Verwaltung unmittelbar zu entrichten.

Für die Beförderung der Post von der Übernahme in Suez ab sind folgende Maximalfristen festgesetzt:

588 Stunden (in Worten usw.)			nach Hongkong,
685	"	"	" Schanghai,
738	"	"	" Melbourne,
811	"	"	" Sydney.

Für die entgegengesetzte Richtung gelten die gleichen Zeiten, indes wird für die Beförderung der Post von Schanghai nach Suez gegenüber der Hinfahrt eine um 24 (vierundzwanzig) Stunden längere Frist gewährt. Findet die Fahrt gegen den Monsun statt, so darf die Fahrzeit nach Schanghai um 63 (dreiundsechzig), von Schanghai um 83 (dreiundachtzig), von Sydney um 44 (vierundvierzig) Stunden überschritten werden.

In den angegebenen Beförderungsfristen sind die Aufenthaltszeiten für die Zwischenpausen enthalten, und zwar:

auf der ostasiatischen Linie

6 Stunden für Aden,			
24	"	"	Colombo,
24	"	"	Singapore,
24	"	"	Hongkong bei der Ausreise und
48	"	"	Hongkong bei der Heimreise;

auf der australischen Linie

6 Stunden für Aden,			
12	"	"	die Tschagosinseln,
24	"	"	Adelaide und
24	"	"	Melbourne.

Die Fristen für die Beförderung der Post und für die Aufenthaltszeiten auf den Zweiglinien werden durch den Fahrplan festgesetzt werden.
Die Fristen für die Beförderung der Post werden von dem Augenblicke ab, in welchem das letzte Poststück an Bord des Schiffes gelangt, bis dahin gerechnet, wo das erste Poststück im Endhafen von Bord an Land gebracht wird.

Artikel 5.

Andere als die fahrplanmäßigen Häfen dürfen vorbehaltlich besonderer Genehmigung des Reichskanzlers im Einzelfall von den Dampfern nicht angelaufen werden. Sind letztere infolge schlechten Wetters oder eines anderen Umstandes, welcher bei Anwendung der gehörigen Sorgfalt nicht zu vermeiden war, gezwungen, dem Fahrplan zuwider einen Nothafen anzulaufen, so ist die gesetzlich vorgeschriebene Verklarung, falls sie im Auslande zu bewirken ist, wenn tunlich, vor dem deutschen Konsul abzulegen. Kann ein genügender Entschuldigungsgrund für das fahrplanwidrige Anlegen in glaubhafter Weise, insbesondere durch die abgelegte Verklarung und durch den Inhalt des Schiffsjournals nicht

nachgewiesen werden, so ist für das erste Anlegen eine Strafe von 1000 (eintausend) Mk. und für das zweite Anlegen auf derselben Fahrt eine solche von 2000 (zweitausend) Mk. verwirkt; bei einer drittmaligen und jeder ferneren Zuwiderhandlung auf ein und derselben Fahrt liegt es in der Befugnis des Reichskanzlers, eine Strafe in Höhe von 2000 bis 5000 (fünftausend) Mk. einschließlich festzusetzen.

Die vorstehenden Bestimmungen finden sinngemäße Anwendung auf diejenigen Fälle, in welchen fahrplanmäßige Häfen nicht angelaufen werden.

Artikel 6.

Jede Verspätung in der Abgangs- oder Ankunftszeit an den Anfangs- und Endpunkten der Haupt- und Zweiglinien wird, sofern sie nicht erwiesenermaßen durch einen Umstand, welcher bei Anwendung der gehörigen Sorgfalt nicht zu vermeiden war, oder durch verspätete Zuführung der Post verursacht ist, mit einer Strafe von 50 (fünfzig) Mk. für die Stunde belegt. Bei einer nichtgerechtfertigten Verspätung von über 12 (zwölf) hintereinander folgenden Stunden erhöht sich die Strafe von der dreizehnten Stunde ab auf das Doppelte.

Die Strafbeträge werden je mit dem doppelten Betrage eingezogen, wenn die Verzögerung in der Abfahrt durch Verladung von Gütern herbeigeführt worden ist.

Der Reichskanzler ist berechtigt, Strafen bis zu gleicher Höhe auch für Verspätungen der Abfahrt an den Zwischenhäfen festzusetzen.

Die in diesem und dem vorhergehenden Artikel vorgesehenen Strafen sollen in keinem Falle die Höhe der Vergütung übersteigen, welche auf die betreffende Fahrt bei Zugrundelegung des im Artikel 25 bestimmten Satzes für die Seemeile entfallen würde.

Zum Zweck der Kontrolle über die fahrplanmäßige Ausführung der Fahrten ist nach dem jeweiligen Wiedereintreffen eines Dampfers am Anfangspunkte des Kurses ein alle erforderlichen Angaben enthaltender, beglaubigter Auszug aus dem Schiffsjournal an den Reichskanzler einzureichen. Letzterer ist berechtigt, die bezeichnete Kontrolle auch in anderer Weise ausüben zu lassen. Sollte aus dem Umstande, daß die Dampfer nicht zur fahrplanmäßigen Zeit abgehen, die Notwendigkeit eintreten, die Post auf einem anderen Wege zu befördern, so hat der Unternehmer in allen Fällen die baren Auslagen zu ersetzen, welche durch diese Beförderung entstehen.

Artikel 7.

Der Unternehmer hat zur Ausführung der im Artikel 2 bezeichneten Fahrten die erforderlichen Dampfer, und zwar mindestens

a) für die ostasiatische und die australische Hauptlinie je fünf Dampfer,
b) für die ostasiatische und die australische Zweiglinie je einen Dampfer und außerdem für beide Linien einen Reservedampfer, welcher auf Verlangen ein zweiter Reservedampfer hinzutreten wird,
c) für die Mittelmeerlinie 2 Dampfer

auf seine Kosten einzustellen und zu unterhalten.

Von diesen Dampfern sind mindestens 6 (sechs) neu zu erbauen, von denen drei in die ostasiatische und die australische Hauptlinie (A 1 und B 1), die drei übrigen in die ostasiatische und australische Anschlußlinie (A 2 und B 2) innerhalb achtzehn Monaten nach Vollziehung des Vertrages einzustellen sind.

Sämtliche in die Linien einzustellenden Dampfer dürfen in ihrer Konstruktion und Einrichtung, namentlich in bezug auf Sicherheit, Bequemlichkeit und Komfort für die Reisenden, sowie hinsichtlich der Verpflegung den auf denselben Linien laufenden Postdampfern anderer Nationen nicht nachstehen und müssen insbesondere den im folgenden Artikel angegebenen Anforderungen entsprechen.

Artikel 8.

Die Dampfer sollen, abgesehen von den für die Schiffsbesatzung und den zur Aufnahme der Post und deren etwaigen Begleiter bestimmten Räumlichkeiten, Einrichtungen zur Beförderung von Passagieren dreier verschiedener Klassen haben. Die Räume müssen mit allen für die Passagiere notwendigen Gegenständen ausgerüstet sein. In den Räumlichkeiten der dritten Klasse sind Schlafeinrichtungen, bestehend aus Matratze und Kopfkissen, in genügender Anzahl herzurichten. Für einzeln reisende Personen weiblichen Geschlechts sind besondere Abteilungen herzurichten, welche verschließbar sein müssen.

An Bord der von Deutschland nach Ostasien und Australien gehenden Dampfer soll sich auf der Hin- und Rückreise ein in Deutschland approbierter Arzt befinden.

Die Schiffe müssen durch Querschotte in so viel wasserdichte Abteilungen geteilt sein, daß durch das Vollaufen von zwei Abteilungen das Sinken des Schiffes nicht herbeigeführt wird. Die Querschotte sind dieser Bedingung entsprechend hoch genug zu führen; das Schott zur vordersten Abteilung des Schiffes darf keine Tür enthalten, die Türen in den übrigen Schotten müssen leicht und sichernd geschlossen werden können. Ferner sind Rettungsboote in einem der Gewohnheit entsprechenden Umfange und Schwimmgürtel in einer der Meistzahl an Passagieren und Mannschaften mindestens gleichen Stückzahl für jedes Schiff zu beschaffen.

Rücksichtlich der Zweiglinien bleibt dem Reichskanzler die Befugnis zur Ermäßigung der in diesem Artikel gestellten Anforderungen vorbehalten.

Artikel 9.

Der Bruttoraumgehalt der einzustellenden Dampfer soll wenigstens betragen:

3000 Register-Tonnen für die Linien A 1 und B 1 des Art. 1
1500 " " " " Linie A 2 " " " " " "
1000 " " " " " B 2 " " " " " "
2000 " " " " " C (Mittelm.) " " "

Artikel 10.

In die Linien einzustellende neue Dampfer müssen auf deutschen Werften und tunlichst unter Verwendung deutschen Materials gebaut werden. Die Pläne für den Bau unterliegen der Genehmigung des Reichskanzlers. Die Schiffe sind zur höchsten Klasse beim Germanischen Lloyd zu klassifizieren.

Die an den Dampfern vorzunehmenden größeren Instandsetzungen müssen, soweit tunlich, ebenfalls auf deutschen Werften zur Ausführung gelangen.

Der Kohlenbedarf für die in die Linien einzustellenden Dampfer ist, soweit die Einnahme desselben in deutschen Häfen oder in den nach Art. 1 anzulaufenden niederländischen oder belgischen Häfen erfolgt, ausschließlich durch deutsches Produkt zu decken. Abweichungen hiervon sind nur mit Genehmigung des Reichskanzlers zulässig.

Artikel 11.

Alle in die Fahrt einzustellenden Dampfer müssen vorher durch Sachverständige, welche der Reichskanzler ernennt, geprüft und als den Anforderungen genügend anerkannt sein.

Der Reichskanzler ist berechtigt, diese Prüfung während der Vertragsdauer jederzeit wiederholen zu lassen und auf Grund des Ergebnisses der Prüfung ein Schiff für ungeeignet zu erklären. In letzterem Falle ist der Unternehmer verpflichtet, binnen der ihm gestellten Frist das betreffende Schiff zurückzuziehen und für einen geeigneten Ersatz nach

Maßgabe der im Artikel 12 getroffenen Festsetzungen zu sorgen. Kommt der Unternehmer dieser Verpflichtung nicht nach, so hat derselbe für jeden Tag der verspäteten Einstellung eines geeigneten Schiffes eine Strafe von 400 (vierhundert) Mk. zu zahlen.

Die in Deutschland und den betreffenden ausländischen Häfen geltenden gesetzlichen Bestimmungen über die amtlichen Besichtigungen usw. der zur Personenbeförderung dienenden Dampfschiffe hat der Unternehmer unter eigener Verantwortlichkeit und auf seine Kosten zu erfüllen.

Artikel 12.

Im Falle ein auf den Vertragslinien verwendetes Schiff in Verlust gerät, hat der Unternehmer einen neuen Dampfer zu beschaffen und bis zu dessen Fertigstellung für den ungestörten Fortgang des Dienstes Sorge zu tragen. Vorübergehend können in solchem Falle mit Genehmigung des Reichskanzlers auch Schiffe eingestellt werden, welche nicht allen vertragsmäßigen Bedingungen entsprechen; notwendiges Erfordernis ist jedoch, daß sie zur Einhaltung der planmäßigen Fahrzeit imstande sind. Zum Ersatz eines in Verlust geratenen Schiffes durch einen allen Bedingungen Genüge leistenden neuen Dampfer wird eine Frist von 18 Monaten gewährt. Erfolgt der Ersatz in dieser Zeit nicht, so hat der Unternehmer eine Strafe von 400 (vierhundert) Mk. für jeden Tag der verspäteten Einstellung des Schiffes zu zahlen.

Artikel 13.

Die Dampfer führen die deutsche Postflagge nach Maßgabe der über die Führung derselben durch derartige Schiffe bestehenden Allerhöchsten Bestimmungen und befördern die Post nebst den etwaigen Begleitern ohne besondere Bezahlung. Letztere sind auch unentgeltlich zu verpflegen, und zwar Beamte wie Reisende 1. Klasse und Unterbeamte wie Reisende 2. Klasse. Jedem Postbegleiter ist eine besondere Kabine mit angemessener Ausstattung zur Benutzung zu überweisen.

Unter Post sind alle Briefbeutel, Zeitungssäcke, Wertsendungen und Postpakete zu verstehen, welche den Dampfern von der deutschen Reichspostverwaltung oder von den in Betracht kommenden ausländischen Postverwaltungen zur Beförderung übergeben werden.

Alle aus dem Postbeförderungsdienste herrührenden Einnahmen bezieht das Reich.

Werden die Dampfer von Postbeamten nicht begleitet, so ist die Post seitens des Schiffsführers am Anfangspunkte der Fahrt und an den Unterwegsorten gegen Quittung zu übernehmen und in einem eigens zu diesem Zwecke hergerichteten, gegen Nässe, Feuersgefahr und sonstige Beschädigung geschützten und gehörig gesicherten Raume während der Fahrt unter Verschluß aufzubewahren. Imgleichen hat der Schiffsführer in dem bezeichneten Falle die Verpflichtung, die übernommenen Postsachen an den betreffenden Unterwegsorten bzw. am Endpunkte der Fahrt an die zur Empfangnahme derselben berechtigten Personen abzuliefern.

Die Übernahme und die Ablieferung der Postsachen hat unter Beachtung der in dieser Beziehung von der Reichspostverwaltung erteilten Vorschriften zu erfolgen. Findet eine Begleitung der Post durch Postbeamte statt, so ist dem Beamten außer dem erwähnten Aufbewahrungsraum ein geeigneter, den Anforderungen der Reichspostverwaltung entsprechender heller Raum zur Bearbeitung der Post während der Fahrt postbureaumäßig einzurichten und zur Verfügung zu stellen; die Erleuchtung, Heizung und Reinigung dieses Raumes hat der Unternehmer auf seine Kosten bewirken zu lassen. Die Übernahme und Ablieferung der Postsachen liegt in diesem Falle dem Postbeamten ob. Jedoch ist der Unternehmer verpflichtet, auf Verlangen der Postbeamten die zum Transport der Postsäcke zwischen dem Bureauraum und dem Aufbewahrungsraum usw. erforderliche Hilfe durch die Schiffsmannschaft zu gewähren.

Wenn der Postbeamte während der Fahrt aus irgendeinem Grunde verhindert werden sollte, seinen Dienst weiter fortzusetzen, so hat der Unternehmer die volle Verantwortlichkeit für die Postladung zu übernehmen und den Postdienst bis auf weiteres nach Maßgabe der für derartige Fälle von der Reichspostverwaltung erteilten besonderen Vorschriften besorgen zu lassen.

Auf jedem Schiff muß auf Kosten des Unternehmers ein verschließbarer Briefkasten angebracht werden. Sofern eine Begleitung der Dampfer durch Postbeamte nicht stattfindet, hat der Kapitän durch einen von ihm zu bestimmenden Schiffsoffizier den Briefkasten rechtzeitig leeren und die darin vorgefundenen Sendungen nach Maßgabe der von der Reichspostverwaltung gegebenen bezüglichen Bestimmungen behandeln zu lassen.

Die Einschiffung und Ladung der Post hat in allen Häfen auf Gefahr und Kosten des Unernehmers zu erfolgen.

Die Ladung der Post hat sofort nach dem Eintreffen der Dampfer in dem betreffenden Hafenorte bzw. auf der zugehörigen Reede zu geschehen. In Suez und Alexandrien ist behufs Überführung der Post sowie der Reisenden und deren Gepäck zwischen Schiff und Land je ein kleinerer Dampfer seitens des Unternehmers auf Verlangen zu stellen. Wenn der Dampfer durch Postbeamte begleitet wird, so ist der erste Beamte in jedem Hafen oder Platz, wo Posten abzuliefern oder einzunehmen sind, sobald und so oft er es im dienstlichen Interesse für notwendig hält, ans Land zu befördern und von dort an das Schiff zurückzubringen, entweder gleichzeitig mit der Post oder, wenn der Beamte dies für zweckmäßig halten sollte, ohne die Post, und zwar in einem angemessenen, seetüchtigen und mit gehöriger Mannschaft und Ausrüstung versehenen Boote.

Artikel 14.

Der Unternehmer darf mit den Dampfern keine anderen Briefe oder sonstigen postzwangspflichtigen Gegenstände befördern lassen als solche, welche ihm entweder von den Postbehörden überwiesen, oder die mittels des im vorhergehenden Artikel erwähnten Briefkastens eingeliefert worden sind.

Der Unternehmer ist auch dafür verantwortlich, daß weder von den Kapitänen, noch von der übrigen Schiffsmannschaft Briefe oder sonstige postzwangspflichtige Gegenstände mitgenommen werden. Für jede Zuwiderhandlung hat der Unternehmer den Betrag des hinterzogenen Portos und außerdem nach näherer Festsetzung der Reichspostverwaltung eine Strafe bis zu fünfzig Mark zu entrichten.

Dem Unternehmer bleibt es jedoch gestattet, mit seinen Agenten und Beauftragten im Auslande mittels der Schiffe Briefsendungen auszutauschen, ohne dieselben der Post zur Beförderung zu übergeben.

Artikel 15.

Falls ein Dampfer unterwegs einen Unfall erleidet und aus diesem Grunde die Reise unterbrechen muß, hat, wenn an Bord sich ein Postbeamter befindet, dieser in Benehmen mit dem Kapitän, in allen anderen Fällen letzterer allein, für die Weiterbeförderung der Postladung mit dem nächsten deutschen oder fremden, nach dem Bestimmungsorte der Postsachen fahrenden oder mit Zwischen- bzw. Ankunftsplätzen in Verbindung stehenden Dampfer zu sorgen. Da sich in dieser Beziehung ein für allemal bestimmte Vorschriften nicht erteilen lassen, so müssen der Postbeamte an Bord und der Kapitän bzw. letzterer allein je nach Lage des einzelnen Falles die schnellste Weiterbeförderungsgelegenheit für die Post wählen.

Die für diese Weiterbeförderung etwa entstehenden Kosten fallen stets dem Unternehmer zur Last.

Artikel 16.

Der Unternehmer haftet dem Reiche für den Schaden, welcher durch Verlust, Beschädigung oder verzögerte Beförderung von Postsachen in der Zeit zwischen der Einladung und der Ausladung entsteht, in demselben Umfange, in welchem die Reichspostverwaltung durch Gesetze oder Verträge den Absendern von Postsendungen gegenüber zum Schadenersatze verpflichtet ist. Die die Haftverbindlichkeit beschränkenden Bestimmungen des Handelsgesetzbuches finden hierbei keine Anwendung. Insbesondere wird die Haftpflicht des Unternehmers für Kostbarkeiten, Gelder und Wertpapiere nicht dadurch bedingt, daß dem Kapitän bzw. Schiffsoffizier diese Beschaffenheit oder der Wert bei der Einladung angegeben worden ist. Immerhin wird die Postverwaltung nach Tunlichkeit dafür Sorge tragen, daß den Schiffsführern von dem Vorliegen bedeutender Wertsendungen beizeiten Mitteilung gemacht wird. Sofern sich ein mit der Beaufsichtigung der Postladung beauftragter Postbeamter an Bord befindet, soll der Unternehmer jedoch für Verlust oder Beschädigung von Postsachen nur dann haften, wenn der Schaden entstanden ist:

1. durch Schiffs- oder Seeunfall, ausgenommen allein die unabwendbaren Folgen eines Naturereignisses, oder
2. durch Handlungen oder Unterlassungen des Unternehmers, seiner Leute oder der Schiffsbesatzung, oder
3. durch Handlungen der auf dem Schiffe befindlichen Reisenden.

Artikel 17.

Dem Unternehmer wird die Einnahme an Fracht- und Überfahrtsgeldern überlassen. Die Festsetzung der Tarife erfolgt im Einvernehmen mit dem Reichskanzler. Zu diesem Behuf sind die Entwürfe der bei der Eröffnung des Betriebes in Kraft zu setzenden Tarife mindestens drei Monate vor der Betriebseröffnung dem Reichskanzler einzureichen.

Spätere Abänderungen des Tarifs sind mindestens sechs Wochen vor dem Zeitpunkte, zu welchem sie in Kraft treten sollen, dem Reichskanzler anzuzeigen und gelten als genehmigt, sofern bis zu dem erwähnten Zeitpunkte eine anderweite Bestimmung des Reichskanzlers nicht erfolgt.

Hinsichtlich der Veröffentlichung der Tarife sowie der dazu ergehenden Abänderungen hat der Unternehmer die etwa ergehenden Bestimmungen des Reichskanzlers zu befolgen.

Artikel 18.

Der Tarif für die Güterbeförderung von und nach Hamburg soll mit demjenigen von und nach Bremen völlig gleichgehalten werden. Demgemäß hat der 'Norddeutsche Lloyd' die Beförderung der von und nach Hamburg aufgegebenen Güter zwischen Hamburg und Bremerhaven auf dem Wasserwege kostenfrei zu bewirken und für diese Beförderung alle erforderlichen Einrichtungen zu treffen, damit im Versand der von und nach Hamburg zu überführenden Transporte keine Verzögerung oder Benachteiligung gegenüber den in Bremen direkt aufgegebenen vorkomme.

Der 'Norddeutsche Lloyd' verpflichtet sich, an denjenigen Orten, welche der Reichskanzler bezeichnen wird, Agenturen zu errichten und zu unterhalten, welche als Sammelstellen für die zur Beförderung mit den Postdampferlinien aufgegebenen Waren bestimmt sind. Diese Agenturen müssen ermächtigt sein, auf Verlangen des Absenders den Vertrag über den ganzen Transport von der Sammelstelle bis zu dem überseeischen Bestimmungsort der Frachtgüter abzuschließen. Hierbei sind die Tarife so zu gestalten, daß die Gesamtfracht, einschließlich der Eisenbahnfracht von der Sammelstelle zum Einschiffungshafen, sich bei der

Beförderung über Bremen nicht höher stellt als bei der Beförderung über den nach Artikel 1 anzulaufenden niederländischen oder belgischen Hafen.

Die in das Konnossement aufzunehmenden allgemeinen Bedingungen (Betriebsreglement) für die Güterbeförderung sind dem Reichskanzler zur Genehmigung vorzulegen.

Nitroglyzerin und andere Gegenstände, deren Transport mit Gefahr verbunden ist, dürfen mit den Dampfern nicht befördert werden.

Artikel 19.

Die von dem 'Norddeutschen Lloyd' für den Betrieb der Postdampferlinien angestellten Personen, einschließlich der in ausländischen Plätzen bestellten Agenten, sollen, soweit durch besondere Verhältnisse nicht Ausnahmen geboten sind, deutsche Reichsangehörige sein.

An solchen Orten des Auslandes, in denen der Unternehmer Agenten unterhält, sollen letztere auf Verlangen des Reichskanzlers verpflichtet sein, Postdienstgeschäfte nach Maßgabe der von der Reichspostverwaltung zu erteilenden näheren Vorschriften wahrzunehmen. Die für solche Dienstverrichtungen unter Umständen zu gewährende Vergütung wird von der Reichspostverwaltung festgesetzt.

Schiffsführer und sonstige im Betrieb der Postdampferlinien Angestellte, welche einer erheblichen Verletzung oder Vernachlässigung der ihnen obliegenden Pflichten sich schuldig machen, sind aus dem Dienstbetriebe der Postdampferlinien zu entfernen, sofern der Reichskanzler auf Grund des Ergebnisses der anzustellenden Untersuchung dies verlangt.

Artikel 20.

Der Unternehmer verpflichtet sich:

a) die im Dienste des Reiches oder eines Bundesstaates reisenden Beamten,

b) die Ablösungsmannschaften der Kaiserlichen Marine, ferner solche Angehörige der Kaiserlichen Marine, welche wegen Krankheit oder wegen Dienstvergehen oder strafbarer Handlungen nach Deutschland zurückgesandt werden,

c) Waffen, Munition, Ausrüstungsgegenstände und Proviant der Kaiserlichen Marine

gegen um 20 Prozent unter den Tarif ermäßigte Sätze zu befördern. Jedoch darf die Zahl der unter b erwähnten Mannschaften auf demselben Schiff ohne Zustimmung des Unternehmers nicht über 65 (fünfundsechzig) hinausgehen.

Im Falle einer Mobilmachung der Marine steht es dem Reichskanzler frei, die auf den Linien verwendeten Dampfer gegen Erstattung des vollen Wertes anzukaufen oder gegen Vergütung sonst in Anspruch zu nehmen. Die Ermittlung des Wertes bzw. die Feststellung der Vergütung erfolgt in Gemäßheit der Bestimmungen in § 24 (bzw. § 23) des Gesetzes über die Kriegsleistungen vom 13. Juni 1873.

Ein Verkauf oder eine mietsweise Überlassung der Dampfer an eine fremde Macht darf ohne Genehmigung des Reichskanzlers nicht stattfinden.

Artikel 21.

Der Unternehmer ist verpflichtet, Personen, welche zum Zweck der Strafverfolgung oder Strafvollstreckung einer deutschen Behörde oder deutscherseits einer fremden Behörde überliefert werden sollen, unter nachfolgenden Bedingungen zu befördern.

Diese Personen, mögen sie von einem Polizeibeamten begleitet sein oder nicht, sind während der Fahrt der Regel nach in einer verschlossenen Kammer unterzubringen.

Dem Kapitän (oder, im Falle einer amtlichen Begleitung, dem begleitenden Beamten nach vorherigem Benehmen mit dem Kapitän) bleibt es überlassen, ein zeitweiliges Verweilen dieser Personen auf Deck unter Aufsicht zu gestatten.

Die Beförderung derartiger Personen nebst etwaigem Begleiter ist auf Verlangen der zuständigen inländischen Behörden oder im Auslande der Gesandten und Konsuln des Reiches zu übernehmen und werden für dieselbe dem Unternehmer die tarifmäßigen Sätze vergütet. Auf ein und derselben Fahrt sollen ohne Zustimmung des Unternehmers mehr als vier derartige Personen nicht befördert werden.

Außer den Gefangenen sind auf Requisition der genannten Behörden auch die Untersuchungsakten und beschlagnahmten Beweisstücke mitzubefördern, ohne daß hierfür eine besondere Vergütung gewährt wird.

Artikel 22.

Auf jedem Dampfer wird ein Beschwerdebuch ausgelegt, welches von einer durch den Reichskanzler zu beauftragenden Dienststelle mit Seitenzahlen zu versehen ist.

Bei Verabreichung neuer Beschwerdebücher werden die alten seitens der bezeichneten Dienststelle eingefordert und zurückgelegt, sobald alle in denselben befindlichen Beschwerden ihre Erledigung gefunden haben.

Das Beschwerdebuch wird von dem mit der Aufbewahrung desselben beauftragten Schiffsoffizier den Reisenden auf Verlangen verabfolgt. Die niedergeschriebenen Beschwerden sind von dem Kapitän sogleich gründlich zu untersuchen. Demnächst hat derselbe unter Einreichung der Beschwerde in beglaubigter Abschrift und der etwaigen Verhandlungen an den Reichskanzler Bericht zu erstatten, damit der Sachverhalt geprüft und die Erledigung der Beschwerde veranlaßt werden kann.

In allen für die Reisenden der verschiedenen Klassen bestimmten gemeinsamen Räumen ist durch einen Anschlag ersichtlich zu machen, welcher Schiffsoffizier mit der Aufbewahrung des Beschwerdebuches und der Verabfolgung desselben an die Reisenden beauftragt ist.

Artikel 23.

Der Reichskanzler behält sich vor, jederzeit – in Kurshäfen oder unterwegs – den Zustand des Dienstes durch einen Kommissar prüfen zu lassen. Letzterem ist auf sein Verlangen ungehinderter Zutritt zu allen Schiffsräumen zu gestatten und in allen geforderten Beziehungen Aufschluß zu erteilen.

Die Beförderung und Verpflegung des Kommissars auf den Schiffen erfolgt gegen Entrichtung des Überfahrtgeldes (Art. 20, Ziffer a); jedoch ist dem Kommissar stets eine besondere Kabine zuzuweisen.

Artikel 24.

Die regelmäßigen Fahrten müssen spätestens innerhalb 12 Monate nach Vollziehung dieses Vertrages beginnen. Geschieht solches nicht, so hat der Unternehmer für jeden Tag der Verspätung eine Strafe von 400 (vierhundert) Mk. zu zahlen.

Artikel 25.

Für die Erfüllung der in diesem Vertrage übernommenen Verbindlichkeiten empfängt der Unternehmer vom Tage der Eröffnung der regelmäßigen Fahrten ab aus der Reichskasse eine Vergütung von jährlich 4 400 000 Mk. (vier Millionen vierhunderttausend Mark) – und zwar 4 000 000 Mk. für die im Artikel 1 unter A und B aufgeführten Linien und 400 000 Mk. für die Mittelmeerlinie –, zahlbar in monatlichen Teilbeträgen am letzten jedes Monats.

Diese Vergütung wird insoweit gekürzt, als die vertragsmäßig bedungenen Fahrten nicht zur Ausführung gekommen sind. Die Kürzung erfolgt – sei es, daß eine Fahrt ganz oder teilweise ausgefallen ist – in der Weise, daß für jede gegenüber dem Fahrplan zu wenig zurückgelegte Seemeile bezüglich der im Artikel 1 unter A und B aufgeführten Linien der Betrag von 5,60 Mk. (fünf Mark 60 Pfg.) und bezüglich der Mittelmeerlinie der Betrag von 6,34 Mk. (sechs Mark 34 Pfg.) von den nächstfälligen Monatsraten zur Reichskasse einbehalten wird. Für die Berechnung der Entfernungen sind die im Fahrplan enthaltenen Festsetzungen der Seemeilenzahl maßgebend.

Die von dem Unternehmer eintretendenfalls auf Grund der Artikel 5, 6, 11, 12, 14 und 24 zu zahlenden Geldstrafen, welche der Reichskanzler endgültig festsetzt, sowie die nach Artikel 15, Absatz 2, und Artikel 16 zu erstattenden Beförderungskosten und Entschädigungen werden – unbeschadet der Bestimmung in Artikel 27 – von der zunächst fällig werdenden Subventionsrate einbehalten.

Wenn der Reichskanzler das Anlaufen noch anderer als der im Artikel 1 benannten Häfen anordnet, so soll, wenn die dadurch entstehende Verlängerung oder Verkürzung des Kurses (die Hin- und Rückreise zusammengenommen) gegenüber dem bei Beginn des Vertrages gültig gewesenen Fahrplan nicht mehr als 250 Seemeilen beträgt, eine Änderung in der Höhe der Vergütung nicht eintreten. Ergibt sich dagegen aus Kursänderungen der bezeichneten Art eine Verlängerung oder Verkürzung des Kurses (die Hin- und Rückreise zusammengenommen) um mehr als 250 Seemeilen gegenüber dem bei Beginn des Vertrages gültig gewesenen Fahrplan, so wird für jede im Vergleich zu letzterem mehr oder weniger zurückzulegende Seemeile die Vergütung um den Betrag von 5,60 (bzw. 6,34) Mk. erhöht bzw. gekürzt.

Artikel 26.

Der Unternehmer hat über die Schiffe, welche auf den nach diesem Vertrage zu unterhaltenden Linien verwendet werden, gemäß den bisher bei ihm üblich gewesenen Prinzipien eine Separatrechnung zu führen. In dieser sind den Einnahmen folgende Ausgabeträge gegenüberzustellen:

1. die laufenden Kosten für die Unterhaltung der Schiffe,
2. ein entsprechender Anteil an den Generalunkosten des Betriebes des 'Norddeutschen Lloyd',
3. 6 Prozent Assekuranzprämie von dem Buchwert der Schiffe,
4. 5 Prozent Abschreibung vom Kapital der Schiffe und 20 Prozent Abschreibung von der Ausrüstung der Schiffe,
5. 5 Prozent Zinsen von dem Buchwert der Schiffe,
6. 5 Prozent für den Separatreservefonds der nach diesem Vertrag zu unterhaltenden Linien,
7. die Ausgaben für Mannschaftslöhne, Beköstigung, Kohlen, Maschinenstores, Schiffsrequisite und Hafenunkosten usw.

Bei Berechnung der unter 4 und 6 angegebenen Prozentsätze ist der vom Unternehmer buchmäßig nachzuweisende Wert der Dampfer zur Zeit, zu welcher sie in die Fahrten eingestellt worden sind, und bei Ermittlung des Anteils an den Generalunkosten der jeweilige Gesamtbuchwert dieser Dampfer im Verhältnis zu dem der ganzen Flotte des 'Norddeutschen Lloyd' zugrunde zu legen.

Ergibt sich auf diese Weise nach der Separatrechnung nach Ablauf der ersten fünf Vertragsjahre ein jährlicher Überschuß für den Unternehmer, so soll für die Folgezeit der Unternehmer auf Verlangen und nach Wahl des Reichskanzlers verpflichtet sein, bis zur Höhe der Hälfte der betreffenden Summe entsprechende weitere Leistungen zur Durchführung der in diesem Vertrage verfolgten Zwecke zu übernehmen oder aber die Hälfte des erwähnten Überschusses an die Reichskasse zu erstatten.

Dem Reichskanzler steht es jederzeit frei, von den Geschäftsbüchern des Unternehmers Einsicht zu nehmen.

Artikel 27.

Zur Sicherstellung der Erfüllung der aus dem gegenwärtigen Vertrage sich ergebenden Verbindlichkeiten bestellt der Unternehmer dem Reich eine Kaution von 500 000 Mk. (fünfhunderttausend Mark) durch Verpfändung von Schuldverschreibungen des Reichs oder eines Bundesstaates, welche nach dem Nennwerte zu berechnen sind. Die Schuldverschreibungen sind nebst Talons und den über vier Jahre hinausreichenden Zinsscheinen bei der Reichshauptkasse zu hinterlegen.

Diese Kaution soll dem Reich dergestalt haften, daß der Reichskanzler berechtigt ist, wegen der Forderungen des Reichs aus dem gegenwärtigen Vertrage an Kapital und Zinsen, nötigenfalls auch wegen der Strafen sowie wegen der durch Ermittlung der Schäden entstehenden gerichtlichen und außergerichtlichen Kosten durch sofortige außergerichtliche, nach Maßgabe der Vorschriften im § 11 des Gesetzes, betreffend die Kautionen der Bundesbeamten vom 2. Juni 1869, zu bewirkende Verwertung der Kaution Befriedigung zu suchen, insofern der Unternehmer der schriftlichen Aufforderung des Reichskanzlers zur Zahlung nicht innerhalb eines von dem letzteren festzusetzenden Zeitraumes nachkommen sollte. Die Kaution ist von dem Unternehmer demnächst binnen Monatsfrist wieder auf die ursprüngliche Höhe zu ergänzen. Im Unterlassungsfalle ist der Reichskanzler berechtigt, die Ergänzung durch Einbehaltung des erforderlichen Betrages von der zunächst fällig werdenden Vergütung zu veranlassen.

Nach Ablauf des gegenwärtigen Vertrages wird die Kaution bzw. der nicht in Anspruch genommene Teil derselben dem Unternehmer zurückgegeben, sobald feststeht, daß derselbe aus diesem Vertrage nichts mehr zu vertreten hat.

Artikel 28.

Der Unternehmer darf ohne schriftliche Genehmigung des Reichskanzlers das Unternehmen weder an andere überlassen, noch ganz oder teilweise in Afterpacht geben. Geschieht solches dennoch, so ist der Reichskanzler – unbeschadet der von ihm etwa zu erhebenden Schadenersatzansprüche – berechtigt, sofort ohne jede Entschädigung des Unternehmers von dem Vertrage zurückzutreten.

Artikel 29.

Der gegenwärtige Vertrag erstreckt sich auf fünfzehn hintereinander folgende Jahre vom Tage des Antritts der ersten Fahrt von Bremerhaven ab und soll als beendet gelten, sobald der letzte fahrplanmäßige Dampfer des fünfzehnten Jahres, in welchem ebenfalls je dreizehn Doppelreisen nach und von Ostasien und Australien auszuführen sind, wieder in Bremerhaven eingelaufen ist.

Über die etwaige Fortsetzung des Vertrages über den Zeitraum von fünfzehn Jahren hinaus wird eintretendenfalls eine besondere Verständigung mit dem Unternehmer stattfinden.

Artikel 30.

Sofern sich der Unternehmer Vertragswidrigkeiten irgend einer der in den Artikeln 5 oder 6 bezeichneten Arten auf einer Linie in einem Jahre bei mehr als der Hälfte der fahrplanmäßigen Fahrten hat zuschulden kommen lassen, oder sobald auf einer Linie mehr als drei fahrplanmäßige Fahrten hintereinander ausgefallen sind und dieses Ausfallen nicht durch Krieg oder höhere Gewalt oder einen ungeachtet der Anwendung gehöriger Sorgfalt unvermeidlich gewesenen Unfall verursacht ist, steht dem Reichskanzler das Recht zu, entweder den Betrieb mit den in die Linien eingestellten Schiffen für Rechnung und auf Gefahr des Unternehmers zu übernehmen oder aber ohne jede weitere Entschädigung des Unternehmers als für die ausgeführten Fahrten von dem gegenwärtigen Vertrage zurückzutreten.

Artikel 31.

Erachtet der Reichskanzler eine Änderung in der Fahrgeschwindigkeit oder in der Zahl der Fahrten der Dampfer für notwendig, so ist der Unternehmer verpflichtet, die entsprechenden Einrichtungen gegen angemessene Vergütung zu treffen.
Kann in diesem sowie in dem im Artikel 26, Absatz 3, vorgesehenen Falle eine Einigung zwischen den Kontrahenten über die Höhe der für die anderweit auszuführenden Leistungen zu zahlenden Vergütung nicht erzielt werden, so soll hierüber ein Schiedsgericht endgültig entscheiden. Letzteres soll eintretendenfalls in der Weise gebildet werden, daß jede Partei zwei Schiedsrichter bestellt und von sämtlichen Schiedsrichtern ein Obmann gewählt wird. Können die Schiedsrichter sich über die Person des Obmanns nicht einigen, so wird derselbe von dem Präsidenten des hanseatischen Oberlandesgerichts ernannt.

Artikel 32.

Der Reichskanzler kann sich in der Ausübung der ihm durch diesen Vertrag eingeräumten Befugnisse durch Beamte oder Behörden des Reichs ganz oder teilweise vertreten lassen. Die betreffenden Beamten bzw. Behörden werden von dem Reichskanzler eintretendenfalls dem Unternehmer schriftlich bezeichnet werden.

Artikel 33.

Streitigkeiten, welche aus dem gegenwärtigen Vertrage entspringen, sind von den vertragschließenden Teilen einem Schiedsgericht zur Entscheidung zu unterbreiten, welches in der im Artikel 31 angegebenen Weise zu bilden ist.

Artikel 34.

Den gesetzlichen Stempel für die Ausfertigung und Ergänzungen des Vertrags trägt der Unternehmer.
Urkundlich ist gegenwärtiger Vertrag, nachdem derselbe vom Bundesrat am 2. d. Mts. genehmigt worden, zweifach gleichlautend ausgefertigt und von beiden Teilen unterschrieben und untersiegelt worden.

So geschehen

Berlin, den dritten Juli Eintausendachthundertfünfund-achtzig.	Bremen, den vierten Juli Eintausendachthundertfünfund-achtzig.
v. Bismarck. (L. S.)	Norddeutscher Lloyd. H. H. Meier Vorsitzer des Verwaltungsrats. (L. S.)"

Quelle: Neubaur, Paul: Die deutschen Reichspostdampferlinien nach Ostasien und Australien in zwanzigjährigem Betriebe. Berlin 1906, S. 194–210.

Nachtrag zu dem Vertrage über die Einrichtung und Unterhaltung deutscher Postdampfschiffsverbindungen mit Ostasien und Australien vom 3. bis 4. Juli 1885.

„Zwischen dem Reichskanzler Grafen v. Caprivi, handelnd im Namen des Reichs, einerseits, und dem 'Norddeutschen Lloyd' in Bremen, vertreten durch die Vorstandsmitglieder Dr. Wiegand und Marquardt, anderseits, sind heute nachstehende Änderungen des Postdampfschiffsvertrags vom 3./4. Juli 1885 vereinbart worden.

Zu Artikel 1.

An Stelle der daselbst aufgeführten Postdampferlinien hat der 'Norddeutsche Lloyd' vom 10. April 1893 ab auf die Dauer des Hauptvertrages folgende Postdampferlinien zu unterhalten:

A. Für den Verkehr mit Ostasien:
  1. eine Linie zwischen Bremerhaven und China, und zwar über einen niederländischen oder belgischen Hafen, dessen Wahl der Genehmigung des Reichskanzlers unterliegt, Genua, Neapel, Port Said, Suez, Aden, Colombo, Singapore, Hongkong nach Schanghai und zurück;
  2. eine Anschlußlinie zwischen Hongkong und Japan, und zwar über Yokohama, Hiogo, Nagasaki und zurück nach Hongkong;
  3. eine Anschlußlinie zwischen Singapore und dem deutschen Neu-Guinea-Schutzgebiet, und zwar über Batavia, sonstige Häfen des Sunda-Archipels, deren Wahl der Genehmigung des Reichskanzlers unterliegt, Friedrich-Wilhelmshafen, Stephansort, Finschhafen (bzw. Langemak-Bucht), Herbertshöhe, Stephansort, Friedrich-Wilhelmshafen, Häfen des Sunda-Archipels, deren Wahl der Genehmigung des Reichskanzlers unterliegt, zurück nach Singapore.

B. Für den Verkehr mit Australien:
  eine Linie zwischen Bremerhaven und dem Festlande von Australien, und zwar über einen niederländischen oder belgischen Hafen, dessen Wahl der Genehmigung des Reichskanzlers unterliegt, Genua, Neapel, Port Said, Suez, Aden, Colombo, Adelaide, Melbourne nach Sydney und zurück.

Zu Artikel 2.

Der erste Absatz erhält folgende Fassung:

Auf den unter A 1 und 2 sowie B genannten Postdampferlinien sind die Fahrten in Zeitabständen von je vier Wochen in jeder Richtung, auf der Neu-Guinea-Linie (A 3) dagegen in Zeitabständen von je acht Wochen in jeder Richtung auszuführen.

Zu Artikel 3.

Dieser Artikel erhält folgende Fassung:

Die Dampfer haben die Post an den fahrplanmäßig hierzu zu bestimmenden Häfen aufzunehmen und abzuliefern. In Neapel müssen die Dampfer bei der Ausreise zu der fahrplanmäßig festgesetzten Stunde bereit liegen, um sogleich nach Empfang der Post die Fahrt antreten zu können. Die Abfahrt darf nicht früher erfolgen, als bis die Post an Bord ist.

Zu Artikel 4.

An Stelle des bisherigen Textes tritt der folgende:

Die Fahrten sind auszuführen:

auf der ostasiatischen Hauptline (A 1) mit einer Geschwindigkeit von mindestens 12,6 Knoten auf der Strecke zwischen Neapel und Colombo, und von mindestens 12 Knoten auf den übrigen Strecken; auf der australischen Hauptlinie (B) mit einer Geschwindigkeit von mindestens 12,2 Knoten auf der Strecke zwischen Neapel und Colombo, und von mindestens 11,5 Knoten auf den übrigen Strecken; auf der Anschlußlinie nach Japan (A 2) mit einer Geschwindigkeit von mindestens 11,5 Knoten und auf der Anschlußlinie nach Neu-Guinea (A 3) mit einer Geschwindigkeit von mindestens 9 Knoten.

Bei Fahrten gegen den Monsun ist ein Abschlag von 1 Knoten für die Stunde gestattet.

Hiernach werden die Fristen für die Beförderung der Post zwischen den einzelnen Anlaufhäfen berechnet; die Zeitdauer der Reise wird dementsprechend unter Berücksichtigung des Aufenthalts in den Häfen ermittelt und durch den Fahrplan festgesetzt.

Die Fristen für die Beförderung der Post werden von dem Zeitpunkt ab, in welchem das letzte Poststück an Bord des Schiffes gelangt, bis dahin gerechnet, wo das erste Poststück von Bord an Land gebracht wird.

Neu erbaute Schiffe, welche nach dem 1. April 1893 in die Hauptlinien (A 1 und B) eingestellt werden, müssen die Fahrten auf den Strecken zwischen Suez einerseits und Schanghai bzw. Sydney andererseits mit einer Geschwindigkeit von wenigstens 13,5 Knoten ausführen.

Zu Artikel 7.

Die Bestimmung unter b erhält folgende Fassung:

für die Anschlußlinien nach Japan und Neu-Guinea je einen Dampfer und außerdem für beide Linien einen Reservedampfer, welchem auf Verlangen ein zweiter Reservedampfer hinzutreten wird.

Die unter c aufgeführte Verpflichtung bezüglich der Dampfer für die Mittelmeerlinie kommt in Wegfall.

Zu Artikel 9.

Dieser Artikel erhält folgende Fassung:

Der Bruttoraumgehalt der zur dauernden Verwendung auf den Linien bestimmten Dampfer soll wenigstens betragen:
4500 Registertonnen für die ostasiatische Hauptlinie (A 1),
3000 Registertonnen für die australische Hauptlinie (B),
1500 Registertonnen für die beiden ostasiatischen Anschlußlinien.

Zu Artikel 13.

Die im zweiten Satz des letzten Absatzes enthaltene Verpflichtung des 'Norddeutschen Lloyd' zur Unterhaltung kleinerer Dampfer in Suez und Alexandrien für die Überladung kommt in Wegfall.

Zu Artikel 20.

Zwischen dem ersten und zweiten Absatz ist folgender neuer Absatz einzuschalten:

Eine gleiche Tarifermäßigung für die Beförderung von Personen und Sachen ist denjenigen Vereinen zu gewähren, welche für Zwecke der Krankenpflege oder der Mission in den deutschen Schutzgebieten wirken und für welche der Reichskanzler diese Vergünstigung in Anspruch nimmt.

Zu Artikel 25.

A. Die Bestimmungen im ersten und zweiten Absatz werden durch die folgenden ersetzt:

Für die Erfüllung der übernommenen Verbindlichkeiten empfängt der 'Norddeutsche Lloyd' vom 10. April 1893 ab aus der Reichskasse eine Vergütung von jährlich 4 090 000 Mk., zahlbar in monatlichen Teilbeträgen am letzten Tage jedes Monats.

Diese Vergütung wird insoweit gekürzt, als die vertragsmäßig bedungenen Fahrten nicht zur Ausführung gekommen sind. Die Kürzung erfolgt – sei es, daß eine Fahrt ganz oder teilweise ausgefallen ist – in der Weise, daß für jede gegenüber dem Fahrplan zu wenig zurückgelegte Seemeile der Betrag von 5,55 Mk. von den nächst fälligen Monatsraten zur Reichskasse einbehalten wird. Für die Berechnung der Entfernungen sind die im Fahrplan enthaltenen Festsetzungen der Seemeilenzahl maßgebend.

B. Der letzte Absatz erhält folgende Fassung:

Wenn der Reichskanzler das Anlaufen noch anderer als der im Artikel 1 benannten Häfen anordnet, so soll, wenn die dadurch entstehende Verlängerung oder Verkürzung des Kurses (die Hin- und Rückreise zusammengenommen) gegenüber dem gemäß dem Nachtragsvertrage gültigen Fahrplan nicht mehr als 250 Seemeilen beträgt, eine Änderung in der Höhe der Vergütung nicht eintreten. Ergibt sich dagegen aus Kursänderungen der bezeichneten Art eine Verlängerung oder Verkürzung des Kurses (die Hin- und Rückreise zusammengenommen) um mehr als 250 Seemeilen gegenüber dem gemäß dem Nachtragsvertrage gültigen Fahrplan, so wird für jede im Vergleich zu letzterem mehr oder weniger zurückzulegende Seemeile die Vergütung um den Betrag von 5,55 Mk. erhöht bzw. gekürzt.

Urkundlich ist gegenwärtiger Nachtragsvertrag zweifach gleichlautend ausgefertigt und von beiden Teilen unterschrieben und untersiegelt worden.

So geschehen

Berlin, den fünfzehnten Mai Eintausendachthundertdreiundneunzig.	Bremen, den zehnten Mai Eintausendachthundertdreiundneunzig.
Der Reichskanzler: Graf v. Caprivi. (L. S.)	Norddeutscher Lloyd: Marquardt. Wiegand. (L. S.)"

Quelle: Neubaur, a. a. O., S. 211–214.

Vertrag über die Unterhaltung deutscher Postdampfschiffsverbindungen mit Ostasien und Australien.

„Zwischen dem Reichskanzler Fürsten zu Hohenlohe, handelnd im Namen des Reichs, einerseits, und dem 'Norddeutschen Lloyd' in Bremen, vertreten durch die Direktoren Dr. Wiegand und Bremermann, andererseits, ist heute nachstehender Vertrag abgeschlossen worden.

Artikel 1.

Der 'Norddeutsche Lloyd' in Bremen verpflichtet sich, in Fortsetzung und Erweiterung der bisher auf Grund des Vertrages vom 3./4. Juli 1885 nebst Nachtrag vom 10./15. Mai 1893 unterhaltenen Postdampfschiffsverbindungen mit Ostasien und Australien die nachbezeichneten Postdampfschiffslinien während des im Artikel 39 näher bestimmten fünfzehnjährigen Zeitraums zu unterhalten:

A. Für den Verkehr mit Ostasien:
1. eine Hauptlinie von Bremerhaven oder Hamburg nach China, und zwar über einen niederländischen oder belgischen Hafen, Genua, Neapel, Port Said, Suez, Aden, Colombo, Singapore, Hongkong nach Schanghai und zurück über dieselben Häfen;
2. eine Hauptlinie von Bremerhaven oder Hamburg nach Japan, und zwar über einen niederländischen oder belgischen Hafen, Genua, Neapel, Port Said, Suez, Aden, Colombo, Singapore, Hongkong nach Yokohama und zurück über Hiogo, Nagasaki, Hongkong und die übrigen auf der Hinfahrt angelaufenen Häfen;
3. eine Anschlußlinie an die Linie zu 2 von Hongkong nach Schanghai und zurück;
4. eine Anschlußlinie von Singapore nach dem deutschen Neu-Guinea-Schutzgebiet und zurück, und zwar über Batavia, sonstige Häfen des Sunda-Archipels, Berlinhafen, Friedrich-Wilhelmshafen, Stephansort, Finschhafen bzw. Langemak-Bucht, Herbertshöhe und Matupi, Stephansort, Friedrich-Wilhelmshafen, Berlinhafen und Häfen des Sunda-Archipels;

B. Für den Verkehr mit Australien:
eine Hauptlinie von Bremerhaven nach dem Festlande von Australien, und zwar über einen niederländischen oder belgischen Hafen, Genua, Neapel, Port Said, Suez, Aden, Colombo, Adelaide, Melbourne nach Sydney und zurück über dieselben Häfen.

Der Ausgangspunkt der Linien A 1 und 2 wird durch den Fahrplan in der Weise festgesetzt, daß die Dampfer abwechselnd von Bremerhaven und von Hamburg abfahren. Die Bestimmung des niederländischen und des belgischen Anlaufhafens sowie der anzulaufenden Häfen des Sunda-Archipels erfolgt durch den Reichskanzler.

Der Unternehmer ist verpflichtet, auf Verlangen und nach Bestimmung des Reichskanzlers ohne besondere Entschädigung die Dampfer der Hauptlinien (A 1, 2 und B) einen niederländischen und einen belgischen Hafen anlaufen zu lassen.

Der Unternehmer ist ferner verpflichtet, auf Verlangen des Reichskanzlers gegen eine nach den Grundsätzen des Artikels 35, letzter Absatz, zu berechnende Entschädigung die Fahrten der chinesischen Anschlußlinie (A 3) über den Endpunkt bis nach Kiautschou auszudehnen.

Auf Grund besonderer Vereinbarung können die Linien A 1 und 2 unter Wegfall der Linie A 3 über Schanghai nach Japan geleitet werden.

Artikel 2.

Auf den unter A 1, 2 und 3 sowie B genannten Linien sind die Fahrten in Zeitabständen von je vier Wochen in jeder Richtung, auf der Neu-Guinea-Linie (A 4) in Zeitabständen von je acht Wochen in jeder Richtung auszuführen.

Auf den Linien A1, 2 und 3 sind die Fahrten so zu legen, daß durch sie eine regelmäßige Verbindung mit China (Schanghai) in vierzehntägigen Zwischenräumen hergestellt wird.

Artikel 3.

Die Dampfer haben die Post an den fahrplanmäßig hierzu zu bestimmenden Häfen (Posthäfen) aufzunehmen und abzuliefern. In den europäischen Posthäfen müssen die Dampfer bei der Ausreise zu der fahrplanmäßig festgesetzten Stunde bereit liegen, um sogleich nach Empfang der Post die Fahrt antreten zu können. Die Abfahrt darf nicht früher erfolgen, als bis die Post an Bord ist.

Artikel 4.

Die Geschwindigkeit der Fahrten muß im Durchschnitt mindestens betragen:

	Für ältere Schiffe	Für die nach dem 1. April 1893 und vor dem 1. April 1899 gebauten und eingestellten Schiffe	Für neuerbaute nach dem 1. April 1899 eingestellte Schiffe
		Knoten	
a) Auf der chinesischen und der japanischen Hauptlinie (A 1 und 2) zwischen dem Abgangshafen und dem europäischen Posthafen	12	12	12
zwischen dem europäischen Posthafen und dem ostasiatischen Endpunkte	13	13,5	14
b) Auf der chinesischen Anschlußlinie (A 3)	12,6	12,6	12,6
c) Auf der Anschlußlinie nach Neu-Guinea (A 4)	9	9	9
d) Auf der australischen Linie (B) zwischen dem Abgangshafen und dem europäischen Posthafen, sowie zwischen dem letzten australischen Posthafen und dem australischen Endpunkte	12	12	12
zwischen dem europäischen und dem letzten australischen Posthafen	12,2	13,5	13,5

Bei Fahrten gegen den Monsun ist ein Abschlag von einem Knoten für die Stunde gestattet; für die Durchfahrt durch den Suezkanal wird eine den Verhältnissen entsprechende Zeit eingesetzt.

Hiernach wird die Zeitdauer der Reise unter Berücksichtigung des Aufenthalts in den Häfen ermittelt und durch den Fahrplan festgesetzt.

Artikel 5.

Der Unternehmer ist verpflichtet, auf Verlangen des Reichskanzlers innerhalb der Vertragsdauer auf den Hauptlinien für neu zu erbauende Schiffe eine Erhöhung der im Art. 4 angegebenen Fahrgeschwindigkeit eintreten zu lassen, soweit auf einer ausländischen Konkurrenzpostlinie eine Steigerung der vertragsmäßigen Fahrgeschwindigkeit erfolgt. Diese Erhöhung der Fahrgeschwindigkeit hat ohne besondere Gegenleistung des Reichs zu erfolgen, soweit der Unternehmer der ausländischen Postlinie die für seine Dampfer vorgeschriebene Fahrgeschwindigkeit ohne Erhöhung der vertragsmäßigen Gegenleistung steigert.

Artikel 6.

Auf Verlangen des Reichskanzlers müssen die für die chinesische und die japanische Hauptlinie neu zu erbauenden Schiffe mit solcher Maschinenkraft ausgestattet werden, daß sie imstande sind, in voll beladenem Zustand und bei einem Tiefgang von 7,6 m eine Durchschnittsgeschwindigkeit von 15 Knoten zu entwickeln.

Artikel 7.

Der Unternehmer hat den Fahrplan aufzustellen und dem Reichskanzler zur Genehmigung und endgültigen Feststellung zu unterbreiten. Der Entwurf des Fahrplans muß mindestens drei Monate vor dem Zeitpunkt der Einführung eingereicht, die Genehmigung zu Fahrplanänderungen mindestens zwei Monate vor dem Zeitpunkt, zu welchem sie eintreten sollen, eingeholt werden.

Der Reichskanzler ist berechtigt, zu jeder Zeit unter den im Art. 35, letzter Absatz, festgesetzten Bedingungen eine Änderung des bestehenden Fahrplans sowie das Anlaufen noch anderer als der im Art. 1 benannten Häfen anzuordnen. Für diejenigen Fälle, in denen es sich um eine Änderung in der Fahrgeschwindigkeit oder in der Anzahl der Fahrten handelt, finden die Bestimmungen der Art. 5 und 41 Anwendung. Die angeordnete Änderung ist dem Unternehmer mindestens drei Monate vor dem Zeitpunkte, zu welchem sie in Kraft treten soll, schriftlich mitzuteilen.

Artikel 8.

Andere als die fahrplanmäßigen Häfen dürfen, vorbehaltlich besonderer Genehmigung des Reichskanzlers im Einzelfalle, von den Dampfern nicht angelaufen werden. Sind letztere infolge schlechten Wetters oder eines anderen Umstandes, welcher bei Anwendung der gehörigen Sorgfalt zu vermeiden war, gezwungen, dem Fahrplan zuwider einen Nothafen anzulaufen, so ist die gesetzlich vorgeschriebene Verklarung, falls sie im Auslande zu bewirken ist, wenn tunlich vor dem deutschen Konsul abzulegen. Kann ein genügender Entschuldigungsgrund für das fahrplanwidrige Anlegen in glaubhafter Weise, insbesondere durch die abgelegte Verklarung und durch den Inhalt des Schiffstagebuchs, nicht nachgewiesen werden, so ist für das erste Anlegen eine Strafe von 1000 (eintausend) Mk. und für das zweite Anlegen auf derselben Fahrt eine solche von 2000 (zweitausend) Mk. verwirkt; bei einer drittmaligen und jeder ferneren Zuwiderhandlung auf ein und derselben Fahrt liegt es in der Befugnis des Reichskanzlers, eine Strafe in Höhe von 2000 bis 5000 (fünftausend) Mk. einschließlich festzusetzen.

Die vorstehenden Bestimmungen finden sinngemäße Anwendung auf diejenigen Fälle, in welchen fahrplanmäßige Häfen nicht angelaufen werden.

Artikel 9.

Jede Verspätung in der Abgangs- oder der Ankunftszeit an den Anfangs- und Endpunkten der Haupt- und Anschlußlinien wird, sofern sie nicht erwiesenermaßen durch einen Umstand, welcher bei Anwendung der gehörigen Sorgfalt nicht zu vermeiden war oder durch verspätete Zuführung der Post verursacht ist, mit einer Strafe von 50 (fünfzig) Mark für die Stunde belegt. Bei einer nicht gerechtfertigten Verspätung von über 12 (zwölf) hintereinander folgenden Stunden erhöht sich die Strafe von der dreizehnten Stunde ab auf das Doppelte.

Diese Strafbeträge können verdoppelt werden, wenn eine derartige Verzögerung in der Abfahrt durch Verladung von Gütern herbeigeführt worden ist.

Der Reichskanzler ist berechtigt, Strafen bis zu gleicher Höhe auch für Verspätungen der Abfahrt an den Zwischenhäfen festzusetzen.

Die in diesem und dem vorhergehenden Artikel vorgesehenen Strafen sollen in keinem Falle die Höhe der Vergütung übersteigen, welche auf die betreffende Fahrt bei Zugrundelegung des im Artikel 35 bestimmten Satzes für die Seemeile entfallen würde.

Zur Prüfung der planmäßigen Ausführung der Fahrten ist nach dem jedesmaligen Wiedereintreffen eines Dampfers am Anfangspunkte des Kurses ein alle erforderlichen Angaben enthaltender beglaubigter Auszug aus dem Schiffstagebuch an den Reichskanzler einzureichen. Letzterer ist berechtigt, die bezeichnete Prüfung auch in anderer Weise ausüben zu lassen. Sollte aus dem Umstande, daß die Dampfer nicht zur fahrplanmäßigen Zeit abgehen, die Notwendigkeit eintreten, die Post auf einem anderen Wege zu befördern, so hat der Unternehmer in allen Fällen die baren Auslagen zu ersetzen, welche durch diese Beförderung entstehen.

Artikel 10.

Der Unternehmer hat zur Ausführung der im Artikel 1 bezeichneten Fahrten Dampfer in einer den Anforderungen des Reichskanzlers genügenden Zahl einzustellen und zu unterhalten.

Von diesen Dampfern sind neu zu erbauen und in die chinesische oder die japanische Hauptlinie spätestens einzustellen:

1 Dampfer am 1. Oktober 1899,
1   "   " 1. Januar 1900,
1   "   " 1. September 1900,
1   "   " 1. November 1900.

Die in die Fahrt einzustellenden Dampfer dürfen ohne Genehmigung des Reichskanzlers zu Fahrten auf anderen als den im Vertrage bezeichneten Linien nicht verwendet werden.

Artikel 11.

Der Bruttoraumgehalt der neu einzustellenden Dampfer, soweit sie zur dauernden Verwendung auf den Linien bestimmt sind, soll wenigstens betragen:

6000 Registertonnen für die chinesische und die japanische
    Hauptlinie,
5300 Registertonnen für die australische Hauptlinie,
2200 Registertonnen für die Anschlußlinien.

Artikel 12.

Sämtliche in die Linien einzustellenden Dampfer dürfen in ihrer Bauart und Einrichtung, namentlich in bezug auf Sicherheit, Bequemlichkeit und Komfort für die Reisenden, sowie hinsichtlich der Verpflegung den auf denselben Linien laufenden Postdampfern anderer Nationen nicht nachstehen und müssen insbesondere den nachstehenden Anforderungen entsprechen.

Die Dampfer sollen, abgesehen von den für die Schiffsbesatzung und den zur Aufnahme der Post und deren etwaigen Begleiter bestimmten Räumlichkeiten, Einrichtungen zur Beförderung von Reisenden dreier verschiedener Klassen haben. Die Räume müssen mit allen für die Reisenden notwendigen Gegenständen ausgerüstet sein. In den Räumlichkeiten der dritten Klasse sind Schlafeinrichtungen, bestehend aus Matratze und Kopfkissen, in genügender Anzahl herzurichten. Für einzeln reisende Personen weiblichen Geschlechts sind besondere Abteilungen herzurichten, welche verschließbar sein müssen.

An Bord der Dampfer der Hauptlinien soll sich ein in Deutschland approbierter Arzt befinden.

Hinsichtlich der Einteilung des Schiffsraumes in wasserdichte Abteilungen, der Ausrüstung mit Böten, Rettungsgeräten und Sicherheitsrollen, der Feuerlöscheinrichtungen, der Einrichtung zur Herstellung von Frischwasser, der Ausstattung mit Arzneimitteln müssen die Dampfer den Vorschriften des Bundesrats über Auswandererschiffe, und zwar bezüglich der Schotteinteilung den Vorschriften für Schnelldampfer entsprechen. Soweit danach bezüglich der Prüfung der Schotteinteilung der Seeberufsgenossenschaft oder deren Organen Befugnisse vorbehalten

Bestellkarte

Bitte senden Sie sofort bzw. nach Erscheinen ☐ per Abbuchung* ☐ gegen Rechnung
☐ Scheck liegt bei, aus der VERLAGSGRUPPE KOEHLER/MITTLER, Postfach 2352, 32045 Herford
☐ (Bitte Wunschtitel ankreuzen und Anzahl nennen).

Christine Reinke-Kunze

Hamburger Hafenschiffe

Die vielseitige Geschichte der Hamburger Hafenschiffe – eine Kombination aus dem Schiffahrts-, Verkehrs-, Technik- und Wirtschaftsgeschehen – ist hier nachgezeichnet.
156 S., 21 x 20 cm, 32 Farb- und 82 s/w-Abbildungen, 50 Schiffsrisse, gebunden.

☐ ...... x Best.-Nr. 4641   DM 39,80

Hans Georg Prager

F. Laeisz

Vom Frachtsegler zum Bulk Carrier
Das Buch ist nicht nur ein Bericht über die faszinierende Geschichte der Schiffe und Marine der weltbekannten »Flying-P-Line«, es macht auch deutlich, was hierzulande aus dem »Selfmademan« Ferdinand Laeisz geworden ist.
3., überarbeitete und erweiterte Auflage.
208 S., 21 x 27 cm, 21 s/w- und 18 Farb-Abb., 68 Skizzen, geb., mit Schutzumschl.

☐ ...... x Best.-Nr. 6171   DM 58,00

Otto J. Seiler

Südamerikafahrt

Deutsche Linienschiffahrt nach den Ländern Lateinamerikas, der Karibik und der Westküste Nordamerikas im Wandel der Zeiten.
Das Buch besticht nicht nur durch die Fülle seines erstklassigen, überwiegend farbigen Bildmaterials, sondern auch durch die inhaltliche Spannweite des gebotenen Stoffes.
2. Aufl., 265 S., 21 x 30 cm, 88 s/w und 134 Farb-Abb., Quellenverzeichnis sowie alphabetische Sach-, Namens- und Schiffsverzeichnisse, geb., mit Schutzumschlag.

☐ ...... x Best.-Nr. 4154   DM 68,00

Otto J. Seiler

Nordamerikafahrt

Linienschiffahrt der HAPAG LLOYD AG im Wandel der Zeiten
Die faszinierende Geschichte eines der wichtigsten Fahrtgebiete bietet zahlreiche bisher unbekannte Fotos und Berichte von der »Brücke über den Atlantik«, die bis heute die Schlagader des Warenverkehrs zwischen Europa und Amerika darstellt.
82 S., 21 x 30 cm, 70 s/w- und 35 Farb-Abb., gebunden, mit Schutzumschlag.

☐ ...... x Best.-Nr. 3344   DM 49,80

Otto J. Seiler

Australienfahrt

Linienschiffahrt der HAPAG LLOYD AG im Wandel der Zeiten
Die bahnbrechende Pionierarbeit der Liniendienste deutscher Australienfahrt wird eindrucksvoll erzählt. Das Buch dokumentiert auch das Leistungsvermögen einer großen Reederei und ist zu den 200-Jahr-Feiern zur Entdeckung des fünften Kontinents erschienen.
112 S., 21 x 30 cm, 91 s/w- und 42 Farb-Abbildungen, gebunden, mit Schutzumschlag.

☐ ...... x Best.-Nr. 2704   DM 68,00

Otto J. Seiler

Ostasienfahrt

Linienschiffahrt der HAPAG LLOYD AG im Wandel der Zeiten
Vergangenheit und Zukunft der pionierhaften Erschließung der Seewege von Europa nach Ost- und Südostasien stehen im Mittelpunkt dieses Bandes, der den Zauber des Seehandels mit exotischen Regionen beeindruckend darstellt und auch Einblicke in die Kulturgeschichte bietet.
145 S., 21 x 30 cm, 114 s/w- und 51 Farb-Abbildungen, geb., mit Schutzumschlag.

☐ ...... x Best.-Nr. 2714   DM 68,00

---

reisänderungen vorbehalten. Lieferung zuzüglich Versandkosten.   Stand 7/94

✂ -

Bestellkarte

Bitte senden Sie sofort bzw. nach Erscheinen ☐ per Abbuchung* ☐ gegen Rechnung
☐ Scheck liegt bei, aus der VERLAGSGRUPPE KOEHLER/MITTLER, Postfach 2352, 32045 Herford
☐ (Bitte Wunschtitel ankreuzen und Anzahl nennen).

Günter Lanitzki

Die VASA – Schiff der Könige

Lanitzki beschreibt nicht nur Geschichte und Ausstattung der »VASA«, sondern auch die aufwendigen Restaurierungs- und Konservierungsarbeiten, die zum Erhalt dieses einmaligen Schiffbaumonuments nötig waren.
92 Seiten, 16 x 24 cm, 70 s/w-Abbildungen, gebunden, mit Schutzumschlag.

☐ ...... x Best.-Nr. 5591   DM 34,00

Kurt Gerdau

»Hamburg« am Bug

Kapitän Kurt Gerdau erzählt in diesem hervorragend illustrierten Band Geschichte und Geschichten von Schiffen, von Menschen und von der See. Fast 300 Jahre Hamburger Schiffahrtsgeschichte sind in diesem schönen Buch zusammengefaßt, das eine der schönsten Seiten der alten Hansestadt präsentiert.
136 Seiten, 21 x 27 cm, 100 s/w- und 23 Farb-Abb., geb., mit Schutzumschlag.

☐ ...... x Best.-Nr. 5901   DM 58,00

Arnold Kludas

Die Seeschiffe des Norddeutschen Lloyd 1857-1919   Band I

Mit diesem Buch liegt zum ersten Mal ein umfassendes illustriertes Datenzentrum über den Schiffspark des Norddeutschen Lloyd vor, das eine große Lücke in der Literatur über die Geschichte der bremischen Schiffahrt schließt.
166 S., 21 x 27 cm, 260 s/w- u. 18 Farb-Abb., Schiffsnamenreg., geb., Schutzumschlag.

☐ ...... x Best.-Nr. 5241   DM 58,00

Arnold Kludas

Die Seeschiffe des Norddeutschen Lloyd 1920-1970   Band 2

Mit diesem zweiten Band ist das Standardwerk nun vollständig. Damit steht den Schiffahrtsfreunden und Historikern endlich jenes einzigartige, anspruchsvolle Kompendium zur Verfügung, auf das viele Leser jahrzehntelang gewartet haben.
168 S., 21 x 27 cm, 291 s/w- u. 14 Farb-Abb., Schiffsnamenreg., geb., Schutzumschlag.

☐ ...... x Best.-Nr. 5341   DM 58,00

Arnold Kludas

Die großen Passagierschiffe der Welt

Dieses Buch hat sich zum zuverlässigen Nachschlagewerk über die internationalen Passagierschiffe entwickelt.
3., ergänzte und völlig neu bearbeitete Auflage, 185 Seiten, 21 x 27 cm, über 200 aktuelle Abbildungen, gebunden, mit Schutzumschlag.

☐ ...... x Best.-Nr. 5081   DM 58,00

Arnold Kludas

Schnelldampfer »Bremen« und »Europa«

Höhepunkt u. Ausklang einer Epoche
Mit diesen Schnelldampfern begann Ende der 20er Jahre eine neue Ära im internationalen Wettbewerb der großen Passagier-Reedereien. Mit seiner detaillierten Schilderung gelingt dem Autor ein facettenreiches Porträt einer bedeutenden Epoche des Atlantik-Verkehrs.
198 S., 21 x 27 cm, 358 s/w- u. 32 Farb-Abb., 1 Klapptafel, geb., mit Schutzumschlag.

☐ ...... x Best.-Nr. 5661   DM 78,00

---

reisänderungen vorbehalten. Lieferung zuzüglich Versandkosten.   Stand 7/94

Giancarlo Schiavoni

Unter Segeln

Die großen Windjammer auf den Weltmeeren
Dieses Buch ist nicht nur etwas für Liebhaber des
Segelsports, sondern für all diejenigen, die schon
einmal davon geträumt haben »Unter Segeln« un-
bekannte Horizonte zu entdecken.

Aus dem Englischen übersetzt von Paola Bartolini
224 Seiten, 22,5 x 29 cm, 43 s/w- und 260 Farbabbildungen, gebunden, mit Schutzumschlag.

☐ ...... x Best.-Nr. 6051 **DM 98,00**

☐ *Bitte Rechnungsbetrag abbuchen von:

Konto-Nr. _____

bei (Geldinstitut) _____

BLZ _____

Meine Kunden-Nr. ⬚⬚⬚⬚⬚⬚⬚⬚

Vor- und Zuname des Bestellers

Straße
| | | | | | |

Postleitzahl und Wohnort

Datum und Unterschrift

ANTWORT

0,80
Porto

Bitte richten Sie Ihre Bestellung an Ihre Buchhandlung oder
an die Verlagsgruppe KOEHLER/MITTLER
Postfach 2352, 32045 Herford, Telefon (0 52 21) 59 91-42
Fax (0 52 21) 59 91-49

Hans-Hermann Buchholz

»Island Queen«

In der Karibik verschollen
Dieses Buch ist eine fesselnde Abenteuerstory
erster Güte, welches gekonnt wahre Begebenhei-
ten, wie das Verschwinden der »Island Queen«,
mit fiktiven Spannungselementen mischt. Die
exotischen Schauplätze tun ein Übriges, um den
Leser in den Bann zu ziehen.

224 Seiten, 16 x 24 cm, 25 s/w-Abbildungen, gebunden, mit Schutzumschlag.

☐ ...... x Best.-Nr. 6131 **DM 39,80**
☐ *Bitte Rechnungsbetrag abbuchen von:

Konto-Nr. _____

bei (Geldinstitut) _____

BLZ _____

Meine Kunden-Nr. ⬚⬚⬚⬚⬚⬚⬚⬚

Vor- und Zuname des Bestellers

Straße
| | | | | | |

Postleitzahl und Wohnort

Datum und Unterschrift

ANTWORT

0,80
Porto

Bitte richten Sie Ihre Bestellung an Ihre Buchhandlung oder
an die Verlagsgruppe KOEHLER/MITTLER
Postfach 2352, 32045 Herford, Telefon (0 52 21) 59 91-42
Fax (0 52 21) 59 91-49

Bestellkarte

Christine Reinke-Kunze

Hamburger Hafenschiffe

Die vielseitige Geschichte der Hamburger Hafenschiffe – eine Kombination aus dem Schiffahrts-, Verkehrs-, Technik- und Wirtschaftsgeschehen – ist hier nachgezeichnet.

156 S., 21 x 20 cm, 32 Farb- und 82 s/w-Abbildungen, 50 Schiffsrisse, gebunden.

☐ ...... x Best.-Nr. 4641   DM 39,80

Hans Georg Prager

F. Laeisz

Vom Frachtsegler zum Bulk Carrier
Das Buch ist nicht nur ein Bericht über die faszinierende Geschichte der Schiffe und Marine der weltbekannten »Flying-P-Line«, es macht auch deutlich, was hierzulande aus dem »Selfmademan« Ferdinand Laeisz geworden ist.
3., überarbeitete und erweiterte Auflage. 208 S., 21 x 27 cm, 21 s/w- und 18 Farb-Abb., 68 Skizzen, geb., mit Schutzumschl.

☐ ...... x Best.-Nr. 6171   DM 58,00

Otto J. Seiler

Südamerikafahrt

Deutsche Linienschiffahrt nach den Ländern Lateinamerikas, der Karibik und der Westküste Nordamerikas im Wandel der Zeiten.
Das Buch besticht nicht nur durch die Fülle seines erstklassigen, überwiegend farbigen Bildmaterials, sondern auch durch die inhaltliche Spannweite des gebotenen Stoffes.
2. Aufl., 265 S., 21 x 30 cm, 88 s/w und 134 Farb-Abb., Quellenverzeichnis sowie alphabetische Sach-, Namens- und Schiffsverzeichnisse, geb., mit Schutzumschlag.

☐ ...... x Best.-Nr. 4154   DM 68,00

Otto J. Seiler

Nordamerikafahrt

Linienschiffahrt der HAPAG LLOYD AG im Wandel der Zeiten
Die faszinierende Geschichte eines der wichtigsten Fahrtgebiete bietet zahlreiche bisher unbekannte Fotos und Berichte von der »Brücke über den Atlantik«, die bis heute die Schlagader des Warenverkehrs zwischen Europa und Amerika darstellt.
82 S., 21 x 30 cm, 70 s/w- und 35 Farb-Abb., gebunden, mit Schutzumschlag.

☐ ...... x Best.-Nr. 3344   DM 49,80

Otto J. Seiler

Australienfahrt

Linienschiffahrt der HAPAG LLOYD AG im Wandel der Zeiten
Die bahnbrechende Pionierarbeit der Liniendienste deutscher Australienfahrt wird eindrucksvoll erzählt. Das Buch dokumentiert auch das Leistungsvermögen einer großen Reederei und ist zu den 200-Jahr-Feiern zur Entdeckung des fünften Kontinents erschienen.
112 S., 21 x 30 cm, 91 s/w- und 42 Farb-Abbildungen, gebunden, mit Schutzumschlag.

☐ ...... x Best.-Nr. 2704   DM 68,00

Otto J. Seiler

Ostasienfahrt

Linienschiffahrt der HAPAG LLOYD AG im Wandel der Zeiten
Vergangenheit und Zukunft der pionierhaften Erschließung der Seewege von Europa nach Ost- und Südostasien stehen im Mittelpunkt dieses Bandes und vom Zauber des Seehandels mit exotischen Regionen beeindruckend darstellt und auch Einblicke in die Kulturgeschichte bietet.
145 S., 21 x 30 cm, 114 s/w- und 51 Farb-Abbildungen, geb., mit Schutzumschlag.

☐ ...... x Best.-Nr. 2714   DM 68,00

- ✂

Bestellkarte

Günter Lanitzki

Die VASA – Schiff der Könige

Lanitzki beschreibt nicht nur Geschichte und Ausstattung der »VASA«, sondern auch die aufwendigen Restaurierungs- und Konservierungsarbeiten, die zum Erhalt dieses einmaligen Schiffbaumonuments nötig waren.

92 Seiten, 16 x 24 cm, 70 s/w-Abbildungen, gebunden, mit Schutzumschlag.

☐ ...... x Best.-Nr. 5591   DM 34,00

Kurt Gerdau

»Hamburg« am Bug

Kapitän Kurt Gerdau erzählt in diesem hervorragend illustrierten Band Geschichte und Geschichten von Schiffen, von Menschen und von der See. Fast 300 Jahre Hamburger Schiffahrtsgeschichte sind in diesem schönen Buch zusammengefaßt, das eine der schönsten Seiten der alten Hansestadt präsentiert.
136 Seiten, 21 x 27 cm, 100 s/w- und 23 Farb-Abb., geb., mit Schutzumschlag.

☐ ...... x Best.-Nr. 5901   DM 58,00

Arnold Kludas

Die Seeschiffe des Norddeutschen Lloyd 1857-1919   Band I

Mit diesem Buch liegt zum ersten Mal ein umfassendes illustriertes Datenzentrum über den Schiffspark des Norddeutschen Lloyd vor, das eine große Lücke in der Literatur über die Geschichte der bremischen Schiffahrt schließt.
166 S., 21 x 27 cm, 260 s/w- u. 18 Farb-Abb., Schiffsnamenreg., geb., Schutzumschlag.

☐ ...... x Best.-Nr. 5241   DM 58,00

Arnold Kludas

Die Seeschiffe des Norddeutschen Lloyd 1920-1970   Band 2

Mit diesem zweiten Band ist das Standardwerk nun vollständig. Damit steht den Schiffahrtsfreunden und Historikern endlich jenes einzigartige, anspruchsvolle Kompendium zur Verfügung, auf das viele Leser jahrzehntelang gewartet haben.
168 S., 21 x 27 cm, 291 s/w- u. 14 Farb-Abb., geb., Schiffsnamenreg., geb., Schutzumschlag.

☐ ...... x Best.-Nr. 5341   DM 58,00

Arnold Kludas

Die großen Passagierschiffe der Welt

Dieses Buch hat sich zum zuverlässigen Nachschlagewerk über die internationalen Passagierschiffe entwickelt.
3., ergänzte und völlig neu bearbeitete Auflage, 185 Seiten, 21 x 27 cm, über 200 aktuelle Abbildungen, gebunden, mit Schutzumschlag.

☐ ...... x Best.-Nr. 5081   DM 58,00

Arnold Kludas

Schnelldampfer »Bremen« und »Europa«

Höhepunkt u. Ausklang einer Epoche
Mit diesen Schnelldampfern begann Ende der 20er Jahre eine neue Ära im internationalen Wettbewerb der großen Passagier-Reedereien. Mit seiner detaillierten Schilderung gelingt dem Autor ein facettenreiches Porträt einer bedeutenden Epoche des Atlantik-Verkehrs.
198 S., 21 x 27 cm, 358 s/w-Abb., 32 Farb-Abb., 1 Klapptafel, geb., mit Schutzumschlag.

☐ ...... x Best.-Nr. 5661   DM 78,00

Giancarlo Schiavoni

Unter Segeln

Die großen Windjammer auf den Weltmeeren
Dieses Buch ist nicht nur etwas für Liebhaber des
Segelsports, sondern für all diejenigen, die schon
einmal davon geträumt haben »Unter Segeln« un-
bekannte Horizonte zu entdecken.

Aus dem Englischen übersetzt von Paola Bartolini
224 Seiten, 22,5 x 29 cm, 43 s/w- und 260 Farbabbildungen, gebunden, mit Schutzumschlag.

☐ ...... x Best.-Nr. 6051 **DM 98,00**

☐ *Bitte Rechnungsbetrag abbuchen von:

Konto-Nr. _____

bei (Geldinstitut) _____

BLZ _____

Meine Kunden-Nr. ☐☐☐☐☐☐☐

_____
Vor- und Zuname des Bestellers

_____
Straße

☐☐☐☐☐☐
_____
Postleitzahl und Wohnort

_____
Datum und Unterschrift

ANTWORT

0,80
Porto

Bitte richten Sie Ihre Bestellung an Ihre Buchhandlung oder
an die Verlagsgruppe KOEHLER/MITTLER
Postfach 2352, 32045 Herford, Telefon (0 52 21) 59 91-42
Fax (0 52 21) 59 91-49

Hans-Hermann Buchholz

»Island Queen«

In der Karibik verschollen
Dieses Buch ist eine fesselnde Abenteuerstory
erster Güte, welches gekonnt wahre Begebenhei-
ten, wie das Verschwinden der »Island Queen«,
mit fiktiven Spannungselementen mischt. Die
exotischen Schauplätze tun ein Übriges, um den
Leser in den Bann zu ziehen.

224 Seiten, 16 x 24 cm, 25 s/w-Abbildungen, gebunden, mit Schutzumschlag.

☐ ...... x Best.-Nr. 6131 **DM 39,80**

☐ *Bitte Rechnungsbetrag abbuchen von:

Konto-Nr. _____

bei (Geldinstitut) _____

BLZ _____

Meine Kunden-Nr. ☐☐☐☐☐☐☐

_____
Vor- und Zuname des Bestellers

_____
Straße

☐☐☐☐☐☐
_____
Postleitzahl und Wohnort

_____
Datum und Unterschrift

ANTWORT

0,80
Porto

Bitte richten Sie Ihre Bestellung an Ihre Buchhandlung oder
an die Verlagsgruppe KOEHLER/MITTLER
Postfach 2352, 32045 Herford, Telefon (0 52 21) 59 91-42
Fax (0 52 21) 59 91-49

sind, stehen dieselben für die Reichspostdampfer dem Reichskanzler zu.
Der Reichskanzler ist befugt, in allen Fällen die Vorlage von Schwimm-fähigkeitsberechnungen zu verlangen.
Die Dampfer müssen die von der Marineverwaltung als erforderlich bezeichneten Schiffspläne an Bord führen.
Rücksichtlich der Anschlußlinien bleibt dem Reichskanzler die Befugnis zur Ermäßigung der in diesem Artikel gestellten Anforderungen vorbehalten.

Artikel 13.

In die Linien einzustellende neue Dampfer müssen auf deutschen Werften und tunlichst unter Verwendung deutschen Materials gebaut werden. Hinsichtlich des Baues und der Verwendbarkeit im Kriege müssen sie den dem Unternehmer im einzelnen bekanntgegebenen Anforderungen der Reichsmarineverwaltung entsprechen, welche auch bei Umbauten, soweit möglich, zu berücksichtigen sind.
Die Pläne für den Bau unterliegen der Genehmigung des Reichskanzlers und sind in drei Exemplaren einzureichen.
Die Schiffe sind zur höchsten Klasse beim Germanischen Lloyd zu klassifizieren. Die an den Dampfern vorzunehmenden größeren Instandsetzungen müssen, soweit tunlich, ebenfalls auf deutschen Werften zur Ausführung gelangen.

Artikel 14.

Der Kohlenbedarf für die in die Linien einzustellenden Dampfer ist, soweit die Einnahme desselben in deutschen Häfen oder in dem nach Artikel 1 anzulaufenden niederländischen oder belgischen Hafen erfolgt, ausschließlich durch deutsches Erzeugnis zu decken. Abweichungen hiervon sind nur mit Genehmigung des Reichskanzlers zulässig. In denselben Häfen ist der Proviant tunlichst aus deutschen Quellen zu beziehen.

Artikel 15.

Alle in die Fahrt einzustellenden Dampfer müssen vorher durch Sachverständige, welche der Reichskanzler ernennt, geprüft und als den Anforderungen genügend anerkannt sein.
Der Reichskanzler ist berechtigt, diese Prüfung während der Vertragsdauer jederzeit wiederholen zu lassen und auf Grund des Ergebnisses der Prüfung ein Schiff für ungeeignet zu erklären. In letzterem Falle ist der Unternehmer verpflichtet, binnen der ihm gestellten Frist das betreffende Schiff zurückzuziehen und für einen geeigneten Ersatz nach Maßgabe der im Artikel 16 getroffenen Festsetzungen zu sorgen. Kommt der Unternehmer dieser Verpflichtung nicht nach, so hat derselbe für jeden Tag der verspäteten Einstellung eines geeigneten Schiffes eine Strafe von 400 (vierhundert) Mk. zu zahlen.
Die in Deutschland und den betreffenden ausländischen Häfen geltenden gesetzlichen Bestimmungen über die amtlichen Besichtigungen usw. der zur Personenbeförderung dienenden Dampfschiffe, hat der Unternehmer unter eigener Verantwortlichkeit und auf seine Kosten zu erfüllen.

Artikel 16.

Im Falle ein auf den Vertragslinien verwendetes Schiff in Verlust gerät, hat der Unternehmer einen neuen Dampfer zu beschaffen und bis zu dessen Fertigstellung für den ungestörten Fortgang des Dienstes Sorge zu tragen. Vorübergehend können in solchem Falle sowie bis zur Fertigstellung der nach Artikel 10 neu zu erbauenden Schiffe an Stelle der letzteren mit Genehmigung des Reichskanzlers auch Schiffe eingestellt werden, welche nicht allen vertragsmäßigen Bedingungen entsprechen. Zum Ersatz eines in Verlust geratenen Schiffes durch einen allen Bedingungen Genüge leistenden neuen Dampfer wird eine Frist von zwanzig Monaten gewährt. Erfolgt der Ersatz in dieser Zeit nicht, so hat der Unternehmer eine Strafe von 400 (vierhundert) Mk. für jeden Tag der verspäteten Einstellung des Schiffes zu zahlen.

Artikel 17.

Im Falle einer teilweisen oder vollständigen Mobilmachung der Marine steht es dem Reichskanzler frei, die auf den Linien verwendeten Dampfer gegen Erstattung des vollen Wertes anzukaufen oder gegen Vergütung sonst in Anspruch zu nehmen. Die Ermittlung des Wertes bzw. die Feststellung der Vergütung erfolgt in Gemäßheit der Bestimmungen im § 24 (bzw. § 23) des Gesetzes über die Kriegsleistungen vom 13. Juni 1873.
Ein Verkauf oder eine mietsweise Überlassung der Dampfer an eine fremde Macht darf ohne Genehmigung des Reichskanzlers nicht stattfinden.

Artikel 18.

Die Dampfer führen die deutsche Postflagge nach Maßgabe der für die Führung derselben durch derartige Schiffe bestehenden allerhöchsten Bestimmungen und befördern die Post nebst den etwaigen Begleitern ohne besondere Bezahlung. Letztere sind auch unentgeltlich zu verpflegen, und zwar Beamte wie Reisende erster Klasse und Unterbeamte wie Reisende zweiter Klasse. Jedem Postbegleiter ist ein besonderes Zimmer in angemessener Ausstattung zur Benutzung zu überweisen.
Unter Post sind alle Briefbeutel, Zeitungssäcke, Wertsendungen und Postpakete zu verstehen, welche den Dampfern von der deutschen Reichspostverwaltung oder von den in Betracht kommenden ausländischen Postverwaltungen zur Beförderung übergeben werden.
Alle aus dem Postbeförderungsdienste herrührenden Einnahmen bezieht das Reich.
Werden die Dampfer von Postbeamten nicht begleitet, so ist die Post seitens des Schiffsführers am Anfangspunkte der Fahrt und an den Unterwegsorten gegen Quittung zu übernehmen und in einem eigens zu diesem Zwecke hergerichteten, gegen Nässe, Feuersgefahr und sonstige Beschädigung geschützten und gehörig gesicherten Raume während der Fahrt unter Verschluß aufzubewahren. Ingleichen hat der Schiffsführer in dem bezeichneten Falle die Verpflichtung, die übernommenen Postsachen an den betreffenden Unterwegsorten bzw. am Endpunkte der Fahrt an die zur Empfangnahme derselben berechtigten Personen abzuliefern.
Die Übernahme und die Ablieferung der Postsachen hat unter Beachtung der in dieser Beziehung von der Reichspostverwaltung erteilten Vorschriften zu erfolgen. Findet eine Begleitung der Post durch Postbeamte statt, so ist den Beamten außer dem erwähnten Aufbewahrungsraum ein geeigneter, den Anforderungen der Reichspostverwaltung entsprechender heller Raum zur Bearbeitung der Post während der Fahrt postdienstmäßig einzurichten und zur Verfügung zu stellen; die Erleuchtung, Heizung und Reinigung dieses Raumes hat der Unternehmer auf seine Kosten bewirken zu lassen. Die Übernahme und Ablieferung der Postsachen liegt in diesem Falle den Postbeamten ob. Jedoch ist der Unternehmer verpflichtet, auf Verlangen der Postbeamten die zur Beförderung der Postsäcke zwischen dem Postdienstraum und dem Aufbewahrungsraum usw. erforderliche Hilfe durch die Schiffsmannschaft zu gewähren.
Wenn der Postbeamte während der Fahrt aus irgendeinem Grunde verhindert werden sollte, seinen Dienst weiter fortzusetzen, so hat der Unternehmer die volle Verantwortlichkeit für die Postladung zu übernehmen und den Postdienst bis auf weiteres nach Maßgabe der für derartige Fälle von der Reichspostverwaltung erteilten besonderen Vorschriften besorgen zu lassen.

Auf jedem Schiff muß auf Kosten des Unternehmers mindestens ein verschließbarer Briefkasten angebracht werden. Sofern eine Begleitung der Dampfer durch Postbeamte nicht stattfindet, hat der Schiffsführer durch einen von ihm zu bestimmenden Schiffsoffizier den Briefkasten rechtzeitig leeren und die darin vorgefundenen Sendungen nach Maßgabe der von der Reichspostverwaltung gegebenen bezüglichen Bestimmungen behandeln zu lassen.

Die Einschiffung und Ladung der Post hat in allen Häfen auf Gefahr und Kosten des Unternehmers zu erfolgen.

Die Ladung der Post hat sofort nach dem Eintreffen der Dampfer in dem betreffenden Hafenorte bzw. auf der zugehörigen Reede zu geschehen. Wenn der Dampfer durch Postbeamte begleitet wird, so ist der erste Beamte in jedem Hafen oder Platze, wo Posten abzuliefern oder einzunehmen sind, sobald und so oft er es im dienstlichen Interesse für notwendig hält, ans Land zu befördern und von dort aus an das Schiff zurückzubringen, entweder gleichzeitig mit der Post oder, wenn der Beamte dies für zweckmäßig halten sollte, ohne die Post, und zwar in einem angemessenen, seetüchtigen, mit gehöriger Mannschaft und Ausrüstung versehenen Boote.

Artikel 19.

Der Unternehmer darf mit den Dampfern keine anderen Briefe oder sonstigen postzwangspflichtigen Gegenstände befördern lassen als solche, welche ihm entweder von den Postbehörden überwiesen oder die mittels der im vorhergehenden Artikel erwähnten Briefkasten eingeliefert worden sind.

Der Unternehmer ist auch dafür verantwortlich, daß weder von den Schiffsführern, noch von der übrigen Schiffsmannschaft Briefe und sonstige postzwangspflichtige Gegenstände mitgenommen werden. Für jede Zuwiderhandlung hat der Unternehmer den Betrag des hinterzogenen Portos und außerdem nach näherer Festsetzung der Reichspostverwaltung eine Strafe bis zu 50 Mk. zu entrichten.

Dem Unternehmer bleibt es jedoch gestattet, mit seinen Agenten und Beauftragten im Auslande mittels der Schiffe Briefsendungen auszutauschen, ohne dieselben der Post zur Beförderung zu übergeben.

Artikel 20.

Falls ein Dampfer unterwegs einen Unfall erleidet und aus diesem Grunde die Reise unterbrechen muß, hat, wenn an Bord sich ein Postbeamter befindet, dieser in Benehmen mit dem Schiffsführer, in allen anderen Fällen letzterer allein, für die Weiterbeförderung der Postladung mit dem nächsten deutschen oder fremden nach dem Bestimmungsorte der Postsachen fahrenden oder mit Zwischen- bzw. Ankunftsplätzen in Verbindung stehenden Dampfer zu sorgen. Da sich in dieser Beziehung ein für allemal bestimmte Vorschriften nicht erteilen lassen, so müssen der Postbeamte an Bord und der Schiffsführer, bzw. letzterer allein, je nach Lage des einzelnen Falles die schnellste Weiterbeförderungsgelegenheit für die Post wählen.

Die für diese Weiterbeförderung etwa entstehenden Kosten fallen stets dem Unternehmer zur Last.

Artikel 21.

Der Unternehmer haftet dem Reiche für den Schaden, welcher durch Verlust, Beschädigung oder verzögerte Beförderung von Postsachen in der Zeit zwischen der Einladung und der Ausladung entsteht, in demselben Umfang, in welchem die Reichspostverwaltung durch Gesetz oder Verträge den Absendern von Postsendungen gegenüber zum Schadenersatz verpflichtet ist. Die die Haftverbindlichkeit beschränkenden Bestimmungen des Handelsgesetzbuches finden hierbei keine Anwendung. Insbesondere wird die Haftpflicht des Unternehmers für Kostbar-keiten, Gelder und Wertpapiere nicht dadurch bedingt, daß dem Schiffsführer bzw. Schiffsoffizier diese Beschaffenheit oder der Wert bei der Einladung angegeben worden ist. Immerhin wird die Postverwaltung nach Tunlichkeit dafür Sorge tragen, daß den Schiffsführern von dem Vorliegen bedeutender Wertsendungen beizeiten Mitteilung gemacht wird. Sofern sich ein mit der Beaufsichtigung der Postladung beauftragter Postbeamter an Bord befindet, soll der Unternehmer jedoch für Verlust oder Beschädigung von Postsachen nur dann haften, wenn der Schaden entstanden ist:

1. durch Schiffs- oder Seeunfall, ausgenommen allein die unabwendbaren Folgen eines Naturereignisses, oder
2. durch Handlungen oder Unterlassungen des Unternehmers, seiner Leute oder der Schiffsbesatzung, oder
3. durch Handlungen der auf dem Schiffe befindlichen Reisenden.

Artikel 22.

Für die Fahrten auf den im Vertrage bezeichneten Linien dürfen Vereinbarungen mit fremden Regierungen wegen der Postbeförderung ohne Genehmigung des Reichskanzlers nicht abgeschlossen werden.

Artikel 23.

Falls der Unternehmer auf den im Vertrage bezeichneten Linien Schiffe für besondere eigene Rechnung fahren läßt oder sich an dem Schiffsbetrieb anderer Reedereien beteiligt, und der Reichskanzler Maßnahmen für notwendig erachtet, um die Vertragslinien von Beeinträchtigung in ihren Erträgnissen zu schützen, ist der Unternehmer verpflichtet, diese Maßnahmen durchzuführen. Bei dauernden Zuwiderhandlungen des Unternehmers gegen die vom Reichskanzler getroffenen Anordnungen ist dieser berechtigt, ohne Entschädigung vom Vertrag zurückzutreten.

Artikel 24.

Die Einnahme an Fracht und Überfahrtsgeldern fällt dem Unternehmer zu. Die Festsetzung der Tarife erfolgt im Einvernehmen mit dem Reichskanzler.

Hinsichtlich der Veröffentlichung der Tarife sowie deren Abänderung hat der Unternehmer die etwa ergehenden Bestimmungen des Reichskanzlers zu befolgen.

Artikel 25.

Der Tarif für die Güterbeförderung soll für Bremen und Hamburg völlig gleich gehalten werden. Demgemäß hat der Unternehmer die Güter zwischen Hamburg und Bremen bis zum Postdampfer oder von demselben auf dem Wasserwege kostenfrei und ohne Verzögerung zu befördern.

Der Unternehmer verpflichtet sich, an denjenigen Orten, welche der Reichskanzler bezeichnen wird, Agenturen zu errichten und zu unterhalten, welche als Sammelstelle für die zur Beförderung mit den Postdampferlinien aufgegebenen Waren bestimmt sind. Diese Agenturen müssen ermächtigt sein, auf Verlangen des Absenders den Vertrag über die ganze Beförderung von der Sammelstelle bis zu dem überseeischen Bestimmungsorte der Frachtgüter abzuschließen. Hierbei sind die Tarife so zu gestalten, daß die Gesamtfracht, einschließlich der Eisenbahnfracht von der Sammelstelle zum Einschiffungshafen, sich bei der Beförderung über Bremen oder Hamburg nicht höher stellt, als bei der Beförderung über den unter Artikel 1 anzulaufenden niederländischen oder belgischen Hafen.

Die in das Konnossement aufzunehmenden allgemeinen Bedingungen für die Güterbeförderung sind dem Reichskanzler zur Genehmigung vorzulegen.

Für die Beförderung gefährlicher Güter sind die einschlägigen Vorschriften des Bundesrats über Auswandererschiffe maßgebend.

Artikel 26.

Der Reichskanzler ist befugt, landwirtschaftliche Erzeugnisse, die mit denen der deutschen Landwirtschaft konkurrieren, von der Einfuhr durch die Reichspostdampfer nach deutschen, niederländischen und belgischen Häfen auszuschließen. Zuwiderhandlungen gegen die vom Reichskanzler getroffenen Bestimmungen unterliegen im Einzelfalle einer vom Reichskanzler festzusetzenden Strafe bis zu 3000 (dreitausend) Mark und berechtigen bei dauernder Wiederholung den Reichskanzler, ohne Entschädigung vom Vertrage zurückzutreten.

Artikel 27.

Wo deutsche oder für Deutschland bestimmte Güter neben ausländischen oder für das Ausland bestimmten Gütern zur Versendung gelangen, haben bei gleichzeitiger Anmeldung die ersteren den Vorzug in der Beförderung.

Artikel 28.

Der Unternehmer ist verpflichtet:

a) die im Dienste des Reichs oder eines Bundesstaates reisenden Beamten, einschließlich der im Auslande stehenden Beamten, die sich auf Urlaub begeben oder davon zurückkehren,

b) die Ablösungsmannschaften der Kaiserlichen Marine und der Kaiserlichen Schutztruppen in den deutschen Schutzgebieten sowie die wegen Krankheit oder aus dienstlichen Gründen zurückgesandten Angehörigen der Kaiserlichen Marine und der Kaiserlichen Schutztruppen,

c) Waffen, Munition, Ausrüstungsgegenstände und Proviant der Kaiserlichen Marine und der Kaiserlichen Schutztruppen sowie sonstige Sendungen für Rechnung der Reichsverwaltung

gegen um 20 Prozent ermäßigte Sätze zu befördern. Jedoch darf die Zahl der unter b erwähnten Mannschaften auf demselben Schiffe ohne Zustimmung des Unternehmers nicht über 65 (fünfundsechzig) hinausgehen.

Die Versendungen unter a, b und c sind, wenn ihre Anmeldung mindestens vier Wochen vor Abgang des Schiffes erfolgt, unter allen Umständen zu berücksichtigen und haben auch nach dieser Frist ein Vorrecht vor anderen gleichzeitig oder später zur Beförderung angemeldeten Personen oder Sachen.

Eine gleiche Preisermäßigung für die Beförderung von Personen und Sachen ist denjenigen Vereinen, die für Zwecke der Krankenpflege oder der Mission in den deutschen Schutzgebieten wirken und für welche der Reichskanzler diese Vergünstigung in Anspruch nimmt, sowie für wissenschaftliche Sendungen zu gewähren.

Artikel 29.

Der Unternehmer ist verpflichtet, Personen, welche zum Zwecke der Strafverfolgung oder Strafvollstreckung einer deutschen Behörde oder deutscherseits einer fremden Behörde überliefert werden sollen, unter nachfolgenden Bedingungen zu befördern.

Diese Personen, mögen sie von einem Polizeibeamten begleitet sein oder nicht, sind während der Fahrt der Regel nach in einer verschlossenen Kammer unterzubringen.

Dem Schiffsführer (oder, im Falle einer amtlichen Begleitung, dem begleitenden Beamten, nach vorherigem Benehmen mit dem Schiffsführer) bleibt es überlassen, ein zeitweiliges Verweilen dieser Personen auf Deck unter Aufsicht zu gestatten.

Die Beförderung derartiger Personen nebst etwaigem Begleiter ist auf Verlangen der zuständigen inländischen Behörden oder im Auslande der Gesandten und Konsuln des Reichs zu den tarifmäßigen Sätzen zu übernehmen. Auf ein und derselben Fahrt sollen ohne Zustimmung des Unternehmers mehr als vier derartige Personen nicht befördert werden.

Außer den Gefangenen sind auf Ersuchen der genannten Behörden auch die Untersuchungsakten und beschlagnahmten Beweisstücke mitzubefördern, ohne daß hierfür eine besondere Vergütung gewährt wird.

Artikel 30.

Die von dem Unternehmer für den Betrieb der Postdampferlinien angestellten Personen, einschließlich der in ausländischen Plätzen bestellten Agenten, sollen, soweit durch besondere Verhältnisse nicht Ausnahmen geboten sind, deutsche Reichsangehörige sein.

An solchen Orten des Auslandes, in denen der Unternehmer Agenten unterhält, sollen letztere auf Verlangen des Reichskanzlers verpflichtet sein, Postdienstgeschäfte nach Maßgabe der von der Reichspostverwaltung zu erteilenden näheren Vorschriften wahrzunehmen. Die für solche Dienstverrichtungen unter Umständen zu gewährende Vergütung wird von der Reichspostverwaltung festgesetzt.

Schiffsführer und sonstige im Betriebe der Postdampferlinien Angestellte, welche einer erheblichen Verletzung oder Vernachlässigung der ihnen obliegenden Pflichten sich schuldig machen, sind aus dem Dienstbetriebe der Postdampferlinien zu entfernen, sofern der Reichskanzler auf Grund des Ergebnisses der anzustellenden Untersuchung dies verlangt.

Artikel 31.

Die zur Deckmannschaft und zum Maschinenpersonale gehörige Besatzung der Dampfer, soweit sie im Inland angemustert ist und nicht aus Minderjährigen besteht, muß aus Angehörigen des Beurlaubtenstandes der Kaiserlichen Marine oder aus solchen Personen bestehen, die sich schriftlich verpflichten, als Kriegsfreiwillige in den Dienst der Marine überzutreten, wenn der Dampfer bei einer teilweisen oder vollständigen Mobilmachung von der Marine gekauft oder requiriert wird.

Farbige Mannschaften dürfen auf der australischen Hauptlinie überhaupt nicht, auf der chinesischen und japanischen Hauptlinie aber nur für den Dienst in den Maschinen- und Kesselräumen insoweit verwendet werden, als die Verwendung europäischer Mannschaften aus gesundheitlichen Rücksichten untunlich ist.

In Gemäßheit einer späteren Genehmigung des Herrn Reichskanzlers ist der Artikel 31, Absatz 2, dahin erweitert worden, daß auf der ostasiatischen Linie außer der vorerwähnten farbigen Mannschaft auch für den Dienst als Waschleute, Aufwäscher, Pantrygehilfen und Offizierstewards farbige Mannschaften Verwendung finden können.

Ausnahmen von den vorstehenden Bestimmungen sind nur mit Genehmigung des Reichskanzlers zulässig.

Für jede Person der Besatzung, die nach dem 1. April 1899 diesen Bestimmungen zuwider länger als drei Monate hintereinander oder in Zwischenräumen an Bord der Dampfer Dienst tut, verwirkt der Unternehmer eine Strafe von 100 (einhundert) Mk. für den Kopf und die Zeitdauer von je drei, auch nur angefangenen Monaten.

Der Unternehmer ist verpflichtet, zur Überwachung der Einhaltung dieser Bestimmungen den Seemannsämtern auf deren Verlangen die Musterrollen und die Personalausweise der Mannschaft jederzeit vorlegen zu lassen.

Artikel 32.

Auf jedem Dampfer wird ein Beschwerdebuch ausgelegt.

Bei Verabreichung neuer Beschwerdebücher werden die alten eingefordert und zurückgelegt, sobald alle in denselben befindlichen Beschwerden ihre Erledigung gefunden haben.

Das Beschwerdebuch wird von dem mit der Aufbewahrung desselben beauftragten Schiffsoffizier den Reisenden auf Verlangen verabfolgt. Die niedergeschriebenen Beschwerden sind von dem Schiffsführer sogleich gründlich zu untersuchen. Demnächst hat derselbe unter Einreichung der Beschwerde in beglaubigter Abschrift und der etwaigen Verhandlungen an den Reichskanzler Bericht zu erstatten, damit der Sachverhalt geprüft und die Erledigung der Beschwerde veranlaßt werden kann.

In allen für die Reisenden der verschiedenen Klassen bestimmten gemeinsamen Räumen ist durch einen Anschlag ersichtlich zu machen, welcher Schiffsoffizier mit der Aufbewahrung des Beschwerdebuchs und der Verabfolgung desselben an die Reisenden beauftragt ist.

Artikel 33.

Der Reichskanzler behält sich vor, jederzeit – in Häfen oder auf der Fahrt – den Zustand des Dienstes durch einen Beauftragten prüfen zu lassen. Letzterem ist auf sein Verlangen ungehinderter Zutritt zu allen Schiffsräumen zu gestatten und in allen geforderten Beziehungen Aufschluß zu erteilen.

Die Beförderung und Verpflegung des Beauftragten auf den Schiffen erfolgt gegen Entrichtung des Überfahrtgeldes (Artikel 28, Ziffer a); jedoch ist dem Beauftragten stets ein besonderes Zimmer zuzuweisen.

Artikel 34.

Die regelmäßigen Fahrten auf der neu einzurichtenden japanischen Hauptlinie müssen spätestens im Laufe des April 1899 beginnen. Geschieht solches nicht, so hat der Unternehmer für jeden Tag der Verspätung eine Strafe von 400 (vierhundert) Mk. zu zahlen.

Artikel 35.

Für die Erfüllung der übernommenen Verbindlichkeiten empfängt der Unternehmer vom 1. April 1899 ab aus der Reichskasse eine Vergütung von jährlich 5 590 000 (fünf Millionen fünfhundertundneunzigtausend) Mk., zahlbar in monatlichen Teilbeträgen am letzten Tage jedes Monats. Diese Vergütung wird insoweit gekürzt, als die vertragsmäßig bedungenen Fahrten nicht zur Ausführung gekommen sind. Die Kürzung erfolgt – sei es, daß eine Fahrt ganz oder teilweise ausgefallen ist – in der Weise, daß für jede gegenüber dem Fahrplane zu wenig zurückgelegte Seemeile der Betrag von 5,40 Mk. von den nächstfälligen Monatsbeträgen zur Reichskasse einbehalten wird. Für die Berechnung der Entfernungen sind die im Fahrplan enthaltenen Festsetzungen der Seemeilenzahl maßgebend.

Die von dem Unternehmer eintretendenfalls auf Grund der Artikel 8, 9, 15, 16, 19, 26, 31 und 34 zu zahlenden Geldstrafen, welche der Reichskanzler endgültig festsetzt, sowie die nach Artikel 20 und 21 zu erstattenden Beförderungskosten und Entschädigungen werden – unbeschadet der Bestimmung im Artikel 37 – von dem zunächst fällig werdenden Vergütungsbetrage einbehalten.

Wenn der Reichskanzler das Auslaufen noch anderer als der im Artikel 1 benannten Häfen anordnet, so soll, wenn die dadurch entstehende Verlängerung oder Verkürzung des Kurses (die Hin- und Rückreise zusammengenommen) gegenüber dem beim Inkrafttreten dieses Vertrages geltenden Fahrplane nicht mehr als 250 Seemeilen beträgt, eine Änderung in der Höhe der Vergütung nicht eintreten. Beträgt dagegen die Verlängerung oder Verkürzung des Kurses mehr als 250 Seemeilen, so wird für jede im Vergleiche zu dem bezeichneten Fahrplane mehr oder weniger zurückzulegende Seemeile die Vergütung von 5,40 Mk. erhöht bzw. gekürzt.

Artikel 36.

Der Unternehmer hat über die Schiffe, welche auf den nach diesem Vertrage zu unterhaltenden Linien verwendet werden, gemäß den bisher bei ihm üblich gewesenen Grundsätzen eine Sonderrechnung zu führen. In dieser sind den Einnahmen (Einnahmen aus dem Personen- und Frachtverkehr, etwaige Vergütungen für das Anlaufen fremder Häfen und Reichsbeihilfe) folgende Ausgabebeträge gegenüberzustellen:
1. die laufenden Betriebs- und Unterhaltungskosten,
2. 1 Prozent vom Buchwerte der Schiffe als Generalunkosten,
3. 4 Prozent Versicherungsprämie vom Buchwerte der Schiffe,
4. 5 Prozent Abschreibung vom Anschaffungswerte der Schiffe und 20 Prozent Abschreibung vom Anschaffungswerte der Ausrüstung der Schiffe,
5. 5 Prozent von dem nach Vornahme der Abschreibungen (4) verbleibenden Überschusse für den gesetzlichen Reservefonds des Unternehmens, solange dieser Fonds die gesetzlich vorgeschriebene Höhe nicht erreicht hat,
6. 1½ Prozent vom Anschaffungswerte der Schiffe für den Erneuerungsfonds des Unternehmens.

Ergibt sich hiernach ein Überschuß, so verbleibt derselbe bis zur Höhe von 5 Prozent des Buchwerts der Schiffe dem Unternehmer. An einem etwaigen Mehrbetrage des Überschusses nimmt das Reich zur Hälfte teil, insoweit nicht in den beiden voraufgegangenen Jahren der dem Unternehmer verbliebene Überschuß weniger als jährlich 5 Prozent vom Buchwerte der Schiffe betragen hat. In letzterem Falle ist zunächst der Minderbetrag aus dem Überschusse des abgelaufenen Jahres zu decken. Der Gewinnanteil des Reichs ist, sofern der Reichskanzler nichts anderes bestimmt, am Schlusse jeden Jahres an die Reichskasse abzuführen. Bis zur Höhe des dem Reich im Durchschnitt der letzten drei Jahre zugeflossenen Gewinnanteils kann der Reichskanzler für die Zukunft weitere oder erhöhte Leistungen zur Durchführung der in diesem Vertrage verfolgten Zwecke vom Unternehmer verlangen.

Dem Reichskanzler steht es jederzeit frei, von den Geschäftsbüchern des Unternehmers Einsicht zu nehmen.

Artikel 37.

Zur Sicherstellung der Erfüllung der aus diesem Vertrage sich ergebenden Verbindlichkeiten bestellt der Unternehmer dem Reich eine Kaution von 500 000 (fünfhunderttausend) Mk. durch Verpfändung von Schuldverschreibungen des Reichs oder eines Bundesstaates, welche nach dem Nennwerte zu berechnen sind. Die Schuldverschreibungen sind nebst Talons und den über vier Jahre hinausreichenden Zinsscheinen bei der Reichshauptkasse zu hinterlegen.

Diese Kaution soll dem Reich dergestalt haften, daß der Reichskanzler berechtigt ist, wegen der Forderungen des Reichs aus dem gegenwärtigen Vertrage an Kapital und Zinsen, nötigenfalls auch wegen der Strafen sowie wegen der durch Ermittlung der Schäden entstehenden gerichtlichen und außergerichtlichen Kosten durch sofortigen außergerichtlichen Verkauf der Wertpapiere an einer innerhalb des Reichsgebiets belegenen Börse Befriedigung zu suchen, insofern der Unternehmer der schriftlichen Aufforderung des Reichskanzlers zur Zahlung nicht innerhalb eines von dem letzteren festzusetzenden Zeitraumes nachkommen sollte. Der Unternehmer ist in solchem Falle verpflichtet, die ihm belassenen, noch nicht fälligen Zinsscheine dem Reichskanzler auszuantworten.

Die Kaution ist von dem Unternehmer demnächst binnen Monatsfrist wieder auf die ursprüngliche Höhe zu ergänzen. Im Unterlassungsfalle ist der Reichskanzler berechtigt, die Ergänzung durch Einbehaltung des erforderlichen Betrags von der zunächst fällig werdenden Vergütung zu veranlassen.

Nach Ablauf dieses Vertrages wird die Kaution oder der nicht in Anspruch genommene Teil derselben dem Unternehmer zurückgegeben, sobald feststeht, daß derselbe aus dem Vertrage nichts mehr zu vertreten hat.

Artikel 38.

Der Unternehmer darf ohne schriftliche Genehmigung des Reichskanzlers das Unternehmen weder an andere überlassen, noch ganz oder teilweise in Afterpacht geben. Geschieht solches dennoch, so ist der Reichskanzler – unbeschadet der von ihm etwa zu erhebenden Schadenersatzansprüche – berechtigt, sofort ohne jede Entschädigung des Unternehmers von dem Vertrage zurückzutreten.

Artikel 39.

Dieser Vertrag erstreckt sich vom 1. April 1899 ab auf fünfzehn Jahre und tritt zu diesem Zeitpunkt an die Stelle des unterm 3./4. Juli 1885 abgeschlossenen Vertrags und des dazu gehörigen Nachtrags vom 15./10. Mai 1893.
Die Verpflichtungen des Unternehmers aus diesem Vertrage sind jedoch erst dann beendigt, wenn die Aus- und Rückreise des letzten bis zum Schlusse des Monats März 1914 aus einem der deutschen Abgangshäfen abgelassenen Dampfers, sowie die zugehörigen Fahrten auf den Anschlußlinien ausgeführt sind.
Über die etwaige Fortsetzung des Vertrages über den Zeitraum von fünfzehn Jahren hinaus wird eintretendenfalls eine besondere Verständigung mit dem Unternehmer stattfinden.

Artikel 40.

Sofern sich der Unternehmer Vertragswidrigkeiten irgendeiner der in den Artikeln 8 und 9 bezeichneten Arten auf einer Linie in einem Jahre bei mehr als der Hälfte der fahrplanmäßigen Fahrten hat zuschulden kommen lassen oder sobald auf einer Linie mehr als drei fahrplanmäßige Fahrten hintereinander ausgefallen sind, und dieses Ausfallen nicht durch Krieg oder höhere Gewalt oder einen, ungeachtet der Anwendung gehöriger Sorgfalt, unvermeidlich gewesenen Unfall verursacht ist, steht dem Reichskanzler das Recht zu, entweder den Betrieb mit den in die Linien eingestellten Schiffen für Rechnung und auf Gefahr des Unternehmers zu übernehmen oder aber ohne jede weitere Entschädigung des Unternehmers als für die ausgeführten Fahrten von dem gegenwärtigen Vertrage zurückzutreten.

Artikel 41.

Erachtet der Reichskanzler in der Zahl der Fahrten oder, abgesehen von dem Falle des Artikels 5, in der Fahrgeschwindigkeit der Dampfer eine Änderung für notwendig, so ist der Unternehmer verpflichtet, die entsprechenden Einrichtungen gegen angemessene Vergütung zu treffen. Kann in diesem sowie in dem im Artikel 36, vorletzter Absatz, vorgesehenen Falle eine Einigung zwischen den vertragschließenden Teilen über die Höhe der für die anderweit auszuführenden Leistungen zu zahlenden Vergütung nicht erzielt werden, so soll hierüber ein Schiedsgericht endgültig entscheiden. Letzteres soll eintretendenfalls in der Weise gebildet werden, daß jeder Teil zwei Schiedsrichter bestellt und von sämtlichen Schiedsrichtern ein Obmann gewählt wird. Können die Schiedsrichter sich über die Person des Obmannes nicht einigen, so wird derselbe von dem Präsidenten des hanseatischen Oberlandesgerichts ernannt.

Artikel 42.

Der Reichskanzler kann sich in der Ausübung der ihm durch diesen Vertrag eingeräumten Befugnisse durch Beamte oder Behörden des Reichs ganz oder teilweise vertreten lassen. Die betreffenden Beamten oder Behörden werden von dem Reichskanzler eintretendenfalls dem Unternehmer schriftlich bezeichnet werden.

Artikel 43.

Streitigkeiten, welche aus dem gegenwärtigen Vertrag entspringen, sind von den vertragschließenden Teilen einem Schiedsgerichte zur Entscheidung zu unterbreiten, welches in der im Artikel 41 angegebenen Weise zu bilden ist.

Artikel 44.

Den gesetzlichen Stempel für die Ausfertigungen und Ergänzungen des Vertrages trägt der Unternehmer.
Urkundlich ist gegenwärtiger Vertrag zweifach gleichlautend ausgefertigt und von beiden Teilen unterschrieben und untersiegelt worden.

So geschehen

Berlin, den 30. Oktober 1898	Der Reichskanzler. Fürst zu Hohenlohe
Bremen, den 12. September 1898	Norddeutscher Lloyd. Wiegand. Bremermann.“

Quelle: Neubaur, a. a. O., S. 215-233.

Auszug aus dem Vertrage vom 9./5. Mai 1890 über die Einrichtung und den Betrieb einer regelmäßigen deutschen Postdampferverbindung mit Ostafrika.

„Zwischen dem Reichskanzler, General der Infanterie von Caprivi, handelnd im Namen des Reichs, einerseits, und der Aktien-Gesellschaft 'Deutsche Ostafrika-Linie' zu Hamburg andererseits, ist heute nachstehender Vertrag abgeschlossen worden:

Artikel 1.

Die Gesellschaft als Unternehmer verpflichtet sich, die nachstehend aufgeführten Dampferlinien einzurichten und während zehn hintereinander folgender Jahre zu unterhalten.
  A. Eine Hauptlinie zwischen Hamburg und Delagoabay, mit Anlegen in einem niederländischen oder belgischen Hafen, dessen Wahl der Genehmigung des Reichskanzlers unterliegt, ferner in Lissabon, Neapel, Port-Said, Aden, Zanzibar, Daressalam – oder an einem anderen vom Reichskanzler zu bestimmenden, innerhalb der deutsch-ostafrikanischen Interessensphäre belegenen Küstenplatz – und in Mozambique.
  B. Eine Küstenlinie zwischen Zanzibar und Lamu über Bagamoyo, Saadani, Pangani, Tanga oder Daressalam, Pemba und Mombassa.
  C. Eine Küstenlinie zwischen Zanzibar und Inhambane über Kilwa, Lindi, Ibo, Quelimane und Chiloane.

Artikel 2.

Auf den Linien A und C sind jährlich 13 Fahrten in jeder Richtung in Zeitabständen von je 4 Wochen, auf der Linie B jährlich wenigstens 26 Fahrten in Zeitabständen von je 14 Tagen auszuführen.

Für die Fahrten auf der Hauptlinie soll eine Fahrgeschwindigkeit von durchschnittlich mindestens 10½ Seemeilen in der Stunde eingehalten werden. Die Zeitdauer der Reise auf jeder Linie wird nach diesem Verhältnis mit entsprechendem Zuschlag in Stunden für den Aufenthalt an den Anlaufsplätzen und mit einem Abschlag von einer Seemeile für die Stunde bei der Fahrt gegen den Monsun berechnet.

Die Fahrgeschwindigkeit auf den Küstenlinien ist in einem angemessenen Verhältnis zu derjenigen der Dampfer der Hauptlinie derart zu gestalten, dass unter allen Umständen die Anschlüsse an die Hauptlinie gewahrt sind.

Artikel 6.

Zur Ausführung der Fahrten auf der Hauptlinie sind mindestens vier neue Dampfer, mit einem Raumgehalt von nicht unter 2200 Registertons brutto ein jeder, und für die Fahrten auf den beiden Küstenlinien mindestens zwei neue Dampfer mit einem Raumgehalt von je wenigstens 500 Registertons brutto einzustellen...

Artikel 8.

(Neubauten auf deutschen Werften usw. auszuführen).
...

Artikel 15.

Der Tarif für die Güterbeförderung von und nach Bremen soll mit demjenigen von und nach Hamburg völlig gleichgehalten werden. Demgemäss sind die Güter von und nach Bremen auf dem Wasserweg kostenfrei und ohne Verzögerung bis zum Postdampfer bzw. von demselben in Hamburg zu befördern.

Artikel 21.

Die regelmässigen Fahrten müssen spätestens im März 1891 in vollem Umfange aufgenommen werden und erstrecken sich auf einen Zeitraum von zehn hintereinander folgenden Jahren, vom Tage der ersten regelmässigen Fahrt von Hamburg ab. Vorher sollen jedoch, und zwar im Juli 1890 beginnend, drei oder vier vorläufige Fahrten wenigstens auf der Hauptlinie in Zwischenräumen von höchstens je acht Wochen stattfinden. Im zehnten Vertragsjahre kommen von den letzten regelmässigen Fahrten so viel Fahrten in Wegfall, als vorläufige Fahrten stattgefunden haben, unter entsprechender Kürzung der Gegenleistung.

Artikel 22.

Für die Erfüllung der in diesem Vertrage übernommenen Verbindlichkeiten empfängt der Unternehmer vom Tage der Eröffnung der regelmässigen Fahrten ab aus der Reichskasse eine Vergütung von jährlich 900 000 Mark, zahlbar in monatlichen Teilbeträgen am letzten Tage jedes Monats.

Diese Vergütung wird insoweit gekürzt, als die vertragsmässig bedungenen Fahrten nicht zur Ausführung gekommen sind. Die Kürzung erfolgt – sei es, dass eine Fahrt ganz oder teilweise ausgefallen ist – in der Weise, dass für jede gegenüber dem Fahrplan zu wenig zurückgelegte Seemeile auf der Hauptlinie der Betrag von 3,80 M. und auf den Küstenlinien der Betrag von 1,25 M. von den nächstfälligen Monatsraten zur Reichskasse einbehalten wird...

Artikel 23.

Dem Reichskanzler steht es jederzeit frei, von den Geschäftsbüchern des Unternehmers Einsicht zu nehmen.

Ergibt das Unternehmen im Laufe des Betriebes dauernd grössere Gewinne, so behält sich der Reichskanzler vor, von dem Unternehmer vermehrte Leistungen in Anspruch zu nehmen. Hierbei soll indessen eine Erhöhung der Fahrgeschwindigkeit bei den im Betriebe befindlichen Dampfern ausgeschlossen sein.

Darüber, ob dauernd grössere Gewinne vorliegen und in welchem Umfange Mehrleistungen beansprucht werden können, entscheidet im Falle von Meinungsverschiedenheit das Schiedsgericht. Weigert sich der Unternehmer, eine ihm hiernach auferlegte Leistung auszuführen, so kann nach Wahl des Reichskanzlers eine entsprechende Kürzung der Subvention erfolgen. Der Betrag der Kürzung ist nötigenfalls durch das Schiedsgericht zu bestimmen.

Letzteres soll eintretendenfalls in der Weise gebildet werden, dass jede Partei zwei Schiedsrichter bestellt und von sämtlichen Schiedsrichtern ein Obmann gewählt wird. Können die Schiedsrichter sich über die Person des Obmanns nicht einigen, so wird derselbe von dem Präsidenten des Hanseatischen Oberlandesgerichts ernannt.

Artikel 26.

Zur Sicherstellung der Erfüllung der aus dem gegenwärtigen Vertrage sich ergebenden Verbindlichkeiten bestellt der Unternehmer dem Reich eine Kaution von 100 000 M (einhunderttausend Mark)."

Quelle: Jaensch, Georg: Die deutschen Dampfersubventionen, ihre Entstehung, Begründung und ihre volkswirtschaftlichen Wirkungen. Berlin 1907, S. 142 f.

Auszug aus dem Vertrage vom 21. / 9. Juli 1900 über die Einrichtung und die Unterhaltung von Postdampferverbindungen mit Afrika.

„Zwischen dem Reichskanzler usw. ist heute nachstehender Vertrag abgeschlossen worden:

Artikel 1.

Die Deutsche Ostafrika-Linie, als Unternehmer, verpflichtet sich, die nachstehend aufgeführten Postdampferlinien einzurichten und während des im Artikel 43 näher bezeichneten fünfzehnjährigen Zeitraums zu unterhalten:

A. eine Hauptlinie mit zweiwöchentlichen Rundfahrten um Afrika und zwar abwechselnd:
1. von Hamburg über Bremerhaven, einen niederländischen oder belgischen Hafen, Lissabon, Las Palmas, Kapstadt, Port Elizabeth, East London, Durban, Delagoa-Bay, Beira, Mozambique, Zanzibar, Daressalam, Tanga, Aden, Suez, Port-Said, Neapel, Lissabon, einen niederländischen oder belgischen Hafen, Bremerhaven, zurück nach Hamburg (westliche Rundfahrt),
2. von Hamburg über Bremerhaven, einen niederländischen oder belgischen Hafen, Lissabon, Neapel, Port-Said, Suez, Aden, Tanga, Daressalam, Zanzibar, Mozambique, Beira, Delagoa-Bay, Durban, East London, Port Elizabeth, Kapstadt, Las Palmas, Lissabon, einen niederländischen oder belgischen Hafen, Bremerhaven, zurück nach Hamburg (östliche Rundfahrt);
B. eine Zwischenlinie mit vierwöchentlichen Fahrten von Hamburg über einen niederländischen oder belgischen Hafen, Neapel, Port-Said, Suez, Aden, Tanga, Daressalam, Zanzibar, Kilwa, Lindi, Mikindani, Ibo, Mozambique nach Beira und zurück über dieselben Häfen. Die Fahrten dieser Linie sind so zu legen, dass in Verbindung mit denen der Linie A 2 in zweiwöchentlichen Zeitabständen eine Abfahrt von Neapel nach Deutsch-Ostafrika stattfindet.

Die Bestimmung des niederländischen und des belgischen Anlaufhafens erfolgt durch den Reichskanzler. Der Unternehmer ist verpflichtet, auf Verlangen und nach Bestimmung des Reichskanzlers ohne besondere Entschädigung die ausgehenden Dampfer der Linie A 2, die einkommenden Dampfer der Linie A 1 sowie sämtliche Dampfer der Linie B einen niederländischen und einen belgischen Hafen anlaufen zu lassen. Der Unternehmer ist ferner verpflichtet, die Dampfer der von ihm ausservertragsmässig betriebenen Bombay-Linie die Häfen Pangani und Bagamoyo regelmässig alle vier Wochen, sowie auf rechtzeitiges Ansuchen des Kaiserlichen Gouvernements von Deutsch-Ostafrika, auch die Häfen Saadani, Kilwa und Lindi (die beiden letzteren nur während des Nordost-Monsuns) nach Bedarf, nötigenfalls alle vier Wochen, ohne besondere Entschädigung anlaufen zu lassen.

Artikel 2.

Die Geschwindigkeit der Fahrten muss im Durchschnitte mindestens betragen:

auf der Linie A 1

von Hamburg bis Kapstadt sowie von Daressalam bis Neapel 12 Knoten, auf den übrigen Strecken 10 $\frac{1}{2}$ Knoten,

auf der Linie A 2

von Neapel bis Daressalam sowie von Kapstadt bis Hamburg 12 Knoten, auf den übrigen Strecken 10 $\frac{1}{2}$ Knoten,

auf der Linie B 10 Knoten.

Artikel 3.

[U. U. Erhöhung der Fahrgeschwindigkeit auf der Hauptlinie, wie in Art. 5 des Lloydvertrags vom 30. Okt./12. Sept. 1898.]

Artikel 4.

Auf Verlangen des Reichskanzlers müssen die für die Hauptlinie neu zu erbauenden Schiffe mit solcher Maschinenkraft ausgestattet werden, dass sie imstande sind, in voll beladenem Zustand eine Durchschnittsgeschwindigkeit von 13 Knoten zu entwickeln.

Artikel 9.

Der Unternehmer hat zur Ausführung der im Artikel 1 bezeichneten Fahrten Dampfer in einer den Anforderungen des Reichskanzlers genügenden Zahl einzustellen und zu unterhalten.

Von diesen Dampfern sind neu zu erbauen und spätestens einzustellen:

a) in die Hauptlinie

1 Dampfer am 1. April 1901,
2 Dampfer am 1. April 1902,
2 Dampfer am 1. April 1904;

b) in die Zwischenlinie

2 Dampfer am 1. April 1901,
2 Dampfer am 1. April 1908.

Artikel 10.

Der Bruttoraumgehalt der neu einzustellenden Dampfer, soweit sie zur dauernden Verwendung auf den Linien bestimmt sind, soll wenigstens betragen:

5 000 Registertons für die Hauptlinie,
2 400 Registertons für die Zwischenlinie.

Artikel 12.

[Neubauten auf deutschen Werften usw.]

Artikel 16.

Im Falle einer teilweisen oder vollständigen Mobilmachung der Marine steht es dem Reichskanzler frei, die auf den Linien verwendeten Dampfer gegen Erstattung des vollen Wertes anzukaufen oder gegen Vergütung sonst in Anspruch zu nehmen. Die Ermittlung des Wertes beziehungsweise die Feststellung der Vergütung erfolgt in Gemässheit der Bestimmungen im § 24 (beziehungsweise § 23) des Gesetzes über die Kriegsleistungen vom 13. Juni 1873.

Ein Verkauf oder eine mietsweise Überlassung der Dampfer an eine fremde Macht darf ohne Genehmigung des Reichskanzlers auch im Frieden nicht stattfinden.

Artikel 25.

Der Reichskanzler ist befugt, landwirtschaftliche Erzeugnisse des Auslandes, die mit denen der deutschen Landwirtschaft konkurrieren – mit Ausnahme von Tabak, Bienenwachs, Häuten, Fellen und Wolle –, von der Einfuhr durch die Reichspostdampfer nach deutschen, niederländischen und belgischen Häfen auszuschliessen. [Strafen bei Zuwiderhandlungen.]

Artikel 26.

Deutsche oder für Deutschland bestimmte Güter oder Güter von oder nach den deutschen Schutzgebieten haben bei gleichzeitiger Anmeldung den Vorzug in der Beförderung vor ausländischen oder für das Ausland bestimmten Gütern.

Artikel 34.

Die regelmässigen Fahrten müssen spätestens im Laufe des April 1901 in vollem Umfang aufgenommen werden. Geschieht solches nicht, so hat der Unternehmer für jeden Tag der Verspätung eine Strafe von 300 (dreihundert) Mark zu zahlen.

Artikel 35.

Für die Erfüllung der übernommenen Verbindlichkeiten empfängt der Unternehmer vom 1. April 1901 ab aus der Reichskasse eine Vergütung von jährlich 1 350 000 (eine Million dreihundertfünfzigtausend) Mark, zahlbar in monatlichen Teilbeträgen am letzten Tage jedes Monats. [Etwaige Kürzungen: 2,09 M. für jede Seemeile.]

Artikel 36.

Der Unternehmer hat über die Schiffe, welche auf den nach diesem Vertrage zu unterhaltenden Linien verwendet werden, gemäss den bisher bei ihm üblich gewesenen Grundsätzen eine Sonderrechnung zu führen. Dabei dürfen als Abschreibung einschliesslich etwaiger Überweisungen an ein Reparaturkonto oder einen Erneuerungsfonds nicht mehr als 7 Prozent vom Anschaffungswerte der Schiffe in Rechnung gestellt werden und, soweit eine Selbstversicherung stattfindet, als Versicherungsprämie nicht mehr als 5 Prozent vom Buchwert der Schiffe.

Ergibt sich hiernach ein Überschuss von mehr als 6 Prozent des Buchwerts der Schiffe, so ist der Reichskanzler befugt, von dem Unternehmer weitere oder erhöhte Leistungen zur Durchführung der in diesem Vertrage verfolgten Zwecke, namentlich durch Steigerung der Geschwindigkeit der Fahrten, zu verlangen, sofern nicht in den drei letzten Jahren der Überschuss durchschnittlich weniger als jährlich 6 Prozent vom Buchwerte der Schiffe betragen hat. In letzterem Falle ist zunächst der Minderbetrag aus dem Überschusse des abgelaufenen Jahres zu decken. Anderenfalls können entsprechende Mehrleistungen verlangt werden. Insbesondere ist der Unternehmer verpflichtet, bei denjenigen Schiffen, welche seit dem Inkrafttreten des Vertrages in die Hauptlinie eingestellt sind, oder welche für dieselbe noch neu gebaut werden, die Fahrgeschwindigkeit auf der ganzen Hauptlinie um einen Knoten über die vertragsmässige Höhe zu steigern.

Weigert sich der Unternehmer, eine ihm hiernach vom Reichskanzler auferlegte Leistung auszuführen, so wird die Reichsbeihilfe entsprechend gekürzt.

Dem Reichskanzler steht es jederzeit frei, von den Geschäftsbüchern des Unternehmers Einsicht zu nehmen.

Artikel 37.

[Kaution auf 120 000 M. erhöht.]

Artikel 43.

Dieser Vertrag erstreckt sich vom 1. April 1901 ab auf fünfzehn Jahre.
...
Über die etwaige Fortsetzung des Vertrages über den Zeitraum von fünfzehn Jahren hinaus wird eintretendenfalls eine besondere Verständigung mit dem Unternehmer stattfinden."

Quelle: Jaensch, a. a. O., S. 144–147.

Überfahrts-Bedingungen für die Reichspostdampferlinien

„Die in diesem Handbuche angegebenen Fahrpreise verstehen sich für eine erwachsene Person.

Belegung von Plätzen.

Zur Sicherung eines Platzes ist eine Anzahlung im Betrage des halben Fahrpreises erforderlich. Diese Anzahlung wird bei Lösung der Fahrkarte in Abzug gebracht. Die Anzahlung verfällt, wenn der betreffende Platz nicht benutzt wird. Die Anzahlung ist nicht übertragbar.

Ersatzdampfer.

Sollte der in der Fahrkarte genannte Dampfer an dem festgesetzten Tage nicht abfahren können, so steht es der Gesellschaft frei, einen anderen Dampfer zu expedieren.

Kinder.

Für Kinder über 12 Jahre alt ist der volle Fahrpreis zu entrichten. Kinder in Begleitung der Eltern: für Kinder von 3-12 Jahren wird der halbe Fahrpreis berechnet, vorausgesetzt, daß zwei derselben ein Bett benutzen. Ein Kind unter 3 Jahren ist frei, bei mehreren Kindern unter 3 Jahren wird für jedes weitere derselben ein Viertel des Fahrpreises berechnet. Diese Klassifikation findet keine Anwendung auf den Preis der Fahrkarten um die Welt.

Dienstboten.

Für europäische Dienstboten, welche in einem Zimmer der zweiten Klasse untergebracht werden, wird der Fahrpreis zweiter Klasse berechnet, ohne Rücksicht darauf, ob die Herrschaft in erster oder zweiter Klasse reist.

In betreff der Fahrpreise von Europa und Ägypten nach Asien und Australien für europäische Dienstboten, welche in einem Zimmer der ersten Klasse untergebracht werden, wird auf das Handbuch der Reichspostdampfer-Linien verwiesen.

Auf der Strecke Bremen- resp. Hamburg-Suez, sowie auf den Zwischenstrecken ist in beiden Richtungen für europäische Dienstboten, für welche ein Bett erster Klasse beansprucht wird, der volle Passagepreis erster Klasse zu entrichten.

Die Mahlzeiten für Dienstboten werden an separaten Tischen serviert, entweder in der zweiten Klasse oder mit den Kindern zusammen in der ersten Klasse.

Eingeborene Dienstboten haben einen besonderen Tarif.

Einschiffung.

Die Kosten der Einschiffung und der Landung der Passagiere und ihres Gepäcks sind von diesen zu tragen, soweit nicht hiervon abweichende Bestimmungen für einzelne Häfen getroffen werden. Ferner haben die Passagiere, die vor der Einschiffung, sowie am Lande in den Zwischenhäfen oder etwaigen Umschiffungshäfen entstehenden Aufenthaltskosten zu bestreiten. Der Norddeutsche Lloyd übernimmt keine Verantwortlichkeit für den Fall, daß der in den Umschiffungshäfen vorgesehene Anschluß nicht erreicht wird. Im Falle der Verspätung eines Dampfers haben die Passagiere die Kosten des Aufenthalts am Lande selbst zu tragen.

Rücktritt von der Reise.

Passagiere, die sich vor oder nach dem Antritt der Reise nicht rechtzeitig an Bord begeben, haben keinen Anspruch auf Rückzahlung des Passageldes oder eines Teiles desselben, wenn der Dampfer die Reise antritt oder fortsetzt, ohne auf sie zu warten. Wenn die Passagiere vor dem Antritt der Reise den Rücktritt von dem Beförderungsvertrag erklären, so haben sie nur Anspruch auf Rückzahlung der Hälfte des Passageldes. Wenn nach dem Antritt der Reise der Rücktritt erklärt wird, so haben dieselben keinen Anspruch auf Rückzahlung des Passageldes oder eines Teiles desselben.

Der Beförderungsvertrag ist nicht übertragbar.

Unterbrechung der Reise.

Der Inhaber einer Fahrkarte für einfache Fahrt von Europa nach einem Hafen Asiens oder Australiens kann die Reise in allen Häfen Asiens oder Australiens unterbrechen, vorausgesetzt, daß die ganze Reise innerhalb von 12 Monaten zurückgelegt wird. Teilstreckenfahrkarten, welche nicht innerhalb dieses Zeitraumes, von der ersten Einschiffung an gerechnet, benutzt werden, sind ungültig. Die Gesellschaft garantiert nicht dafür, daß auf dem Dampfer, mit welchem die Weiterreise erfolgen soll, Platz frei ist. Falls die Reise in Italien und/oder Ägypten unterbrochen werden soll, so muß der Passagier dies bei Belegung des Platzes des Dampfers, mit welchem er die Reise antritt, erklären. Die Plätze für die Weiterreise von Italien resp. Ägypten können belegt werden, sobald der Passagier imstande ist, zu bestimmen, mit welchem Dampfer er die Reise fortsetzen will.

Auf Rückfahrkarten findet das vorstehend Gesagte ebenfalls Anwendung, mit der Einschränkung indes, daß die Rückreise innerhalb des Zeitraumes, für welchen die Hinundrückfahrkarte gültig ist, zurückgelegt werden muß.

In der Richtung nach Europa reisende Passagiere der ostasiatischen Linie, welche in Singapore, Penang oder Colombo, resp. solche der australischen Linie, welche in Colombo ihre Reise unterbrechen wollen, müssen dies bei der Platzbelegung erklären. Die Unterbrechung der Reise in Ägypten kann erfolgen, vorausgesetzt, daß die Passagiere dem Zahlmeister des betreffenden Dampfers vor der Abfahrt von Colombo eine entsprechende Mitteilung machen.

Weiterreise gegen Nachzahlung.

Für den Fall, daß ein nach einem Zwischenhafen gebuchter Passagier seine Reise nach einem entfernteren Hafen fortsetzen will, braucht derselbe nur die Differenz zwischen den beiden Durchraten zu entrichten, vorausgesetzt, daß die Zahlung an den Zahlmeister desjenigen Dampfers erfolgt, mit welchem der Passagier nach dem ursprünglichen Bestimmungsort reist; in jedem anderen Falle ist die volle Lokalrate zu entrichten. Es kann natürlich nicht dafür garantiert werden, daß dem Passagier dieselbe oder gleichwertige Akkommodation für die Weiterreise eingeräumt wird.

Hinundrückfahrkarten.

Hinundrückfahrkarten von Europa nach Asien und Australien, die einmalige Dampferfahrt zwischen Nordeuropa und Südeuropa einschließend, werden ausgegeben. Die Einschiffung erfolgt in diesem Falle in Nordeuropa und die Ausschiffung auf der Rückreise in Südeuropa oder umgekehrt. Für die einmalige Benutzung der Seestrecke zwischen Nordeuropa und Südeuropa wird ein Zuschlag erhoben in der Höhe der halben Differenz zwischen dem Preise einer Hinundrückfahrkarte von Nordeuropa und demjenigen einer solchen von Südeuropa.

Die Ermäßigung, welche der Preis einer Hinundrückfahrkarte repräsentiert, wird nur dann gewährt, wenn letzterer vor Beginn der Ausreise voll entrichtet wird. Eine nachträgliche Einräumung dieser Ermäßigung ist unter allen Umständen unzulässig.

Rückzahlung von Rückfahrkarten.

Im Falle der Nichtbenutzung einer Rückfahrkarte wird die Differenz zwischen dem vollen Preise der einfachen Fahrt und demjenigen der Hinundrückfahrkarte durch die Direktion der Gesellschaft in Bremen, abzüglich einer Annullierungsgebühr von 10 %, zurückgezahlt, einerlei, ob die Fahrkarte direkt oder durch Vermittlung eines Agenten gekauft worden ist, und vorausgesetzt, daß keine Plätze für die Rückreise belegt worden sind.

Bei Rückzahlung von Rückfahrkarten, die Passage mit einem Dampfer der Koninklijke Paketvaart Mij. einschließend, beträgt der Abzug auf den Anteil der genannten Gesellschaft indes 25 %.

Verpflegung usw.

Die Fahrpreise schließen volle Beköstigung ein, jedoch nicht Wein, Bier, Spirituosen und Mineralwasser, welche an Bord zu Tarifpreisen zu haben sind. Es ist den Reisenden nicht gestattet, derartige Getränke für den Verbrauch während der Reise mitzunehmen.

Die Passagiere der I. und II. Klasse erhalten vollständige Betten, Bettwäsche und Handtücher.

Die Einrichtungen für die Unterkunft der Passagiere der III. Klasse der asiatischen Linie sind verschieden von denjenigen auf der australischen Linie.

Die Passagiere der III. Klasse der asiatischen Linie werden den höheren Fahrpreisen entsprechend in Zimmern untergebracht und erhalten vollständige Betten mit Matratzen, Federkissen, Decken und Bettwäsche. Waschtische sind in jedem der betreffenden Zimmer vorhanden. Seife und Handtücher werden den Passagieren geliefert.

Den Passagieren der III. Klasse der australischen Linie, welche in größeren Räumen (Zwischendeck) untergebracht werden, wird eine Seegrasmatratze mit weißem Bezug, Keilkissen, eine wollene Decke, sowie Eß- und Trinkgeschirr unentgeltlich geliefert. Diese Art der Unterkunft ist nur für Männer vorgesehen.

Den Passagieren der III. Klasse der australischen Linie, welche gemäß Tarif einen Zuschlag von 20 Mk. bezw. 40 Mk. geleistet haben und in Zimmern untergebracht sind, wird eine Seegrasmatratze, Keilkissen, Federkissen, eine oder zwei wollene Decken, Bettwäsche, Handtücher und Seife unentgeltlich geliefert.

Bei Einnahme der Mahlzeiten werden die Passagiere der III. Klasse beider Linien durch Stewards bedient. Für ausreichende Abwechselung in der Beköstigung wird Sorge getragen. Zum Frühstück wird außer Kaffee (oder Tee, falls gewünscht) nebst Brot und Butter noch eine warme Speise gereicht, z. B. Beefsteak mit Sauce und Kartoffeln, Reis mit Curry usw. Das Mittagessen besteht aus Suppe, Gemüse, gebratenem Fleisch und Kartoffeln; dazu werden abwechselnd Pickles, Kompott oder Pudding gereicht. Zum Abendessen, bestehend aus Tee, nebst Brot und Butter, wird ein warmer Gang gereicht.

Arzt.

Es befindet sich ein staatlich approbierter Arzt an Bord, welcher die kostenfreie Behandlung aller während der Fahrt erkrankten Passagiere zu übernehmen hat, jedoch berechtigt ist, krank an Bord kommenden Kajütenpassagieren I. Klasse für seine Bemühungen ein Honorar zu berechnen.

Verspätung eines Dampfers.

Im Falle der Verspätung eines Dampfers, insbesondere infolge Ereignisse höherer Gewalt oder Streiks, haben die Reisenden die Kosten ihres Aufenthaltes am Lande selbst zu tragen.

Kranke Passagiere.

Wenn Passagiere während der Fahrt erkranken oder durch einen Unfall zu Schaden kommen und dem Schiffsarzt ihr Verbleiben an Bord nicht rätlich erscheint, so steht dem Kapitän das Recht zu, solche Reisende in irgendeinem Anlaufhafen zu landen.

Auf Grund schriftlicher Bescheinigung des Schiffsarztes, daß irgendein Passagier, der sich an Bord irgendeines der Schiffe der Gesellschaft begeben hat oder begeben will, an irgendeiner Krankheit oder Verletzung leidet, oder sich in einem Gesundheitszustande befindet, entweder körperlich oder geistig, wodurch er oder sie unfähig zur Reise gemacht wird oder geeignet erscheint, die Gesundheit oder Sicherheit der anderen Passagiere oder der Besatzung zu gefährden oder irgendwelchen der anderen Passagiere Ärgernis oder Unbequemlichkeit zu bereiten, soll der Kapitän eines solchen Schiffes das absolute Recht haben, dem Passagier die Einschiffung zu verweigern oder ihn oder sie wieder an Land bringen zu lassen.

Schiffsordnung.

Jeder Reisende ist verpflichtet, sich den allgemeinen Bestimmngen der Schiffsordnung des Norddeutschen Lloyd für die Beförderung von Reisenden zu unterwerfen und den Anforderungen des Kapitäns überall nachzukommen.

Anlaufen anderer Häfen.

Der Dampfer soll das Recht haben, ohne Lotsen weiter zu fahren, Schiffe zu schleppen und ihnen in allen Lagen beizustehen, zurückzufahren oder nach Ermessen des Kapitäns in irgendeinen Hafen einzulaufen, von dem direkten und üblichen Kurse abzuweichen, und, falls an der Weiterreise auf dem gewöhnlichen Kurse behindert, die Passagiere auf irgendeinen anderen Dampfer, der nach dem Bestimmungshafen fährt, umzuschiffen, gleichviel, ob er der Gesellschaft gehört oder nicht.

In allen Fällen, in welchen die Schiffe der Gesellschaft oder der Passagier oder die Passagiere mit Quarantäne belegt werden, haben die Passagiere der I. Klasse 10 Mark, die Passagiere der II. Klasse 5 Mark und die Passagiere der III. Klasse 2,50 Mark pro Tag für ihren Unterhalt an Bord oder am Lande zu entrichten, oder solche weiteren Kosten über den Betrag von 10 Mark resp. 5 Mark resp. 2,50 Mark hinaus, als irgendeine Behörde, welche die Quarantäne anordnet, für einen derartigen Unterhalt verlangen sollte.

Quelle: NDL-Jahrbuch 1910/11, S. 262–267.

Der Kapitän ist berechtigt, das Anlaufen irgendeines Hafens oder irgendwelcher Häfen zu unterlassen, wenn er, wegen in solchem Hafen oder solchen Häfen oder in irgendeinem anderen Hafen oder irgendwelchen anderen Häfen bestehender oder zu befürchtender Quarantänemaßregeln, es für ratsam hält, dies zu tun. Wenn infolge solcher Unterlassung des Anlaufens oder infolge von Quarantänemaßregeln Passagiere nicht in dem Hafen, für welchen sie gebucht sind, landen können, und sie nach einem anderen Hafen befördert werden, so ist von ihnen für die Beförderung nach dem Hafen, in welchem sie landen, ein Zuschlag zum Fahrpreise zu entrichten."

Verzeichnis der auf deutschen Werften gebauten Reichspostdampfer des Norddeutschen Lloyd

Jahr des Stapellaufs	Name des Dampfers	Bauwerft	Anschaffungswert in Tsd.M.
1886	Preussen	Vulcan, Stettin	3 732
1886	Bayern	Vulcan, Stettin	3 310
1886	Sachsen	Vulcan, Stettin	3 290
1886	Stettin	Vulcan, Stettin	
1886	Lübeck	Vulcan, Stettin	
1886	Danzig	Vulcan, Stettin	
1889	Kaiser Wilhelm II (ab 1900 Hohenzollern)	Vulcan, Stettin	ca. 3 500
1894	Prinzregent Luitpold	F. Schichau, Danzig	3 214
1894	Prinz Heinrich	F. Schichau, Danzig	3 311
1896	Friedrich der Grosse	Vulcan, Stettin	4 731
1896	Barbarossa	Blohm & Voss, Hamburg	4 849
1896	Bremen	F. Schichau, Danzig	5 500
1896	Königin Luise	Vulcan, Stettin	4 940
1899	König Albert	Vulcan, Stettin	5 384
1899	Grosser Kurfürst	F. Schichau, Danzig	6 263
1900	Kiautschou (Prinzess Alice)	Vulcan, Stettin	5 615
1900	Prinzess Irene	Vulcan, Stettin	5 672
1902	Zieten	F. Schichau, Danzig	3 790
1902	Roon	Joh. C. Tecklenborg AG, Geestemünde	3 810
1902	Seydlitz	F. Schichau, Danzig	3 890
1903	Prinz Waldemar	G. Seebeck AG, Bremerhaven	1 510
1903	Prinz Sigismund	AG Weser, Bremen	1 530
1903	Gneisenau	Vulcan, Stettin	3 940
1904	Prinz Eitel Friedrich	Vulcan, Stettin	4 895
1904	Scharnhorst	Joh. C. Tecklenborg AG, Geestemünde	3 850
1906	Bülow	Joh. C. Tecklenborg AG, Geestemünde	4 000
1906	Goeben	AG Weser, Bremen	4 080
1906	Yorck	F. Schichau, Danzig	4 040
1906	Prinz Ludwig	Vulcan, Stettin	4 880
1906	Kleist	F. Schichau, Danzig	4 120
1907	Lützow	AG Weser, Bremen	4 530
1907	Derfflinger	F. Schichau, Danzig	4 420

Quelle: Norddeutscher Lloyd Bremen: Denkschrift betreffend die Reichspostdampferlinien nach Ostasien und Australien, o. J. o O. (Bremen 1913). Den Anschaffungswert des für die HAPAG beim Stettiner Vulcan gebauten Reichspostdampfers *Hamburg* gibt Georg Jaensch mit ca. 5,5 Mill. Mark an (Vgl. Jaensch, Georg: Die deutschen Dampfersubventionen, ihre Entstehung, Begündung und volkswirtschaftlichen Wirkungen. Berlin 1907, S. 162).

Verzeichnis der auf deutschen Werften gebauten Reichspostdampfer der Deutschen Ost-Afrika-Linie.

Jahr des Stapellaufs	Name des Dampfers	Bauwerft	Gesamtpreis in Tsd. M.
1890	Kanzler (I)	Blohm & Voss, Hamburg	
1891	Kaiser	Reiherstieg Schiffswerke und Maschinenfabrik, Hamburg	1 411
1891	Emin	Blohm & Voss, Hamburg	
1891	Peters	Blohm & Voss, Hamburg	
1892	Kanzler (II)	Blohm & Voss, Hamburg	1 133
1892	Safari	Blohm & Voss, Hamburg	
1896	Herzog	Blohm & Voss, Hamburg	1 920
1896	König	Reiherstieg Schiffswerke und Maschinenfabrik, Hamburg	1 981
1900	Kronprinz	Blohm & Voss, Hamburg	ca. 2 500
1900	Gouverneur	Reiherstieg Schiffswerke und Maschinenfabrik, Hamburg	ca. 1 500
1900	Präsident	Blohm & Voss, Hamburg	ca. 1 500
1901	Kurfürst	Reiherstieg Schiffswerke und Maschinenfabrik, Hamburg	ca. 2 700
1902	Bürgermeister	Flensburger Schiffsbau-Gesellschaft, Flensburg	ca. 2 800
1903	Prinzregent	Blohm & Voss, Hamburg	ca. 2 900
1903	Feldmarschall	Reiherstieg Schiffswerke und Maschinenfabrik, Hamburg	ca. 2 900
1905	Admiral	Blohm & Voss, Hamburg	ca. 2 800
1905	Prinzessin	Blohm & Voss, Hamburg	ca. 2 800
1910	General	Blohm & Voss, Hamburg	
1912	Tabora	Blohm & Voss, Hamburg	
1914	Kigoma	Reiherstieg Schiffswerke und Maschinenfabrik, Hamburg	

Preisangaben: Jaensch, Georg: Die deutschen Dampfersubventionen, ihre Entstehung, Begründung und ihre volkswirtschaftlichen Wirkungen, Berlin 1907, S. 164.

Auf den Reichspost-Hauptlinien zur Verwendung gekommene Dampfer

1. OSTASIEN

Jahr des Ersteinsatzes als RPD	Schiffsname	Jahr des Ersteinsatzes als RPD	Schiffsname
1886	Oder	1901	Prinzess Irene
1886	Neckar	1901	Kiautschou
1886	Nürnberg	1902	Prinzregent Luitpold
1886	Braunschweig	1903	Zieten
1887	Preussen	1903	Roon
1887	Bayern	1903	Seydlitz
1887	Sachsen	1904	Gneisenau
1889	Dresden	1904	Prinzess Alice
1891	Stuttgart	1905	Prinz Eitel Friedrich
1891	Darmstadt	1905	Scharnhorst
1892	Oldenburg	1906	Bülow
1893	Gera	1906	Prinz Ludwig
1894	Karlsruhe	1907	Yorck
1895	Prinz Heinrich	1907	Kleist
1899	König Albert	1908	Lützow
1900	Weimar	1908	Derfflinger
1900	Hamburg		

Quellen: Windmann, Theodor: Die Reichspostdampferlinien nach Ostasien und Australien, Bremen 1972, S. 43 f.
Gottspenn, Arno und Bernhard Koch: Die deutsche Ostasien-Verkehr mit ihrer Vorgeschichte und ihren Seepoststempeln. Sonderdruck der Arbeitsgemeinschaft der Sammler Deutscher Kolonial-Postwertzeichen im BDPh und der Arbeitsgemeinschaft Schiffspost im BDPh, Hamburg 1971/2.

2. AUSTRALIEN

Jahr des Ersteinsatzes als RPD	Schiffsname
1886	Salier
1886	Hohenzollern
1886	Hohenstaufen
1886	Habsburg
1887	Neckar
1887	Nürnberg
1887	Preussen
1889	Braunschweig
1889	Kaiser Wilhelm II
1890	Elbe
1890	Dresden
1891	Oldenburg
1891	Karlsruhe
1894	Gera
1894	Prinzregent Luitpold
1895	Sachsen
1895	Darmstadt
1895	Bayern
1896	Stuttgart
1897	Friedrich der Grosse
1897	Barbarossa
1897	Weimar
1898	Bremen
1898	Königin Luise
1900	München
1900	Willehad
1901	Grosser Kurfürst
1903	Gneisenau
1904	Zieten
1904	Scharnhorst
1905	Seydlitz

Quellen: Windmann, Theodor: Die Reichspostdampferlinien nach Ostasien und Australien, Bremen 1972, S. 43 f.

Gottspenn, Arno und Bernhard Koch: Die deutschen Reichspostdampfer im Ostasien-Verkehr mit ihrer Vorgeschichte und ihren Seepoststempeln. Sonderdruck der Arbeitsgemeinschaft der Sammler Deutscher Kolonial-Postwertzeichen im BDPh und der Arbeitsgemeinschaft Schiffspost im BDPh, Hamburg 1971/2.

Kosten einer Rundreise

Die Aufstellung gibt die Rundreisekosten (in Mark) nach Australien und Ostasien für das Jahr 1911 an:

A. Reichslinie Ostasien

Bülow	744 800
Derfflinger	751 600
Goeben	782 600
Kleist	748 700
Lützow	750 200
Yorck	736 800
Prinz Eitel Friedrich	741 500
Prinz Ludwig	853 000
Prinzess Alice	924 700

B. Reichslinie Australien

Gneisenau	857 200
Roon	835 300
Seydlitz	845 700
Scharnhorst	822 000
Zieten	845 300
Bremen	1 101 300
Barbarossa	1 085 500
Grosser Kurfürst	1 326 300

Quelle: Norddeutscher Lloyd Bremen: Denkschrift betreffend die Reichspostdampferlinien nach Ostasien und Australien, o. O. o. J. (Bremen 1913), S. 53.

Von den Reichspostdampfern der Ostasien- und Australienlinie gezahlte Suezkanalgebühren in den Jahren 1900–1912 (in RM)

	Ostasien	Australien	Total
1900	1 788 000,–	1 099 500,–	2 887 500,–
1901	2 141 000,–	1 050 500,–	3 191 500,–
1902	2 176 975,95	1 446 603,95	3 623 579,90
1903	1 911 684,95	1 279 736,35	3 191 421,30
1904	1 818 665,–	1 139 523,15	2 958 188,15
1905	1 857 862,45	1 313 750,70	3 171 613,15
1906	1 861 316,–	965 366,25	2 826 682,25
1907	1 950 288,60	1 084 502,80	3 034 791,40
1908	1 950 155,45	1 193 888,45	3 144 043,90
1909	1 991 114,15	1 055 220,25	3 046 334,40
1910	2 025 869,50	1 078 496,65	3 104 366,15
1911	1 957 746,10	1 059 094,60	3 016 840,70
1912	1 811 013,30	993 329,05	2 804 342,35

Quelle: Norddeutscher Lloyd Bremen: Denkschrift betreffend die Reichspostdampferlinien nach Ostasien und Australien. o. O. o. J. (Bremen 1913), S. 54.

Gesamtkosten für Umbau und Reparaturen der Reichspostdampfer des Ostasien- und Australiendienstes in den Jahren 1900–1912.

1900	102 200,50 Mark
1902	92 368,35 Mark
1903	153 010,45 Mark
1904	114 141,05 Mark
1906	399 554,75 Mark
1907	134 923,40 Mark
1908	190 940,30 Mark
1909	74 449,75 Mark
1910	218 497,80 Mark
1911	298 028,30 Mark
1912	315 144,70 Mark
	2 093 259,35 Mark

Weitaus der größere Teil dieser Umbauten und Reparaturen wurde in den Werkstätten des Norddeutschen Lloyd ausgeführt.

Quelle: Norddeutscher Lloyd Bremen: Denkschrift betreffend die Reichspostdampferlinien nach Ostasien und Australien. o. O. o. J. (Bremen 1913), S. 55.

Proviantverbrauch auf den Reichspostdampfern nach Ostasien und Australien

A. Nach Ostasien:

		7 Reisen	1 Reise	1 Jahr	12 Jahre
Fleisch, Wurst, Wild	(Pfund)	421 469	60 210	1 565 460	18 785 520
Fleischkonserven	(Büchsen)	2 610	373	9 698	116 376
Fisch	(Pfund)	60 182	8 597	223 522	2 682 264
Fischkonserven	(Büchsen)	7 769	1 110	28 860	346 320
Geflügel	(Pfund)	69 530	9 933	258 258	3 099 096
Wildgeflügel	(St.)	4 732	676	17 576	210 912
Gemüse, Obst, etc., Konserven	(Büchsen)	48 332	6 905	179 530	2 154 360
Hülsenfrüchte, Teigwaren etc.	(Pfund)	151 312	21 616	562 016	6 744 192
Mehl, Brot, etc.	(Pfund)	249 975	35 711	928 486	11 141 832
Zucker, Kaffee, Tee, Schokolade, Milch, Sahne	(Ltr.)	73 313	10 502	273 052	3 276 624
Kartoffeln	(Pfund)	620 220	88 603	2 303 678	27 644 136
Butter	(Pfund)	46 131	6 590	171 340	2 056 080
Eier	(Stück)	334 676	47 811	1 243 086	14 917 032
Salz	(Pfund)	19 900	2 843	73 918	887 016
Getr. Obst, Nüsse etc.	(Pfund)	17 299	2 471	64 246	770 952
Käse	(Pfund)	12 379	1 768	45 968	551 616
Gewürze & Zitronensäure	(Pfund)	645	92	2 392	28 704
Branntwein, Rotwein, Essig, Rum	(Ltr.)	19 651	2 807	72 982	875 784
Citronensaft, Wein für Küche	(Ltr.)	915	131	3 406	40 872
Rahmeis	(Sch.)	4 450	636	16 536	198 432
Zwiebeln	(Pfund)	26 686	3 812	99 112	1 189 344
Eis	(Pfund)	913 705	130 529	3 393 754	40 725 048
Obst fr.	(St.)	265 308	37 901	985 426	11 825 112
Obst fr.	(Pfund)	83 398	11 914	309 764	3 717 168

B. Nach Australien

		3 Reisen	1 Reise	1 Jahr	12 Jahre
Fleisch, Wurst, Wild	(Pfund)	272 730	90 910	1 181 830	14 181 960
Fleischkonserven	(Büchsen)	811	270	3 510	42 120
Fisch	(Pfund)	38 365	12 788	166 244	1 994 928
Fischkonserven	(Büchsen)	3 326	1 109	14 417	173 004
Geflügel	(Pfund)	30 354	10 118	131 534	1 578 408
Wildgeflügel	(St.)	1 733	578	7 514	90 188
Gemüse, Obst, etc., Konserven	(Büchsen)	23 395	7 798	100 374	1 216 486
Hülsenfrüchte, Teigwaren etc.	(Pfund)	38 160	12 720	165 360	1 984 320
Mehl, Brot, etc.	(Pfund)	156 121	52 040	676 520	8 118 240
Zucker, Kaffee, Tee, Schokolade, Milch, Sahne	(Ltr.)	45 202	15 067	195 871	2 350 452
Kartoffeln	(Pfund)	299 910	99 970	1 299 610	15 595 320
Butter	(Pfund)	26 600	8 867	115 271	1 383 252
Eier	(Stück)	173 950	57 983	753 779	9 045 348
Salz	(Pfund)	9 900	3 300	42 900	514 800
Getr. Obst, Nüsse etc.	(Pfund)	9 018	3 006	39 078	468 936
Käse	(Pfund)	9 997	3 332	43 316	519 792
Gewürze & Zitronensäure	(Pfund)	563	154	2 002	24 024
Branntwein, Rotwein, Essig, Rum	(Ltr.)	10 681	3 560	46 280	555 360
Citronensaft, Wein für Küche	(Fl.)	372	124	1 612	19 344
Rahmeis	(Sch.)	2 272	757	9 841	118 092
Zwiebeln	(Pfund)	13 114	4 371	56 823	681 876
Eis	(Pfund)	367 311	122 437	1 591 681	19 100 172
Obst fr.	(St.)	99 767	333 255	432 328	5 187 936
Obst fr.	(Pfund)	38 056	12 685	164 905	1 978 860

Quelle: Norddeutscher Lloyd Bremen: Denkschrift betreffend die Reichspostdampferlinien nach Ostasien und Australien, o. O. o. J. (Bremen 1913).

Konkurrenzlinien der Reichspostdampfer und ihre Schiffe im Jahre 1913:

A. Nach Ostasien:

Peninsular and Oriental Steam Navigation Company

Schiffsname	Baujahr	Vermessung
Arcadia	1888	6 603 BRT
Himalaya	1892	6 898 BRT
India	1896	7 911 BRT
Assaye	1899	7 376 BRT
Delta	1905	8 089 BRT
Devanha	1906	8 092 BRT

Compagnie des Messageries Maritimes

Schiffsname	Baujahr	Vermessung
Caledonien	1882	4 130 BRT
Sydney	1883	4 118 BRT
Yarra	1883	4 142 BRT
Oceanien	1884	4 143 BRT
Dunabea	1889	5 685 BRT
Australien	1889	6 365 BRT
Nora	1889	5 538 BRT
Polynesien	1890	6 363 BRT
Ernest Simon	1893	5 543 BRT
Amazone	1896	6 007 BRT
Manzellan	1897	6 015 BRT
Tonking	1898	6 092 BRT
Atlantique	1899	6 446 BRT
Paul Lecat	1911	12 550 BRT

Nippon Yusen Kaisha

Schiffsname	Baujahr	Vermessung
Kaga	1901	6 301 BRT
Aki	1903	6 444 BRT
Tango Maru	1905	7 463 BRT
Hitachi	1906	6 716 BRT
Kamo	1906	8 524 BRT
Mishima	1908	8 500 BRT
Hirango	1908	8 520 BRT
Atsuba	1909	8 523 BRT
Myazaki	1909	8 500 BRT

B. Nach Australien

Peninsular and Oriental Steam Navigation Company

Schiffsname	Baujahr	Vermessung
China	1896	7 932 BRT
Egypt	1897	7 912 BRT
Arabia	1898	7 903 BRT
Persia	1900	7 951 BRT
Mongolia	1903	9 505 BRT
Moldavia	1903	9 500 BRT
Marmora	1903	10 509 BRT
Macedonia	1904	10 512 BRT
Morea	1908	10 890 BRT
Malwa	1908	10 883 BRT
Mantua	1909	10 885 BRT
Medina	1911	12 358 BRT

Orient and Pacific Steam Navigation Company (Orient Line)

Schiffsname	Baujahr	Vermessung
Ophir	1891	6 814 BRT
Omrah	1899	8 130 BRT
Orontes	1902	9 023 BRT
Orsova	1909	12 036 BRT
Otway	1909	12 077 BRT
Otranto	1909	12 124 BRT
Osterley	1909	12 129 BRT
Orvieto	1909	12 130 BRT
Orama	1911	12 927 BRT

Quelle: Norddeutscher Lloyd Bremen: Denkschrift betreffend die Reichspostdampferlinien nach Ostasien und Australien, o. O. o. J. (Bremen 1913), S. 56–58.

Datenblätter

Reichspostdampfer des Norddeutschen Lloyd

Barbarossa

Stapellauf: 5. September 1896
Indienststellung: 8. Januar 1897
Länge ü. a.: 165,8 m
Breite: 18,3 m
Tiefgang: 10,6 m
Vermessung: 10 769 BRT
Maschine: 2 III-Exp.
Geschwindigkeit: 14,5 kn
Passagierzahl: 149 (1.), 190 (2.) 1 935 (3.)
Besatzung: 226

8. Januar 1897 Jungfernfahrt Bremerhaven–Sydney. Abwechselnd im Australien- und New-York-Dienst. Im August 1914 in New York aufgelegt. 1917 Beschlagnahme durch USA und Umbenennung in *Mercury*, Einsatz als Marinetransportschiff. 1919 Übergabe an US Shipping Board. 1924 abgewrackt.

Bayern

Stapellauf: 18. Oktober 1886
Indienststellung: Januar 1887
Länge ü. a.: 118,9 m
Breite: 14 m
Tiefgang: 9,4 m
Vermessung: 4 574 BRT
Maschine: III-Exp.
Geschwindigkeit: 14 kn
Passagierzahl: 99 (1.), 28 (2.), 202 (3.)
Besatzung: 122

9. Februar 1887 Jungfernfahrt Bremerhaven–Ostasien. 1893 Schiffsverlängerung bei Blohm & Voss, neue Länge: 138,2 m. 1909 in Italien abgewrackt.

Bremen

Stapellauf: 14. November 1896
Indienststellung: 26. Mai 1897
Länge ü. a.: 160,1 m
Breite: 18,4 m
Tiefgang: 10,6 m
Vermessung: 10 552 BRT
Maschine: 2 III-Exp.
Geschwindigkeit: 15 kn
Passagierzahl: 230 (1.), 250 (2.), 1850 (3.)
Besatzung: 250

5. Juni 1897 Jungfernfahrt nach New York. 20. Oktober 1897 erste Fahrt Bremerhaven–Sydney. 30. Juni 1900 in Hoboken ausgebrannt, anschließend Reparatur und Umbau beim Stettiner Vulcan. 1914 in Bremerhaven aufgelegt. 1919 Ablieferung nach Großbritannien. 1921 Umbenennung in *Constantinople* (London). Im Einsatz zwischen Griechenland und den USA. 1923 Umbenennung in *King Alexander* (Piräus). 1929 in Italien abgewrackt.

Bülow

Stapellauf: 21. April 1906
Indienststellung: 22. September 1906
Länge ü. a.: 146,5 m
Breite: 17,6 m
Tiefgang: 11 m
Vermessung: 9 028 BRT
Maschine: 2 IV-Exp.
Geschwindigkeit: 15 kn
Passagierzahl: 75+32 (1.), 107+6 (2.), 126+1973 (3.)
Besatzung: 190

26. September 1906 Jungfernfahrt Bremerhaven–Ostasien. 23. Januar 1907 erste Fahrt Bremerhaven–Australien. Im August 1914 in Lissabon aufgelegt. 1916 von Portugal beschlagnahmt, Umbenennung: *Tras os Montes*. 1924 Umbenennung in *Nyassa*. 1951 in Großbritannien abgewrackt.

Danzig

Stapellauf: 14. August 1886
Indienststellung: 1887
Länge ü. a.: 79,7 m
Breite: 10,9 m
Tiefgang: 6,5 m
Vermessung: 1 852 BRT
Maschine: III-Exp.
Geschwindigkeit: 12,5 kn
Passagierzahl: 19 (1.), 23 (2.), 64 (3.)
Besatzung: 49

Februar 1887 erste Fahrt Triest–Port Said. 1896 Verkauf an Rob. M. Sloman, Hamburg und Umbenennung: *Frascati*. 1902 Verkauf nach Großbritannien. 1902 auf den Bahamas gestrandet.

Derfflinger

Stapellauf: 9. November 1907
Indienststellung: 4. Mai 1908
Länge ü. a.: 146,8 m
Breite: 17,6 m
Tiefgang: 10,9 m
Vermessung: 9 060 BRT
Maschine: 2 IV-Exp.
Geschwindigkeit: 15 kn
Passagierzahl: 75+32 (1.), 107+5 (2.), 132+1919 (3.)
Besatzung: 190

Mai 1908 Jungfernfahrt nach New York. 1. Juli 1908 Bremerhaven–Ostasien. 1914 britische Kriegsbeute, Umbenennung in *Huntsgreen*. 1923 Rückkauf durch den Norddeutschen Lloyd. 1933 in Bremerhaven abgewrackt.

Friedrich der Grosse

Stapellauf: 1. August 1896
Indienststellung: 11. November 1896
Länge ü. a.: 166,3 m
Breite: 18,3 m
Tiefgang: 10,6 m
Vermessung: 10 531 BRT
Maschine: 2 III-Exp.

Geschwindigkeit: 14,6 kn
Passagierzahl: 155 (1.), 198 (2.), 1964 (3.)
Besatzung: 222

11. November 1896 Jungfernfahrt Bremerhaven–Sydney. Abwechselnd im New-York- und Australien-Dienst. August 1914 in New York aufgelegt, 1917 von USA beschlagnahmt. Umbenennung in *Huron*. 1922 Umbenennung in *City of Honolulu*. 1922 ausgebrannt und versenkt.

Gneisenau

Stapellauf: 31. März 1903
Indienststellung: 9. August 1903
Länge ü. a: 143,6 m
Breite: 17 m
Tiefgang: 11 m
Vermessung: 8 081 BRT
Maschine: 2 III-Exp.
Geschwindigkeit: 14 kn
Passagierzahl: 80+43 (1.), 111+4 (2.), 134+1973 (3.)
Besatzung: 170

2. September 1903 Jungfernfahrt Bremerhaven–Australien. Juli 1904 erste Fahrt Bremerhaven–Ostasien. Im August 1914 von belgischen Behörden in Antwerpen beschlagnahmt. Oktober 1914 als Hindernis im Fahrwasser der Schelde versenkt. 1917 gehoben, aufgelegt. 1919 Italien zugesprochen. 1920 Umbenennung in *Città di Genova* (Genua). 1930 abgewrackt.

Goeben

Stapellauf: 11. Dezember 1906
Indienststellung: 24. Juli 1907
Länge ü. a.: 146,8 m
Breite: 17,6 m
Tiefgang: 10,9 m
Vermessung: 8 792 BRT
Maschine: 2 IV-Exp.
Geschwindigkeit: 15 kn
Passagierzahl: 75+32 (1.), 107+6 (2.), 134+1869 (3.)
Besatzung: 190

31. Juli 1907 Jungfernfahrt Bremerhaven–Ostasien. 21. März 1911 vor Genua gestrandet. August 1914 in Vigo aufgelegt. 1919 an Frankreich abgeliefert. 1920 Umbenennung in *Roussillon* (Le Havre). 1931 abgewrackt.

Grosser Kurfürst

Stapellauf: 2. Dezember 1899
Indienststellung: 26. April 1900
Länge ü. a.: 177,1 m
Breite: 19 m
Tiefgang: 10,9 m
Vermessung: 13 182 BRT
Maschine: 2 IV-Exp.
Geschwindigkeit: 16 kn
Passagierzahl: 144 (1.), 281 (2.) 2373 (3.)
Besatzung: 273

5. Mai 1900 Jungfernfahrt des größten Schiffes der Barbarossa-Klasse nach New York. 7. November 1900 erste Fahrt Bremerhaven–Sydney. Oktober 1913 Rettungsaktion für in Brand geratenen britischen Damp-

fer *Volturno*. Im August 1914 in New York aufgelegt, 1917 von USA beschlagnahmt und Umbenennung in *Aeolus*. 1920 Umbau. 1922 Umbenennung in *City of Los Angeles* (Los Angeles). 1937 in Japan abgewrackt.

Kaiser Wilhelm II

Stapellauf: 23. April 1889
Indienststellung: August 1889
Länge ü.a.: 141,9 m
Breite: 15,1 m
Tiefgang: 8,3 m
Vermessung: 6 990 BRT
Maschine: III-Exp.
Geschwindigkeit: 16,4 kn
Passagierzahl: 180 (1.), 86 (2.) 644 (3.)
Besatzung: 191

August 1889 Jungfernfahrt nach New York. 2. Oktober 1889 erste Fahrt Bremerhaven–Australien. 5. Juni 1893 in Genua gesunken, gehoben. 1900 Umbenennung in *Hohenzollern*. 10. Mai 1908 vor Sardinien gestrandet, abgewrackt.

Kleist

Stapellauf: 3. Dezember 1906
Indienststellung: 5. April 1907
Länge ü. a.: 146,8 m
Breite: 17,6 m
Tiefgang: 10,9 m
Vermessung: 8 950 BRT
Maschine: 2 IV-Exp.
Geschwindigkeit: 15 kn
Passagierzahl: 75+32 (1.), 105+6 (2.), 130+1880 (3.)
Besatzung: 190

17. April 1907 Jungfernfahrt Bremerhaven–Australien. Dezember 1907 erste Fahrt Bremerhaven–Ostasien. Im August 1914 in Padang aufgelegt. 1920 an Großbritannien abgeliefert. 1921 Abgabe nach Japan und Umbenennung in: *Yoshino Maru*. Im Juli 1944 von amerikanischen U-Booten versenkt.

König Albert

Stapellauf: 24. Juni 1899
Indienststellung: 27. September 1899
Länge ü. a.: 158,5 m
Breite: 18,3 m
Tiefgang: 10,6 m
Vermessung: 10 643 BRT
Maschine: 2 IV-Exp.
Geschwindigkeit: 16 kn
Passagierzahl: 168 (1.), 78 (2.), 1799 (3.)
Besatzung: 230

4. Oktober 1899 Jungfernfahrt nach Yokohama. Abwechselnd im New-York- und Ostasien-Dienst. Im August 1914 in Genua aufgelegt. 1915 beschlagnahmt, italienisches Lazarettschiff, Umbenennung in *Ferdinando Palasciano*. 1923 Umbenennung in *Italia*, Einsatz für italienische Marine. 1926 abgewrackt.

Königin Luise

Stapellauf: 17. Oktober 1896
Indienststellung: 16. März 1897
Länge ü. a.: 166,3 m
Breite: 18,3 m
Tiefgang: 10,6 m
Vermessung: 10 566 BRT
Maschine: 2 III-Exp.
Geschwindigkeit: 15 kn
Passagierzahl: 148 (1.), 138 (2.), 1940 (3.)
Besatzung: 231

22. März 1897 Jungfernfahrt nach New York. 17. November 1897 erste Fahrt Bremerhaven–Sydney. Abwechselnd im Australien- und Nordatlantik-Dienst. 1910 Rettungsaktion für britischen Segler *Harvard Queen*. Im August 1914 in Bremerhaven aufgelegt. 1919 an Großbritannien abgeliefert. 1921 Umbenennung in *Omar* (London), 1924 Umbenennung in *Edison* (London), 1929 Verkauf nach Griechenland. 1935 in Italien abgewrackt.

Lübeck

Stapellauf: 8. April 1886
Indienststellung: 1886
Länge ü. a.: 79,7 m
Breite: 10,9 m
Tiefgang: 6,5 m
Vermessung: 1 815 BRT
Maschine: III-Exp.
Geschwindigkeit: 12,5 kn
Passagierzahl: 19 (1.), 23 (2.), 64 (3.)
Besatzung: 49

Zunächst im Sydney–Apia-Dienst, ab 1893 im Singapur–Neuguinea-Dienst. 1895 zum Abwracken nach Japan verkauft, dort Weiterbetrieb als *Gaisen Maru*. 1903 bei Porovetu Point gestrandet.

Lützow

Stapellauf: 17. Dezember 1907
Indienststellung: 1. April 1908
Länge ü. a.: 146,8 m
Breite: 17,6 m
Tiefgang: 10,9 m
Vermessung: 8 818 BRT
Maschine: 2 IV-Exp.
Geschwindigkeit: 15 kn
Passagierzahl: 75+32 (1.), 107+6 (2.), 128+1892 (3.)
Besatzung: 190

April 1908 Jungfernfahrt nach New York. 29. Juli 1908 erste Fahrt Bremerhaven–Ostasien. Im August 1914 im Suezkanal britische Kriegsbeute, Umbenennung in *Huntsend*. 1923 Rückkauf durch den Norddeutschen Lloyd. 1933 in Vegesack abgewrackt.

Preussen

Stapellauf: 10. Juli 1886
Indienststellung: Oktober 1886
Länge ü. a.: 118,9 m
Breite: 13,9 m

Tiefgang: 9,4 m
Vermessung: 4 577 BRT
Maschine: III-Exp.
Geschwindigkeit: 14 kn
Passagierzahl: 100 (1.), 28 (2.), 202 (3.)
Besatzung: 122

3. November 1886 Jungfernfahrt Bremerhaven–Australien. Bei Ankunft in Sydney zweimonatige Quarantäne. Juni 1887 erste Fahrt Bremerhaven–Ostasien. 1894 Schiffsverlängerung bei Blohm & Voss. Länge nach Umbau: 143,4 m. 1902 Kollision mit dem dänischen Schiff *Orrik*. 1909 in Italien abgewrackt.

Prinz Eitel Friedrich

Stapellauf: 18. Juni 1904
Indienststellung: 27. September 1904
Länge ü. a.: 154,3 m
Breite: 17 m
Tiefgang: 9,8 m
Vermessung: 8 865 BRT
Maschine: 2 IV-Exp.
Geschwindigkeit: 15 kn
Passagierzahl: 109+49 (1.), 142+14 (2.), 48+706 (3.)
Besatzung: 222

13. Oktober 1904 Jungfernfahrt Hamburg–Bremerhaven–Ostasien. Im August 1914 Umrüstung zum Hilfskreuzer, bis März 1915 versenkte er 11 Schiffe. 11. März 1915 Internierung in Newport News. 1916 Überführung nach Philadelphia. 1917 von USA beschlagnahmt, Umbenennung in *De Kalb*, 1921 Umbenennung in *Mount Clay* (New York), 1925 aufgelegt, 1934 abgewrackt.

Prinz Heinrich

Stapellauf: August 1894
Indienststellung: 15. Dezember 1894
Länge ü. a.: 143,7 m
Breite: 15,6 m
Tiefgang: 9,1 m
Vermessung: 6 263 BRT
Maschine: 2 III-Exp.
Geschwindigkeit: 15,5 kn
Passagierzahl: 85 (1.), 80 (2.) 1000 (3.)
Besatzung: 157

2. Januar 1895 Jungfernfahrt Bremerhaven–Shanghai. 18. Oktober erste Fahrt Hamburg–Yokohama. 1909 Umbau. Im August 1914 in Lissabon aufgelegt. 1925 abgewrackt.

Prinz Ludwig

Stapellauf: 12. Mai 1906
Indienststellung: 9. August 1906
Länge: 155,2 m
Breite: 17,6 m
Tiefgang: 10,7 m
Vermessung: 9 630 BRT
Maschine: 2 IV-Exp.
Geschwindigkeit: 15,5 kn
Passagierzahl:113+35 (1.), 128+34 (2.) 58+395 (3.)
Besatzung: 238

16. August 1906 Jungfernfahrt Bremerhaven–Ostasien. Im August 1914 in Bremerhaven aufgelegt. 1919 an Großbritannien abgeliefert. 1921 Umbenennung in *Orcades* (London). 1925 in Bremerhaven abgewrackt.

Prinz Sigismund

Stapellauf: 12. Mai 1903
Indienststellung: 4. September 1903
Länge ü. a.: 103,6 m
Breite: 12,9 m
Vermessung: 3 302 BRT
Maschine: 2 III-Exp.
Geschwindigkeit: 12 kn
Passagierzahl: 28 (1.), 40 (2.), 22 (3.)
Besatzung: 96

Einsatz im Sydney-Neuguinea-Singapur-Dienst. Im August 1914 in Brisbane von Großbritannien beschlagnahmt, Umbenennung in *Bambra*. 1927 in Deutschland abgewrackt.

Prinz Waldemar

Stapellauf: 3. Juni 1903
Indienststellung: 18. Juli 1903
Länge ü. a.: 103,7 m
Breite: 12,8 m
Vermessung: 3 227 BRT
Maschine: 2 III-Exp.
Geschwindigkeit: 12 kn
Passagierzahl: 28 (1.), 40 (2.), 22 (Zwischendeck).
Besatzung: 96

Einsatz im Sydney-Singapur-Dienst. Im August 1914 Kohlendampfer für Kreuzergeschwader Graf Spee. 1917 von USA beschlagnahmt, Umbenennung in *Wacouta*. 1921 Umbenennung in *Yucatan*. 1925 abgewrackt.

Prinzess Irene

Stapellauf: 19. Juni 1900
Indienststellung: 6. September 1900
Länge ü. a.: 166,1 m
Breite: 18,3 m
Tiefgang: 10,6 m
Vermessung: 10 881 BRT
Maschine: 2 IV-Exp.
Geschwindigkeit: 16 kn
Passagierzahl: 268 (1.), 132 (2.), 1964 (3.)
Besatzung: 223

9. September 1900 Jungfernfahrt nach New York. 30. Oktober 1900 erste Fahrt Bremerhaven–Yokohama. 1904 Rettungsaktion für den Segler *Marije*. 1909 Rettungsaktion für den Dampfer *Slavonia*. Im August 1914 in New York aufgelegt. 1917 von USA beschlagnahmt, Umbenennung in *Pocahontas*. 1922 Rückkauf durch Norddeutschen Lloyd. 1928 Umbenennung in *Karlsruhe*. 1932 in Bremerhaven abgewrackt.

Prinzregent Luitpold

Stapellauf: 20. März 1894
Indienststellung: 19. August 1894
Länge ü. a.: 143,7 m
Breite: 15,3 m
Tiefgang: 9,1 m
Vermessung: 6 288 BRT
Maschine: 2 III-Exp.
Geschwindigkeit: 15,5 kn
Passagierzahl: 85 (1.), 80 (2.), 1000 (3.)
Besatzung: 150

29. August 1894 Jungfernfahrt Bremerhaven–Sydney. 1910 Umbau. Im August 1914 in Messina aufgelegt. 1915 beschlagnahmt, 1918 Umbenennung in *Pietro Calvi* (Genua). 1928 abgewrackt.

Roon

Stapellauf: 1. November 1902
Indienststellung: 9. April 1903
Länge ü. a.: 143,8 m
Breite: 17 m
Tiefgang: 11 m
Vermessung: 8 022 BRT
Maschine: 2 III-Exp.
Geschwindigkeit: 14 kn
Passagierzahl: 72+44 (1.), 105+6 (2.) 120+2042 (3.)
Besatzung: 170

15. April 1903 Jungfernfahrt Bremerhaven–Ostasien. 19. Februar 1908 erste Fahrt Bremerhaven–Australien. Im August 1914 aufgelegt. 1919 an Großbritannien abgeliefert. 1921 nach Griechenland, Umbenennung in *Konstantinoupolis*. 1925 nach Deutschland zum Abwracken.

Sachsen

Stapellauf: 29. Dezember 1886
Indienststellung: März 1887
Länge ü. a.: 118,9 m
Breite: 14 m
Tiefgang: 9,5 m
Vermessung: 4 571 BRT
Maschine: III-Exp.
Geschwindigkeit: 14 kn
Passagierzahl: 99 (1.), 28 (2.), 202 (3.)
Besatzung: 115

6. April 1887 Jungfernfahrt Bremerhaven–Ostasien. 1893 Schiffsverlängerung bei Blohm & Voss. 1898 und 1906 Rettungsaktionen in chinesischen Gewässern. 1909 in Italien abgewrackt.

Scharnhorst

Stapellauf: 14. Mai 1904
Indienststellung: 20. August 1904
Länge ü. a.: 143,8 m
Breite: 17 m
Tiefgang: 11 m
Vermessung: 8 131 BRT
Maschine: 2 III-Exp.
Geschwindigkeit: 14 kn
Passagierzahl: 75+39 (1.), 107+8 (2.), 122+2059 (3.)
Besatzung: 170

31. August 1904 Jungfernfahrt Bremerhaven–Australien. 25. Mai 1905 erste Fahrt Bremerhaven–Ostasien. 1914 Lazarettschiff. 1917 Transportschiff für Kaiserliche Marine. 1919 an Frankreich abgegeben. 1921 Umbenennung in *La Bourdonnais* (Le Havre). 1934 abgewrackt.

Seydlitz

Stapellauf: 25. Oktober 1902
Indienststellung: 4. Juni 1903
Länge ü. a.: 143,2 m
Breite: 16,9 m
Tiefgang: 10,9 m
Vermessung: 7 942 BRT
Maschine: 2 III-Exp.
Geschwindigkeit: 14 kn
Passagierzahl: 66+44 (1.), 107+8 (2.), 138+1940 (3.)
Besatzung: 190

5. August 1903 Jungfernfahrt Bremerhaven–Ostasien. 22. Februar 1905 erste Fahrt Bremerhaven–Australien. Ab 20. Oktober 1914 Hilfsschiff der Kaiserlichen Marine. Entkam aus der Seeschlacht bei den Falklandinseln, lief am 10. Dezember 1914 San Antonio als Nothafen an, wurde dort interniert. 1920 zurück nach Deutschland, Umbau, weiter im Lloyd-Dienst. 1933 in Bremerhaven abgewrackt.

Stettin

Stapellauf: 1. April 1886
Indienststellung: Juni 1886
Länge ü. a.: 79,1 m
Breite: 10,9 m
Tiefgang: 6,5 m
Vermessung: 1 815 BRT
Maschine: III-Exp.
Geschwindigkeit: 12,5 kn
Passagierzahl: 19 (1.), 23 (2.), 64 (3.)
Besatzung: 49

Juni 1886 Überführungsfahrt nach Hongkong. 13. August 1886 erste Fahrt Hongkong–Nagasaki. 1896 Schiffsverlängerung auf der Seebeckwerft in Bremerhaven. Länge nach Umbau: 96,1 m. 1903 nach Shanghai verkauft. 1910 Umbenennung in *Loong Yue* (Shanghai). 1917 Umbenennung in *Ryoyu Maru* (Tanaka). 1920 abgewrackt.

Yorck

Stapellauf: 10. April 1906
Indienststellung: 4. November 1906
Länge ü. a.: 146,8 m
Breite: 17,5 m
Tiefgang: 10,8 m
Vermessung: 8 901 BRT
Maschine: 2 IV-Exp.
Geschwindigkeit: 15 kn
Passagierzahl: 75+32 (1.), 107+6 (2.), 130+1908 (3.)
Besatzung: 185

23. November 1906 Jungfernfahrt nach New York. 20. Februar 1907 erste Fahrt Bremerhaven–Australien. 23. Oktober 1907 erste Fahrt Bremerhaven–Ostasien. 1914 Hospitalschiff der Kaiserlichen Marine, im Oktober 1914 in Valparaiso interniert. 1920 zurück nach Deutschland, Umbau. 1933 in Danzig abgewrackt.

Zieten

Stapellauf: 12. Juli 1902
Indienststellung: 15. Januar 1903.
Länge ü. a.: 143,2 m
Breite: 16,9 m
Tiefgang: 10,9 m
Vermessung: 8 066 BRT
Maschine: 2 III-Exp.
Geschwindigkeit: 14 kn
Passagierzahl: 66+44 (1.), 99+4 (2,), 130+2040 (3.)
Besatzung: 190

Januar 1903 Jungfernfahrt nach New York. 13. April 1903 erste Fahrt Bremerhaven–Ostasien. 25. November 1903 erste Fahrt Bremerhaven–Australien. Im August 1914 in Moçambique aufgelegt. 1916 von Portugal beschlagnahmt, Umbenennung in *Tungue*. 1917 von deutschem U-Boot im Mittelmeer versenkt.

Reichspostdampfer der HAPAG

Hamburg

Stapellauf: 25. November 1899
Indienststellung: 12. März 1900
Länge ü. a.: 158,5 m
Breite: 18,3 m
Tiefgang: 10,6 m
Vermessung: 10 532 BRT
Maschine: 2 IV-Exp.
Geschwindigkeit: 16 kn
Passagierzahl: 199 (1.), 86 (2.), 80 (3.)
Besatzung: 225

Bauwerft: Vulcan, Stettin. 21. März 1900 Jungfernfahrt Bremerhaven–Yokohama. Im Ostasiendienst der HAPAG. 1903 Rettungsaktion für chinesisches Fischerboot. 1904 erste Fahrt nach New York. 1910 Kollision mit Schlepper in Neapel. Im August 1914 in New York aufgelegt. September 1914 in Charter für das Internationale Rote Kreuz, Umbenennung in *Red Cross*. Oktober 1914 wieder Umbenennung in *Hamburg*. April 1917 von USA beschlagnahmt, Umbenennung in *Powhatan*, Lazarettschiff. 1920 Umbenennung in *New Rochelle*. 1921 Umbenennung in *Hudson*. 1922 Umbenennung in *President Fillmore*. 1928 abgewrackt.

Kiautschou (später: *Prinzess Alice*)

Stapellauf: 14. September 1900	Vermessung: 10 911 BRT
Indienststellung:	Maschine: 2 IV-Exp.
14. Dezember 1900	Geschwindigkeit: 16 kn
Länge ü. a.: 166,1 m	Passagierzahl:
Breite: 18,3 m	206 (1.), 86 (2.), 80 (3.)
Tiefgang: 10,6 m	Besatzung: 247

Bauwerft: Vulcan, Stettin, geplante Namen: *Bavaria, Teutonia.* 25. Dezember 1900 Jungfernfahrt Bremerhaven–Yokohama. Bis 1903 Ostasiendienst. 1904 an Norddeutschen Lloyd, Umbenennung in *Prinzess Alice*. 31. August 1904 erste Fahrt Bremerhaven–Yokohama. 1914 aufgelegt. 1917 von USA beschlagnahmt. 1922 Umbenennung in *President Arthur*. 1923 in New York aufgelegt. 1927 Umbenennung in *City of Honolulu* (wie 1922 *Friedrich der Grosse*). 1930 ausgebrannt. 1933 nach Osaka zum Abwracken verkauft.

Weitere Schiffe des Norddeutschen Lloyd auf den Reichspostdampferlinien

Adler

Stapellauf: 7. Februar 1884
Indienststellung: 9. April 1884
Länge: 72,8
Breite: 10,1 m
Vermessung: 1 356 BRT
Maschine: III-Exp.
Geschwindigkeit: 12 kn
Passagierzahl: ca. 40
Besatzung: 28

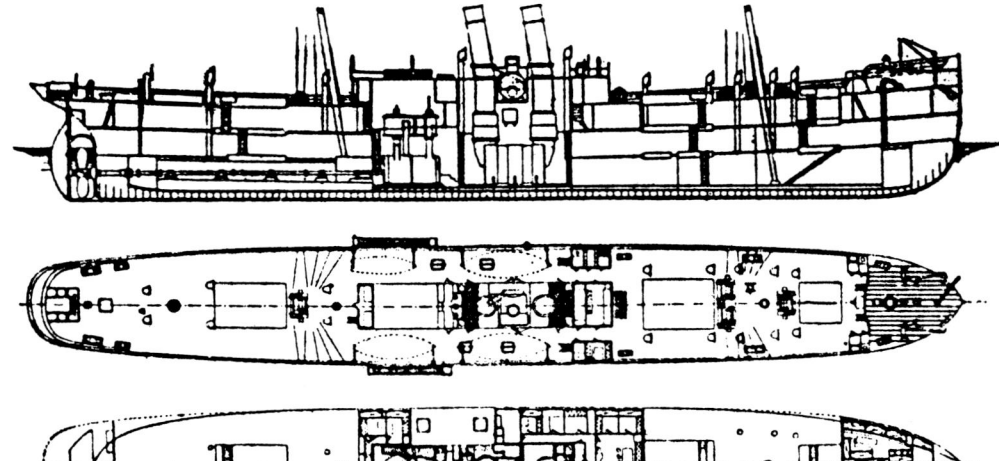

Bauwerft: Flensburger Schiffsbau-Ge-sellschaft, Flensburg. Gebaut für den England-Dienst des Norddeutschen Lloyd. August 1886 Fahrt Triest–Port Said. 1899 nach Großbritannien ver-kauft. 1904 nach Frankreich verkauft, Umbenennung in *Ville de Nantes*. 1926 abgewrackt.

Braunschweig

Stapellauf: 1. April 1873
Indienststellung:
    September 1873
Länge ü. a.: 107,2 m
Breite: 11,9 m
Tiefgang: 9,7 m
Vermessung:
    3 079 BRT
Maschine: Comp.
Geschwindigkeit: 12 kn
Passagierzahl:
    34 (1.), 33 (2.), 600 (3.)
Besatzung: 99

Bauwerft: Steele, Greenock. September 1873 Jungfernfahrt nach Balti-more. 1886 Umbau. Juli 1886 erste Fahrt Triest–Port Said. 13. Januar 1887 erste Fahrt Bremerhaven–Ostasien. 8. Juli 1891 erste Fahrt Bre-merhaven–Australien. 1896 abgewrackt.

Coblenz

Stapellauf: 18. März 1897
Indienststellung: 5. Mai 1897
Länge ü. a.: 97,8 m
Breite: 12,9 m
Tiefgang: 7,5 m
Vermessung: 3 169 BRT
Maschine: 2 III-Exp.
Geschwindigkeit: 11,5 kn
Passagierzahl: 20 (1.), 232 (3.)
Besatzung: 54

Bauwerft: Blohm & Voss, Hamburg. 1907 Sydney-Ostasien-Dienst. 1917 in Manila beschlagnahmt und umbenannt in *Sacem*. 1920 Umbe-nennung in *Cuba*. 1923 gestrandet.

Darmstadt

Stapellauf: 27. September 1890
Indienststellung: 26. November 1890
Länge ü. a.: 131,4 m
Breite: 14,6 m
Tiefgang: 9,1 m
Vermessung: 5 316 BRT
Maschine: III-Exp.
Geschwindigkeit: 13 kn
Passagierzahl:
    49 (.1.), 38 (2.), 1904 (3.)
Besatzung: 106

Bauwerft: Fairfield, Glasgow. 1890 Jungfernfahrt. 10. April 1895 erste Fahrt Bremerhaven–Sydney. 1911 in die Türkei verkauft und Umbe-nennung in *Karadeniz*. 1914 von Großbritannien beschlagnahmt, 1919 wieder türkisch. 1923 abgewrackt.

Dresden

Stapellauf: 1. Dezember 1888
Indienststellung: 5. Januar 1889
Länge ü. a.: 118,1 m
Breite: 13,4 m
Tiefgang: 9,5 m
Vermessung: 4 802 BRT
Maschine: III-Exp.
Geschwindigkeit: 13 kn
Passagierzahl: 38 (1.), 20 (2.), 1759 (3.)
Besatzung: 100

Bauwerft: Fairfield, Glasgow. 1889 Jungfernfahrt nach New York. 29. Mai 1889 erste Fahrt Bremerhaven–Shanghai. 9. Juli 1890 erste Fahrt Bremerhaven–Sydney. 1903 Verkauf nach Großbritannien und Umbe-nennung in *Helius*. 1906 in die Türkei verkauft, Umbenennung in *Bezzi Alem*. 1914 versenkt.

Elbe
Stapellauf:
    4. April 1881
Indienststellung:
    26. Juni 1881
Länge ü. a.: 127,5 m
Breite: 13,7 m
Tiefgang: 10,8 m
Vermessung: 4 510 BRT
Maschine: Comp.
Geschwindigkeit: 16,3 kn
Passagierzahl:
    179 (1.), 142 (2.), 796 (3.)
Besatzung: 148

Bauwerft: Elder, Glasgow. Jungfernfahrt nach New York. Ab Oktober 1889 Hamburg–Australien. 1895 nach Kollision mit britischem Dampfer gesunken.

General Werder
Stapellauf:
    4. März 1874
Indienststellung:
    September 1874
Länge ü. a.: 107,5
Breite: 12 m
Tiefgang: 9,5 m
Vermessung: 3 020 BRT
Maschine: Comp.
Geschwindigkeit: 12
Passagierzahl:
    144 (1.), 68 (2.), 502 (3.)
Besatzung: 100

Bauwerft: Caird, Greenock. September 1874 Jungfernfahrt nach Baltimore. 1886 Umbau. 1887–1892 Hongkong-Japan-Dienst. 1893 Verkauf und Umbenennung in *Midnight Sun*. 1899 *Princess of Wales*, Lazarettschiff. 1912 abgewrackt.

Gera
Stapellauf: 8. November 1890
Indienststellung:
    13. Dezember 1890
Länge ü. a.: 131,4 m
Breite: 14,6 m
Tiefgang: 9,1 m
Vermessung: 5 319 BRT
Maschine: III-Exp.
Geschwindigkeit: 13 kn
Passagierzahl:
    49 (1.), 38 (2.), 1901 (3.)
Besatzung: 103

Bauwerft: Fairfield, Glasgow. 19. Juli 1893 erste Fahrt Bremerhaven–Shanghai. 22. November 1893 erste Fahrt Bremerhaven–Sydney. Juli 1900 bis Mai 1901 Lazarettschiff während des Boxeraufstandes. 1908 Verkauf und Umbenennung in *Valparaiso*. 1917 vor der libyschen Küste versenkt.

Habsburg
Stapellauf: 9. Januar 1875
Indienststellung: Februar 1876
Länge ü. a.: 107,2 m
Breite: 12,1 m
Tiefgang: 9,9 m
Vermessung: 3 094 BRT
Maschine: Comp.
Geschwindigkeit: 12,7 kn
Passagierzahl: 142 (1.), 800 (3.)
Besatzung: 81

Bauwerft: Earle's, Hull. März 1876 Jungfernfahrt nach New York. 1886 Umbau. 23. Februar 1887 erste Reise Bremerhaven–Australien. 1899 in Italien abgewrackt.

Hohenstaufen
Stapellauf: Vermessung:
    24. September 1873   3 090 BRT
Indienststellung: Maschine: Comp.
    August 1874   Geschwindigkeit: 12 kn
Länge ü. a.: 107,5 m   Passagierzahl:
Breite: 12 m   142 (1.), 800 (3.)
Tiefgang: 9,9 m   Besatzung: 79

Bauwerft: Earle's, Hull. September 1874 Jungfernfahrt nach New York. 1886 Umbau. 26. Januar 1887 erste Fahrt Bremerhaven–Australien. 1897 in Großbritannien abgewrackt.

Hohenzollern
Stapellauf: Vermessung:
    24. Mai 1873   3 092 BRT
Indienststellung: Maschine: Comp.
    November 1873   Geschwindigkeit: 12 kn
Länge ü. a.: 107,3 m   Passagierzahl:
Breite: 12 m   142 (1.), 800 (3.)
Tiefgang: 9,9 m   Besatzung: 95

Bauwerft: Earle's, Hull. Dezember 1873 Jungfernfahrt nach Westindien. 11. August 1886 erste Fahrt Bremerhaven–Australien. 1895 Hongkong-Japan-Dienst. 1899 abgewrackt.

Karlsruhe
Stapellauf: 31. August 1889
Indienststellung: Oktober 1889
Länge ü. a.: 131,6 m
Breite: 14,5 m
Tiefgang: 9,4 m
Vermessung: 5 347 BRT
Maschine: III-Exp.
Geschwindigkeit: 13 kn
Passagierzahl:
    44 (1.), 36 (2.), 1955 (3.)
Besatzung: 105

Bauwerft: Fairfield, Glasgow. 28. September 1892 erste Fahrt Bremerhaven–Sydney. 31. Januar 1894 erste Fahrt Bremerhaven–Shanghai. 1908 abgewrackt.

Manila

Stapellauf: 18. Januar 1904
Indienststellung: 23. März 1904
Länge ü.a.: 81,3 m
Breite: 11,4 m
Tiefgang: 6 m
Vermessung: 1 790 BRT
Maschine: III-Exp.
Geschwindigkeit: 10 kn
Passagierzahl: 16 (1.), 9 (2.)
Besatzung: 43

Bauwerft: Rickmers Schiffbau AG, Geestemünde. Ab April 1904 Singapur-Neuguinea-Dienst. 1922 Umbenennung in *Siang Lee*. 1927 Umbenennung in *Heng Chong*. 1928 abgewrackt.

München

Stapellauf: 23. Januar 1889
Indienststellung: 25. Februar 1889
Länge ü. a.: 118,1 m
Breite: 13,4 m
Tiefgang: 9,5 m
Vermessung: 4 803 BRT
Maschine: III-Exp.
Geschwindigkeit: 13 kn
Passagierzahl: 38 (1.), 20 (2.), 1759 (3.)
Besatzung: 100

Bauwerft: Fairfield, Glasgow. 23. Mai 1900 erste Reise Bremerhaven–Sydney. Februar 1902 vor Yap gestrandet, verkauft. 1905 Umbenennung in *Grigorij Merk (St. Petersburg)*. 1910 abgewrackt.

Neckar

Stapellauf: 10. November 1873   Besatzung: 100
Indienststellung: April 1874
Länge ü. a.: 106,7 m
Breite: 12,2 m
Vermessung: 3 120 BRT
Maschine: Comp.
Geschwindigkeit: 13 kn
Passagierzahl: 144 (1.), 68 (2.), 502 (3.)

Bauwerft: Caird, Greenock. April 1874 Jungfernfahrt nach New York. 1886 Umbau. 28. Juli 1886 erste Fahrt Bremerhaven–Ostasien. 1896 in Italien abgewrackt.

Nürnberg

Stapellauf: Vermessung: 3 116 BRT
 9. September 1873   Maschine: Comp.
Indienststellung: Januar 1874   Geschwindigkeit: 12 kn
Länge ü. a.: 107,2 m   Passagierzahl:
Breite: 11,9 m   34 (1.), 33 (2.), 600 (3.)
Tiefgang: 9,6 m   Besatzung: 101

Bauwerft: Steele, Greenock. Februar 1874 Jungfernfahrt nach Baltimore. 1886 Umbau. 25. August 1886 erste Fahrt Bremerhaven–Ostasien. 13. Juli 1887 erste Fahrt Bremerhaven–Australien. 1892–95 Hongkong-Japan-Dienst.1895 abgewrackt.

Oder

Stapellauf: Dezember 1873
Indienststellung: April 1874
Länge ü. a.: 106,7 m
Breite: 12,1 m
Tiefgang: 10,2 m
Vermessung: 3 158 BRT
Maschine: Comp.
Geschwindigkeit: 13 kn
Passagierzahl: 90 (1.), 126 (2.), 650 (3.)
Besatzung: 103

Bauwerft: Caird, Greenock. Mai 1874 Jungfernfahrt nach New York. 1886 Umbau. 30. Juni 1886 erste Fahrt Bremerhaven–Ostasien. 30. Mai 1887 vor Sokotra gestrandet.

Oldenburg

Stapellauf: 13. Dezember 1890
Indienststellung: 27. Januar 1891
Länge ü. a.: 131,4 m
Breite: 14,6 m
Tiefgang: 9,1 m
Vermessung: 5 317 BRT
Maschine: III-Exp.
Geschwindigkeit: 13 kn
Passagierzahl:
 49 (1), 38 (2), 1901 (3.)
Besatzung: 103

Bauwerft: Fairfield, Glasgow. 22. Juni 1892 erste Fahrt Bremerhaven–Shanghai. 26. Oktober 1892 erste Fahrt Bremerhaven–Sydney. 1911 Verkauf und Umbenennung in *Akdeniz* (Konstantinopel). 1928 abgewrackt.

Rhein

Stapellauf: Vermessung:
 20. September 1899   10 058 BRT
Indienststellung: Maschine: 2 IV-Exp.
 5. Dezember 1899   Geschwindigkeit: 13 kn
Länge ü. a.: 158,5 m   Passagierzahl:
Breite: 17,7 m   139 (1), 125 (2), 2500 (3.)
Tiefgang: 11,2 m   Besatzung: 174

Bauwerft: Blohm & Voss, Hamburg. Dezember 1899 Jungfernfahrt nach New York. 11. September 1901 erste Fahrt Bremerhaven–Sydney. 1906 Umbau. 1917 beschlagnahmt und umbenannt in *Susquehanna*. 1928 abgewrackt.

Salier

Stapellauf: 15. Juni 1874   Vermessung: 3 083 BRT
Indienststellung: Maschine: Comp.
 14. Juli 1875   Geschwindigkeit: 13 kn
Länge ü. a.: 107,2 m   Passagierzahl: 142 (1.), 800 (3.)
Breite: 12,1 m   Besatzung: 80
Tiefgang: 9,9 m

Bauwerft: Earle's, Hull. September 1875 Jungfernfahrt nach New York. 1886 Umbau. 14. Juli 1886 erste Fahrt Bremerhaven–Australien. 1896 an der nordspanischen Küste gestrandet.

Schwalbe

Stapellauf: 1882	Vermessung: 932 BRT
Indienststellung: 1882	Maschine: III-Exp.
Länge: 64,2 m	Geschwindigkeit: 9 kn
Breite: 9,7 m	Passagierzahl: 27
Tiefgang: 4,6 m	Besatzung: 19

Bauwerft: Joh. C. Tecklenborg, Geestemünde. Gebaut für England-Dienst des Norddeutschen Lloyd. 1888 Überführung nach Ostasien für die Route Penang–Sumatra. 1894 nach Singapur verkauft, umbenannt in *Lady Mitchell*. 1906 nach Japan verkauft, umbenannt in *Nanto Maru*. 1938 abgewrackt.

Sperber

Stapellauf: 1870	Maschine: Comp.
Indienststellung: 1870	Geschwindigkeit: 11 kn
Länge: 69 m	Passagierzahl: ca. 60
Breite: 8,7 m	Besatzung: 21
Vermessung: 898 BRT	

Bauwerft: Earle's, Hull. England-Dienst des Norddeutschen Lloyd. 19. Oktober 1886 erste Fahrt Triest–Port Said. 1897 nach Italien verkauft, umbenannt in *Ligure*. 1924 in die Türkei verkauft. Weitere Umbenennungen in *Turkia* und *Türkiye*. 1935 abgewrackt.

Stuttgart

Stapellauf: 26. Oktober 1889	Vermessung: 5 349 BRT
Indienststellung:	Maschine: III-Exp.
30. Dezember 1889	Geschwindigkeit: 13 kn
Länge ü. a.: 131,6 m	Passagierzahl:
Breite: 14,5 m	44 (l.), 36 (2.), 1955 (3.)
Tiefgang: 9,4 m	Besatzung: 100

Bauwerft: Fairfield, Glasgow. 1. April 1891 erste Fahrt Bremerhaven–Shanghai. 1. Juli 1896 erste Fahrt Bremerhaven–Sydney. 1908 abgewrackt.

Sumatra

Stapellauf: 1889	Vermessung: 584 BRT
Indienststellung: 1889	Maschine: III-Exp.
Länge: 52,3 m	Geschwindigkeit: 10 kn
Breite: 8,4 m	Passagierzahl: 12 (1.), 16 (2.)
Tiefgang: 3,7 m	Besatzung: 21

Bauwerft: Howaldt, Kiel. 1889 nach Penang überführt, anschließend im Penang-Sumatra-Dienst. 1914 von britischem Kreuzer gekapert. 1923 von Port Macquarie gesunken.

Längsansicht

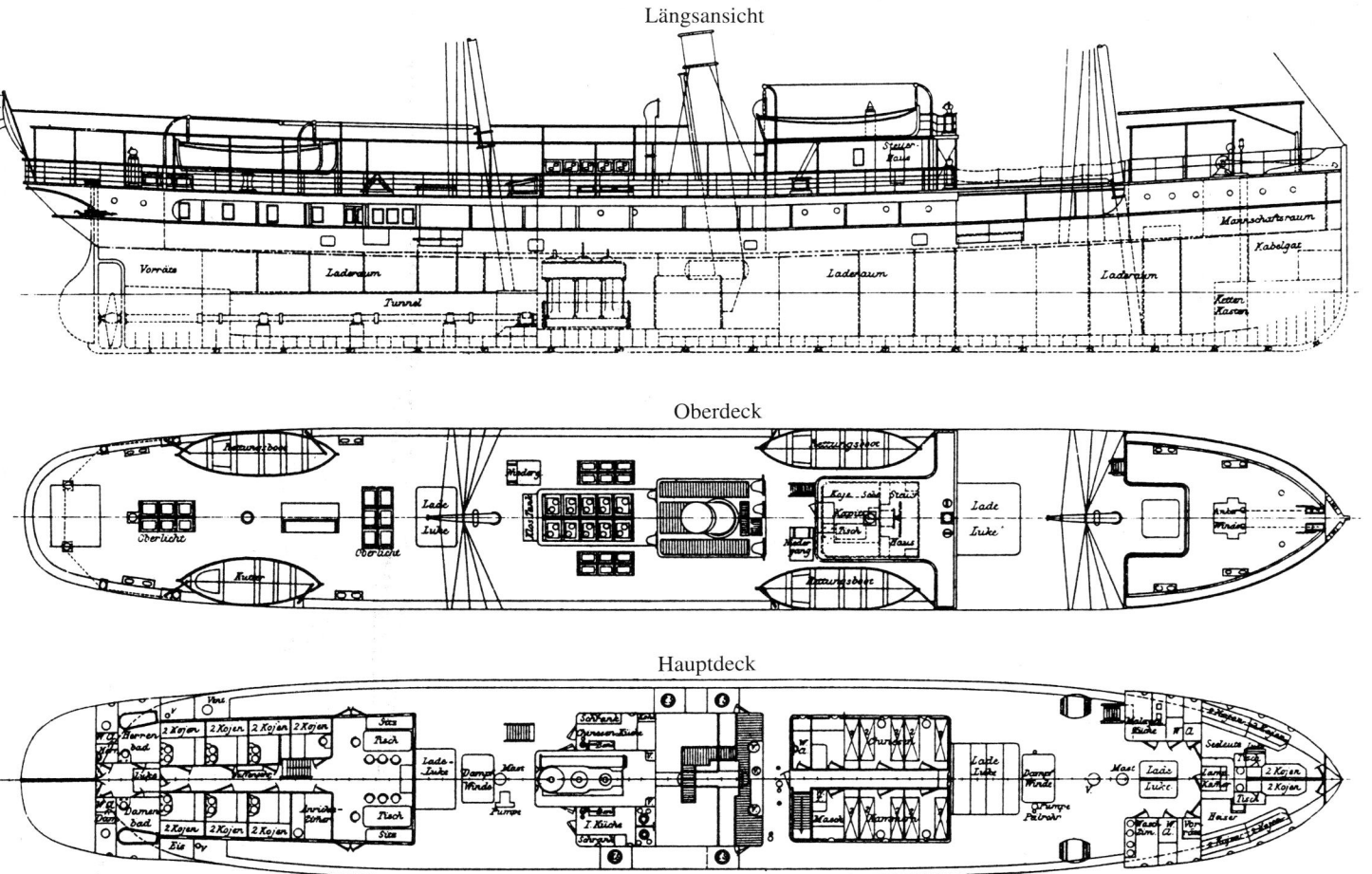

Oberdeck

Hauptdeck

Weimar

Stapellauf: 9. Februar 1891
Indienststellung: 10. März 1891
Länge ü. a.: 131,4 m
Breite: 14,6 m
Tiefgang: 9,1 m
Vermessung: 5 318 BRT
Maschine: III-Exp.
Geschwindigkeit: 13 kn
Passagierzahl: 49 (1.), 38 (2.), 1907 (3.)
Besatzung: 103

Bauwerft: Fairfield, Glasgow. 2. Juni 1897 erste Fahrt Bremerhaven–Sydney. 7. Februar 1900 erste Fahrt Hamburg–Yokohama. 1908 Verkauf und Umbenennung in *Santiago*. 1909 Umbenennung in *Armonia*. 1918 im Mittelmeer versenkt.

Dieser Aufstellung liegen folgende Quellen zugrunde:

Gottspenn, Arno und Bernhard Koch: Die deutschen Reichspostdampfer im Ostasien-Verkehr mit ihrer Vorgeschichte und ihren Seepoststempeln. Sonderdruck der Arbeitsgemeinschaft der Sammler deutscher Kolonial-Postwertzeichen im BDPh und der Arbeitsgemeinschaft Schiffspost im BDPh, 4 H., Hamburg 1971/2.

Kludas, Arnold: Die Seeschiffe des Norddeutschen Lloyd 1857 bis 1919, Herford 1991.

Kludas, Arnold: Die Geschichte der deutschen Passagierschiffahrt, Bd. 1-3, Hamburg 1986-1988.

Evers, Heinz: Fahrten der deutschen Reichspostdampfer (Archiv Hapag-Lloyd AG Hamburg).

Rothe, Claus: Deutsche Ozean-Passagierschiffe 1896-1918, Berlin 1986.

Willehad

Stapellauf: 21. März 1894
Indienststellung: 11. Mai 1894
Länge ü. a.: 122,2 m
Breite: 14 m
Tiefgang: 8,3 m
Vermessung: 5 003 BRT
Maschine: 2 III-Exp.
Geschwindigkeit: 12 kn
Passagierzahl: 1196 (3.)
Besatzung: 65

Bauwerft: Blohm & Voss, Hamburg. 1894 Jungfernfahrt nach New York. 18. Juli 1900 Bremerhaven–Sydney. Insbesondere Einsatz auf Nordatlantikrouten. 1917 von USA beschlagnahmt und umbenannt in *Wyandotte*. 1924 in Baltimore abgewrackt.

Reichspostdampfer der Deutschen Ost-Afrika-Linie

Admiral (II)

Stapellauf: 25. Juni 1905
Indienststellung:
    23. September 1905
Länge: 126,8 m
Breite: 15,4 m
Tiefgang: 8,6 m

Vermessung: 6 341 BRT
Maschine: 2 III-Exp.
Geschwindigkeit: 13,5 kn
Passagierzahl: 72 (1); 112 (2); 80 (3.)
Besatzung: 136

30. September 1905 – 2. August 1914 Hauptlinie. August 1914 Zuflucht in Lourenço Marques; März 1917 Beschlagnahme durch Portugal, Umbenennung in *Lourenço Marques*. 1919–1950 Einsatz für portugiesische Reedereien. 1950 Verkauf nach England zum Abwracken in Faslane.

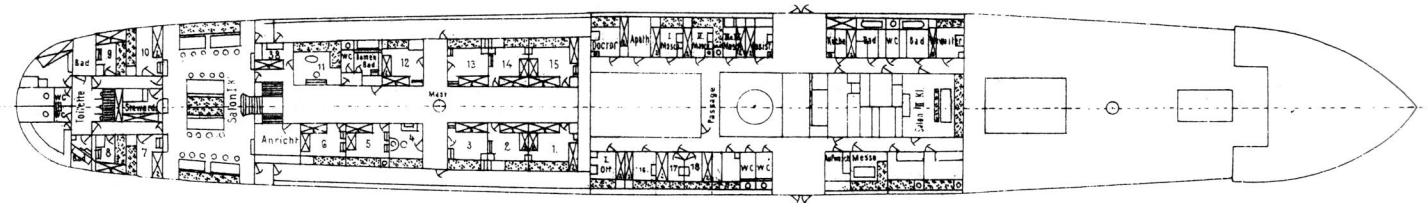

I. Classe   II. Classe

Bürgermeister

Stapellauf: 27. Februar 1902
Indienststellung: 18. Juni 1902
Länge ü. a.: 129,5 m
Breite: 14,7 m
Tiefgang: 8,7 m
Vermessung: 5 904 BRT
Maschine: 2 III-Exp.
Geschwindigkeit: 13,5 kn
Passagierzahl: 100 (1), 90 (2), 60 (3.)
Besatzung: 136

2. Juli 1902 – 9. Juni 1914 Hauptlinie. 1914 – 1919 in Hamburg aufgelegt. 1919 Ablieferung nach Frankreich. 1920 Verkauf an C. G. T. Le Havre und Umbenennung in *Macoris*. 1935 abgewrackt.

Feldmarschall

Stapellauf: 21. Februar 1903
Indienststellung: 24. Juni 1903
Länge: 126,7 m
Breite: 15,4 m
Tiefgang: 8,6 m
Vermessung: 6 142 BRT
Maschine: 2 III-Exp.
Geschwindigkeit: 13 kn
Passagierzahl: 113 (1.), 75 (2.), 80 (3.), 120 (Zwischendeck)
Besatzung: 136

Emin

Stapellauf: 19. März 1891
Indienststellung: 2. Mai 1891
Länge ü. a.: 52 m
Breite: 8 m
Tiefgang: 4,3 m
Vermessung: 595 BRT
Maschine: Comp.
Geschwindigkeit: 8 kn
Passagierzahl: 10 (1.), 8 (3.)
Besatzung: 21

Ab 8. Mai 1891 bis 1893 Einsatz auf der nördlichen und südlichen Zweiglinie. 29. Dezember 1893 auf der Fahrt von Durban nach Delagoa-Bai verschollen.

26. August 1903 bis 2. August 1914 Hauptlinie. 2. August 1914 in Daressalam aufgelegt. 17. August 1915 von britischem Kreuzer *Hyacinth* durch Geschützfeuer beschädigt. 1916 britische Beute, Einsatz als Truppentransporter *Field Marshal*. 1922 Verkauf nach Shanghai und Umbenennung in *Ling Nam*, 1928 Verkauf nach Singapur, Umbenennung in *Hong Kheng*. 19. Juli 1947 Strandung auf Chilang Point während der Fahrt von Rangun nach Xiamen.

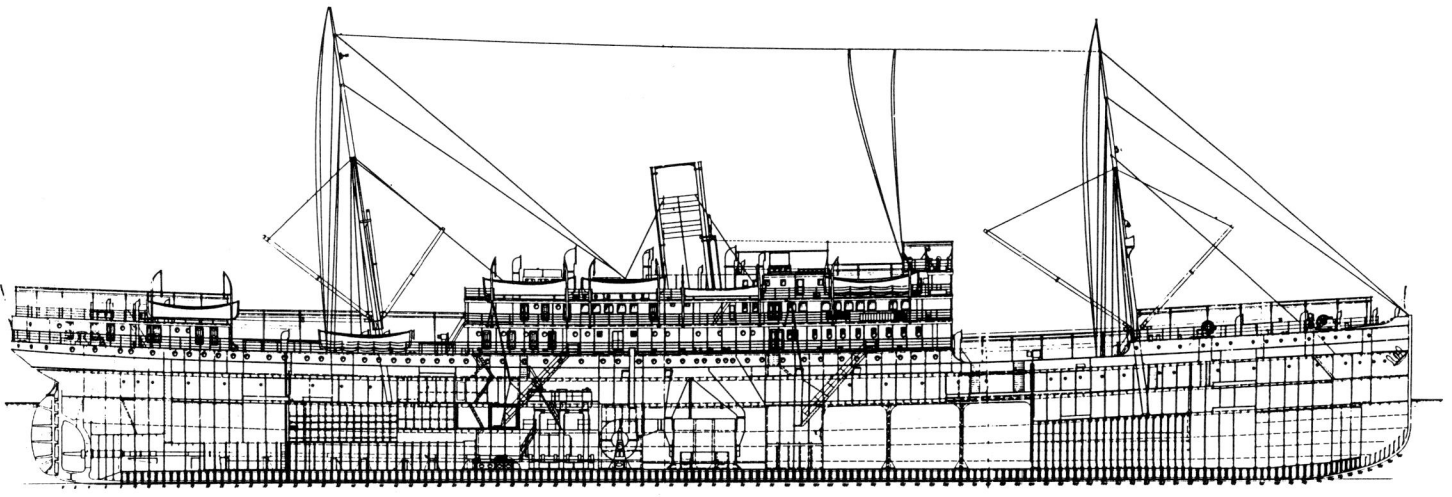

General (II)

Stapellauf: 13. Juli 1910
Indienststellung: 25. Februar 1911
Länge: 136,9 m
Breite: 16,5 m
Tiefgang: 9 m
Vermessung: 8 063 BRT
Maschine: 2 IV-Exp.
Geschwindigkeit: 13,5 kn
Passagierzahl: 155 (1.), 40 (2.), 88 (3.), 70 (Zwischendeck)
Besatzung: 153

4. März 1911 – 6. August 1914 Hauptlinie. Im Ersten Weltkrieg Wohn-, Lazarett- und Hilfsschiff der Kaiserlichen Marine. Dezember 1918 französische Kriegsbeute. Ab 1923 als *Azay le Rideau*, Compagnie des Messageries Maritimes. 1932 ausgebrannt, 1937 abgewrackt.

Gouverneur

Stapellauf: 18. Oktober 1900
Indienststellung: 18. Dezember 1900
Länge: 97,8 m
Breite: 12,3 m
Tiefgang: 7,7 m
Vermessung: 3 381 BRT
Maschine: III-Exp.
Geschwindigkeit: 11 kn
Passagierzahl: 34 (1.), 36 (2.), 36 (3.)
Besatzung: 65

1901 Jungfernfahrt Hamburg–Ostafrika. 9. November 1907 Durban–Bombay. 31. Oktober 1909 Strandung vor Zavara-Point. Totalverlust.

Herzog

Stapellauf: 25. April 1896
Indienststellung: 4. Juli 1896
Länge: 122,3 m
Breite: 14,4 m
Tiefgang: 9 m
Vermessung: 4 933 BRT
Maschine: 2 III-Exp.
Geschwindigkeit: 11,8 kn
Passagierzahl: 62 (1.), 44 (2.), 48 (3.)
Besatzung: 104

22. Juli 1896 bis 1909 Einsatz Hauptlinie, ab 1909 Zwischenlinie. 1911 Verkauf nach Lissabon und Umbenennung in *Beira*. 1918 Verkauf an Cia. National. 1925 nach Italien zum Abwracken verkauft.

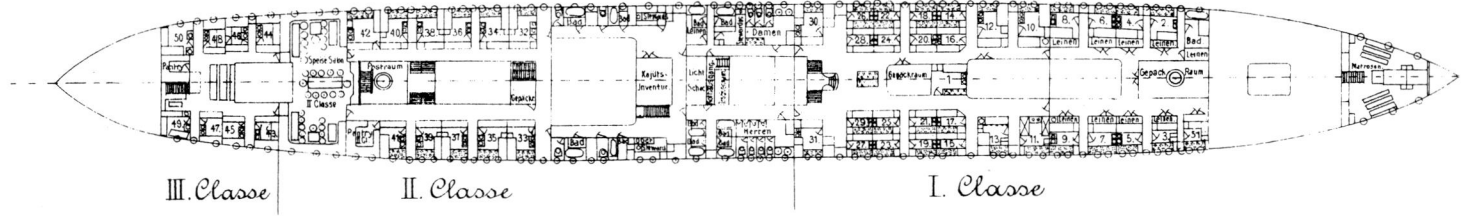

III. Classe   II. Classe   I. Classe

Kaiser

Stapellauf: 6. März 1891
Indienststellung: 24. Mai 1891
Länge: 101,1 m
Breite: 12 m
Tiefgang: 7,1 m
Vermessung: 2 901 BRT
Maschine: III-Exp.
Geschwindigkeit: 12 kn
Passagierzahl: 32 (1.), 24 (2.), 38 (3.)
Besatzung: 66

27. Mai 1891 – 1901 Einsatz auf Hauptlinie. 1901 – 1905 Zwischenlinie. 1905 bis März 1910 Bombay-Linie. 1912 nach Chile verkauft. 1913 ausgebrannt in Puerto Madryn, 1916 abgewrackt.

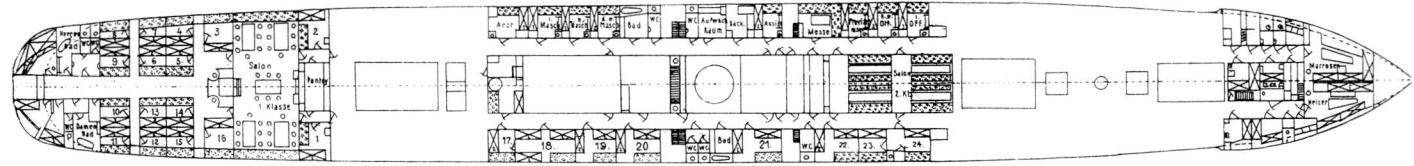

I. Classe   II. Classe

Kanzler (I)

Stapellauf: 22. November 1890
Indienststellung: 24. März 1891
Länge: 100,8 m
Breite: 12 m
Tiefgang: 7,2 m
Vermessung: 2 838 BRT
Maschine: III-Exp.
Geschwindigkeit: 14 kn
Passagierzahl: 32 (1.), 24 (2.), 38 (3.)
Besatzung: 62

1. April 1891 Jungfernfahrt. Am 5. September 1891 Strandung auf zweiter Reise bei der Pinda-Sandbank im Rovuma-Delta.

Kanzler (II)

Stapellauf: 4. August 1892
Indienststellung: 4. Oktober 1892
Länge: 97,8 m
Breite: 11,6 m
Tiefgang: 8,6 m
Vermessung: 3 052 BRT
Maschine: III-Exp.
Geschwindigkeit: 11,5 kn
Passagierzahl: 26 (1.), 38 (2.), 42 (3.)
Besatzung: 65

12. Oktober 1892 Jungfernfahrt. Bis 1903 Einsatz auf der Hauptlinie, 1903 bis 1907 auf der Zwischenlinie. Im August 1913 nach Bombay verkauft. Im August 1914 auf dem Malcolm-Riff vor den Malediven gestrandet.

Kanzler (II)

I. Classe — II. Classe — III. Classe

Kigoma

Stapellauf: 30. Januar 1914
Indienststellung: 28. April 1914
Länge: 137 m
Breite: 16,9 m
Tiefgang: 9,2 m
Vermessung: 8 156 BRT
Maschine: 2 IV-Exp.
Geschwindigkeit: 14 kn
Passagierzahl: 120 (1.), 110 (2.), 80 (3.)
Besatzung: 165

10. Mai – 2. August 1914 Einsatz auf Hauptlinie, wurde in der Biskaya vom Kriegsausbruch überrascht, erreichte Hamburg am 2. August 1914, dort aufgelegt. 1919 an Großbritannien abgeliefert. 1921 Umbenennung in *Algeria*. 1922 an HAPAG verkauft, Umbenennung in *Toledo*. Umbau. 1934 nach Großbritannien zum Abwracken verkauft.

König

Stapellauf: 15. August 1896
Indienststellung: 30. Oktober 1896
Länge: 122,3 m
Breite: 14,4 m
Tiefgang: 8,9 m
Vermessung: 4 820 BRT
Maschine: 2 III-Exp.
Geschwindigkeit: 11,8 kn
Passagierzahl: 65 (1.), 50 (2), 50 (3.)
Besatzung: 101

25. November 1896 Jungfernfahrt, bis 1906 Einsatz auf Hauptlinie, danach abwechselnd Haupt- und Zwischenlinie. 1913/14 Bombay-Linie. Anlaufen von Daressalam im August 1914, dort zur Sperrung der Hafeneinfahrt auf Grund gesetzt. 17. August 1915 durch britischen Kreuzer *Hyacinth* versenkt.

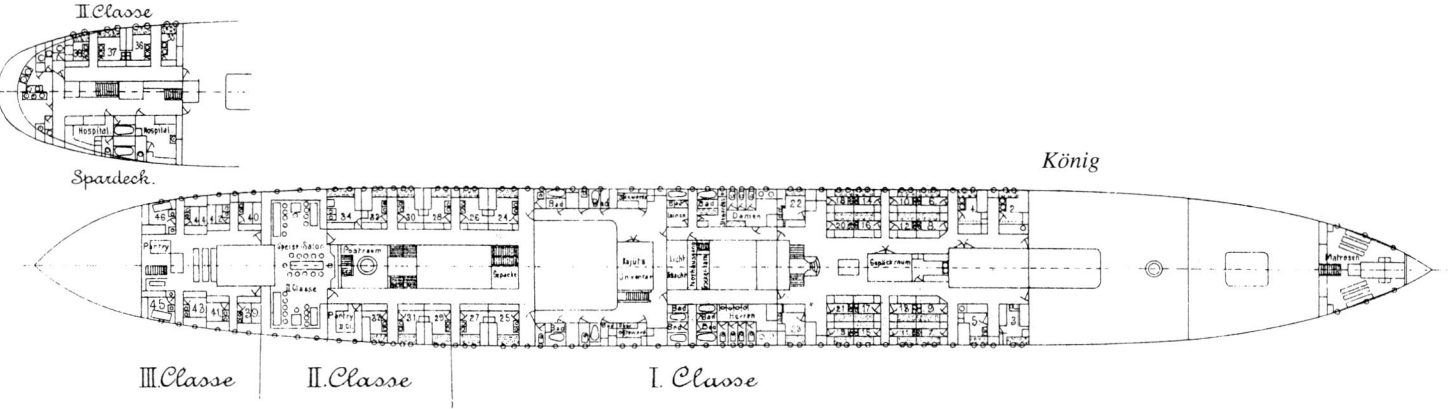

König

III. Classe — II. Classe — I. Classe

Kronprinz

Stapellauf: 10. April 1900
Indienststellung: 30. Juni 1900
Länge: 125,3 m
Breite: 14,7 m
Tiefgang: 8,5 m
Vermessung: 5 645 BRT
Maschine: 2 III-Exp.
Geschwindigkeit: 13,5 kn
Passagierzahl:
    72 (1.), 56 (2.), 60 (3.),
    116 (Zwischendeck)
Besatzung: 118

4. Juli 1900 Jungfernfahrt. Einsatz auf Hauptlinie bis 1914. 1914 in Lourenço Marques aufgelegt. März 1916 von Portugal beschlagnahmt, Umbenennung in *Quelimane*. 1927 abgewrackt.

Kurfürst

Stapellauf: 9. Juli 1901
Indienststellung: 13. Oktober 1901
Länge: 125,2 m
Breite: 14,7 m
Tiefgang: 8,5 m
Vermessung: 5 655 BRT
Maschine: 2 III-Exp.
Geschwindigkeit: 13,5 kn
Passagierzahl:
    100 (1.), 80 (2.), 90 (3.)
Besatzung: 110

20. November 1901 Jungfernfahrt, bis 1904 Einsatz auf Hauptlinie. 5. Mai 1904 an der portugiesischen Küste bei Kap Sagres gestrandet.

Peters

Stapellauf: 10. Januar 1891
Indienststellung: 11. Februar 1891
Länge: 52 m
Breite: 8 m
Tiefgang: 4,3 m
Vermessung: 595 BRT
Maschine: Comp.
Geschwindigkeit: 8 kn
Passagierzahl:
    10 (1.), 8 (3.)
Besatzung: 20

14. April 1891 – 1903 Einsatz auf den Zweiglinien. 1903 nach Griechenland verkauft, Umbenennung in *Ekaterini*. 1911 Verkauf nach Novorossijsk, Umbenennung in *Penai*, 1922 Verkauf nach Konstantinopel, Umbenennung in *Ettehade*. 1928 Verkauf nach Novorossijsk, Umbenennung in *Penai*. 1933 Umbenennung in *Kubsojuz*. 1954 Umbenennung *Penai*. 1960 aus Lloyd's Register gelöscht.

Präsident

Stapellauf: 19. Dezember 1900
Indienststellung: 16. April 1901
Länge: 97,8 m
Breite: 12,3 m
Tiefgang: 7,6 m
Vermessung: 3 310 BRT
Maschine: III-Exp.
Geschwindigkeit: 11,5
Passagierzahl: 32 (1.), 36 (2.), 32 (3.)
Besatzung: 69

24. April 1901 – 23. Juni 1907 Einsatz auf der Zwischenlinie. 1907–1914 Bombay-Linie. August 1914 in Lindi aufgelegt. Oktober 1914 von britischem Kreuzer aufgebracht. September 1915 von Briten versenkt. Nach dem Krieg gehoben und nach Kapstadt geschleppt, 1960 beim Molenbau in der Saldanha Bay mitverwendet.

Prinzessin

Stapellauf: 23. Dezember 1905
Indienststellung: 20. April 1906
Länge: 126,8 m
Breite: 15,4 m
Tiefgang: 8,6 m
Vermessung: 6 387 BRT
Maschine: 2 III-Exp.
Geschwindigkeit: 13,5 kn
Passagierzahl:
    112 (1.), 80 (2.), 80 (3.)
Besatzung: 136

12. Mai 1906 – 3. August 1914 Einsatz auf Hauptlinie. 1914–19 in Hamburg aufgelegt. 1919 an Großbritannien abgeliefert. Januar 1921 an französische Regierung übergeben. 1922 Verkauf an Compagnie des Messageries Maritimes, Marseille. Umbenennung in *Général Voyron*. 1934 abgewrackt.

Prinzregent

Stapellauf: 10. Januar 1903
Indienststellung: 6. April 1903
Länge: 126,8 m
Breite: 15,4 m
Tiefgang: 8,6 m
Vermessung: 6 341 BRT
Maschine: 2 III-Exp.
Geschwindigkeit: 13 kn
Passagierzahl:
111 (1.), 88 (2.), 76 (3.),
120 (Zwischendeck)
Besatzung: 138

6. Mai 1903 – 1904 sowie 1905 – 3. August 1914 auf der Hauptlinie. 1914 in Las Palmas aufgelegt. 1919 Ablieferung an Frankreich. 1920 bis 1925 im Dienst für SGMT, Marseille. Umbenennung in *Córdoba*. 1925 in Fahrt für CNFA, Marseille. 1932 in Italien abgewrackt.

Safari

Stapellauf: 11. Februar 1892
Indienststellung: 9. März 1892
Länge: 74,7 m
Breite: 9,7 m
Tiefgang: 5,9 m
Vermessung: 1 433 BRT
Maschine: III-Exp.
Geschwindigkeit: 10 kn
Passagierzahl: 14 (1.), 6 (2)
Besatzung: 26

Am 15. März 1892 von Hamburg ausgelaufen. 28. April 1892 erste Fahrt Sansibar–Bombay. 1903 bis 1904 im Küstendienst. September/Oktober 1904 auf Bombay-Linie, anschließend wieder im Küstendienst. 1906 nach Bombay verkauft. 1907 nach London verkauft und Umbenennung in *Mansourah*. 1928 zum Abwracken verkauft.

Tabora

Stapellauf: 18. April 1912
Indienststellung: 29. Juni 1912
Länge: 137 m
Breite: 16,6 m
Tiefgang: 9,1 m
Vermessung: 8 022 BRT
Maschine: 2 IV-Exp.
Geschwindigkeit: 13,5 kn
Passagierzahl: 116 (1.), 112 (2.). 88 (3.)
Besatzung: 160

29. Juli 1912 Jungfernfahrt. August 1914 in Daressalam aufgelegt. 1916 in Daressalam von britischem Kreuzer versenkt. 1955 Sprengung des Wracks.

Weitere Schiffe auf den Afrika-Routen der Reichspostdampfer

Admiral (ex *Tosari*)

Stapellauf: 30. Oktober 1890
Indienststellung: 17. Dezember 1890
Länge ü. a.: 91,2 m
Breite: 12,1 m
Tiefgang: 6,6 m
Vermessung: 2 589 BRT
Maschine: III-Exp.
Geschwindigkeit: 12 kn
Passagierzahl: 56
Besatzung: 56

Bauwerft: Swan, Newcastle. Für die Kingsin-Linie im Hamburg-Niederländisch-Indien-Dienst. 16. Oktober 1891 Verkauf an die Deutsche Ost-Afrika-Linie, Umbenennung von *Tosari* in *Admiral*. 1891 bis 1902 auf der Hauptlinie. 1902 Verkauf und Umbenennung in *Rosalind* (Liverpool). 1912 Verkauf und Umbenennung in *City of Sydney* (Montreal). 17. März 1914 bei Halifax gestrandet.

Bundesrath (ex *Aline Woermann*)

Stapellauf: 18. Februar 1890
Indienststellung: 1. Juni 1890
Länge ü. a.: 94,6 m
Breite: 11,3 m
Tiefgang: 6,3 m
Vermessung: 2 192 BRT
Maschine: III-Exp.
Geschwindigkeit: 11 kn
Passagierzahl: 30 (1.), 16 (2)
Besatzung: 42

Bauwerft: Blohm & Voss, Hamburg. Am 31. Mai 1890 Umbenennung von *Aline Woermann* in *Bundesrath*. 1890 bis 1901 Einsatz auf der Hauptlinie. 1903 bis 1908 auf der Bombay-Linie. 1909 zum Abwracken verkauft.

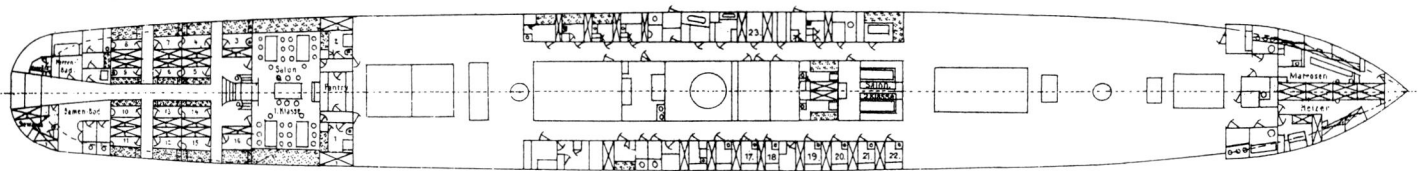

I. Classe   II. Classe

General (ex *Salatiga*)

Stapellauf: 8. September 1890
Indienststellung: 5. November 1890
Länge ü. a.: 91 m
Breite: 12,5 m
Tiefgang: 6,6 m
Vermessung: 2 576 BRT
Maschine: III-Exp.
Geschwindigkeit: 12 kn
Passagierzahl: ca. 56
Besatzung: 56

Bauwerft: Armstrong, Newcastle. Für die Kingsin-Linie im Hamburg-Niederländisch-Indien-Dienst. 2. August 1894 Verkauf an die Deutsche Ost-Afrika-Linie und Umbenennung von *Salatiga* in *General*. 1894 bis 1902 auf der Hauptlinie, anschließend auf der Zwischenlinie sowie der Bombay-Linie. 1909 zum Abwracken verkauft.

Kommodore (ex *Esne*)

Stapellauf: 12. Juli 1904
Indienststellung: 6. November 1904
Länge ü. a.: 130,8 m
Breite: 15,5 m
Tiefgang: 8,7 m
Vermessung: 6 001 BRT
Maschine: III-Exp.
Geschwindigkeit: 11,5 kn
Passagierzahl: 40 (1.), 26 (2.), 44 (3.)
Besatzung: 65

Bauwerft: Blohm & Voss, Hamburg. Zunächst im Einsatz für die Kosmos-Reederei in Hamburg. 1910 von der Deutschen Ost-Afrika-Linie gekauft, Umbenennung von *Esne* in *Kommodore*. 1911 auf der Zwischenlinie, 1914 auf der Bombay-Linie. 1914 aufgelegt, 1916 von Portugal beschlagnahmt. Umbenennung in *Mormugão*. 1924 Umbenennung in *Infante de Sagres* (Lissabon). 1927 Umbenennung in *Zaire*. 1929 vor Praia, São Tomé, gestrandet.

Markgraf (ex *Mark*)

Stapellauf: 28. September 1893
Indienststellung: 30. Dezember 1893
Länge ü. a.: 110,7 m
Breite: 12,8 m
Tiefgang: 7,9 m
Vermessung: 3 936 BRT
Maschine: III-Exp.
Geschwindigkeit: 12 kn
Passagierzahl: 100 (1.), 760 (3.)
Besatzung: 72

Bauwerft: Armstrong, Newcastle. 1894 Jungfernfahrt für den Norddeutschen Lloyd. 15. Juli 1902 von der Deutschen Ost-Afrika-Linie gekauft, Umbenennung von *Mark* in *Markgraf*. Im August 1902 erste Fahrt Hamburg–Ostafrika. Ende Mai 1909 von Hamburg nach Bombay zum Einsatz für die Pilgerfahrten Bombay–Mekka. 1910 bis 1914 auf Bombay-Linie. 1914 in Tanga aufgelegt. 1915 von britischen Kriegsschiffen versenkt.

Reichstag (ex *Eduard Bohlen*)

Stapellauf: 15. September 1889
Indienststellung: 18. November 1889
Länge ü. a.: 94,8 m
Breite: 11,3 m
Tiefgang: 6,3 m
Vermessung: 2 202 BRT
Maschine: III-Exp.
Geschwindigkeit: 11 kn
Passagierzahl: 30 (1.), 16 (2.)
Besatzung: 41

Bauwerft: Blohm & Voss, Hamburg. Am 7. Juni 1890 Umbenennung von *Eduard Bohlen* in *Reichstag*. 23. Juli 1890 erste Fahrt Hamburg–Lourenço Marques. Ab 1902 auf der Linie Durban–Bombay. 1910 Verkauf und Umbenennung in *Sabah*. 1911 im ital.-türk. Krieg von Italien beschlagnahmt. Umbenennung in *Libano*. 1914 Umbenennung in *Fido*. 1920 Umbenennung in *Ida*. 1923 abgewrackt.

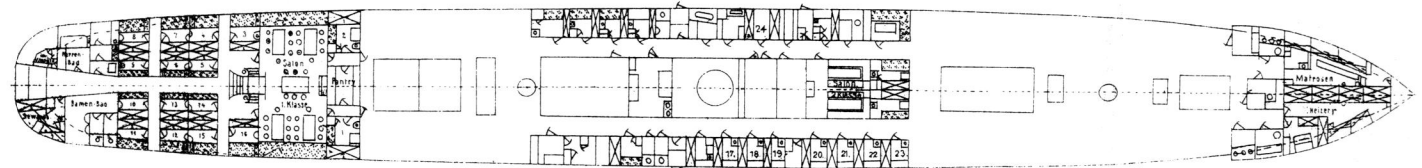

I. Classe   II. Classe

Setos

Stapellauf: 7. April 1883
Indienststellung: 28. Juni 1883
Länge ü. a.: 84,4 m
Breite: 10,7 m
Tiefgang: 6,7 m
Vermessung: 1 746 BRT
Maschine: Comp.
Geschwindigkeit: 10 kn
Passagierzahl: ca. 30
Besatzung: 36

Bauwerft: Blohm & Voss, Hamburg. Zunächst im Einsatz für die Kosmos-Linie in Hamburg. 1894 von der Deutschen Ost-Afrika-Linie gekauft, 10. März 1894 erste Fahrt für DOAL. 14. Februar 1901 vor Bombay von britischem Dampfer *Daghestan* gerammt, gesunken.

Sultan (ex *Virginia*)

Stapellauf: 22. Juli 1891
Indienststellung: 4. September 1891
Länge ü. a.: 97,8 m
Breite: 11,5 m
Tiefgang: 7,1 m
Vermessung: 2 884
Maschine: III-Exp.
Geschwindigkeit: 11 kn
Passagierzahl: 40 (1.), 364 (Zwischendeck)
Besatzung: 52

Bauwerft: Blohm & Voss, Hamburg. Gebaut für HAPAG. Dezember 1912 von der Deutschen Ost-Afrika-Linie gekauft, Ersatz für *General*. Umbenennung von *Virginia* in *Sultan*. 10. Dezember 1898 erste Fahrt für DOAL. 1913 nach Japan verkauft, Umbenennung in *Hachiro Maru*. 1933 in Yokohama abgewrackt.

Schiffe der Woermann-Linie und der HAPAG, die nach dem Übereinkommen von 1907 im Afrikadienst eingesetzt wurden

Adolph Woermann

Stapellauf: 16. August 1906
Indienststellung: 2. November 1906
Länge ü. a.: 125,4 m
Breite: 15,5 m
Tiefgang: 8,8 m
Vermessung: 6 268 BRT
Maschine: 2 III-Exp.
Geschwindigkeit: 12 kn
Passagierzahl: 95 (1.), 60 (2.), 80 (3.)
Besatzung: 125

Bauwerft: Reiherstieg, Hamburg. Schiff der Woermann-Linie. Nach Übereinkommen mit der Deutschen Ost-Afrika-Linie ab 1907 im Frachtdienst auf der Hauptlinie. 1914 in Rotterdam aufgelegt, 1916 Überführung nach Hamburg. 1919 an Großbritannien abgeliefert. 1921 Umbenennung in *Westminster Abbey*. 1921 nach Amsterdam verkauft. Umbenennung in *Venezuela*. 1938 abgewrackt.

Gertrud Woermann

Stapellauf: 21. Juni 1907
Indienststellung: 28. August 1907
Länge ü. a.: 126,7 m
Breite: 15,5 m
Tiefgang: 8,7 m
Vermessung: 6 465 BRT
Maschine: 2 III-Exp.
Geschwindigkeit: 12,5 kn
Passagierzahl: 75 (1.), 66 (2.), 50 (3.)
Besatzung: 127

Bauwerft: Reiherstieg, Hamburg. Gebaut für Woermann-Linie. 12. September 1907 – 31. Juni 1914 auf Hauptlinie. Im August 1914 in Rio de Janeiro aufgelegt. 1917 von Brasilien beschlagnahmt und umbenannt in *Curvello*. 1927 Umbenennung in *Cantuaria Guimarães*, 1931 in *Siqueira Campos*. Im August 1943 an der brasilianischen Küste gestrandet.

Rhenania

Stapellauf: 26. August 1904
Indienststellung: 5. Dezember 1904
Länge ü. a.: 131, 1 m
Breite: 16,1 m
Tiefgang: 8,5 m
Vermessung: 6 414 BRT
Maschine: IV-Exp.
Geschwindigkeit: 12,5 kn
Passagierzahl: 40 (1.), 100 (3.)
Besatzung: 114

Bauwerft: Vulkan, Vegesack. Gebaut für HAPAG. 4. April 1911 bis 3. August 1914 auf Hauptlinie. Im August 1914 in Neapel aufgelegt. 1915 von Italien beschlagnahmt, Umbenennung in *Feltre*. 1916 nach Minentreffer gesunken.

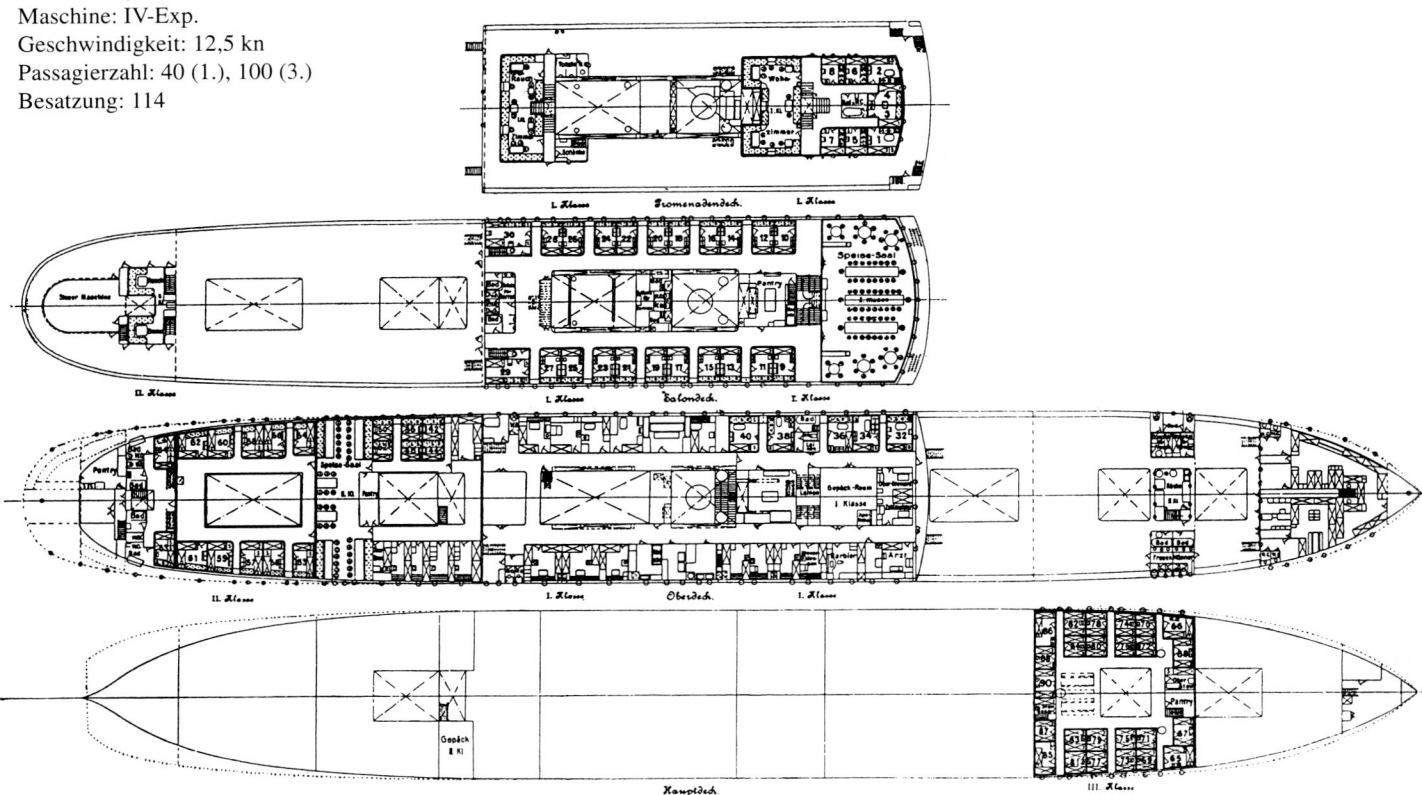

Windhuk (ex *Gertrud Woermann*)

Stapellauf: 8. November 1905
Indienststellung: 25. Januar 1906
Länge ü. a.: 132, 2 m
Breite: 15,5 m
Tiefgang: 8,7 m
Vermessung: 6 344 BRT
Maschine: 2 III-Exp.
Geschwindigkeit: 12 kn
Passagierzahl: 96 (1.), 62 (2.), 80 (3.)
Besatzung: 125

Bauwerft: Blohm & Voss, Hamburg. Gebaut als *Gertrud Woermann* für die Woermann-Linie. Ab April 1907 im Dienst der HAPAG, Umbenennung in *Windhuk*. Nach Übereinkommen der Woermann-Linie und HAPAG mit der Deutschen Ost-Afrika-Linie ab 1907 im Frachtdienst auf der Hauptlinie. 1914 in Hamburg aufgelegt. 1919 nach Großbritannien abgeliefert, Umbenennung in *City of Genoa* (London). 1928 nach Luanda verkauft, Umbenennung in *João Belo*. 1950 abgewrackt.

Dieser Aufstellung liegen folgende Quellen zugrunde:

Gottspenn, Arno und Bernhard Koch: Deutsche Ost-Afrika-Linie. Vorgeschichte, Postgeschichte und Seepoststempel. Sonderdruck der Arbeitsgemeinschaft der Sammler Deutscher Kolonialpostwertzeichen und der Arbeitsgemeinschaft Schiffspost im BDPh, 2 H., Hamburg 1976.

Kludas, Arnold: Die Geschichte der deutschen Passagierschiffahrt, Bde. 1-3, Hamburg 1986-1988.

Kludas, Arnold: Die Schiffe der deutschen Afrika-Linien 1880-1945, Oldenburg, Hamburg 1976.

Rothe, Claus: Deutsche Ozean-Passagierschiffe 1896-1918, Berlin 1986.

Literatur

Albertini, Rudolf v.: Europäische Kolonialherrschaft 1880–1940, Zürich, Freiburg i. Br. 1976.

„Aus der Denkschrift zu dem Entwurf eines Gesetzes betreffend Postdampfschiffsverbindungen mit überseeischen Ländern", in: Jahrbuch des Norddeutschen Lloyd 1913/1914. S. 48 ff.

Bessel, Georg: Norddeutscher Lloyd, Bremen 1957.

Brackmann, Karl: Fünfzig Jahre deutscher Afrikaschiffahrt, Berlin 1935.

Brüggemann, Anne: Der unterbrochene Draht. Die Deutsche Post in Ostafrika, Heidelberg 1989.

Busley, Carl: Die jüngsten Bestrebungen und Erfolge des deutschen Schiffbaues. Berlin 1895.

Cecil, Lamar: Albert Ballin, Hamburg 1969.

„Die Reichspostdampferlinien nach Ostasien und Australien in 25jährigem Betriebe", in: Jahrbuch des Norddeutschen Lloyd 1910/11.

Die Schichau-Werke in Elbing, Danzig und Pillau 1837 – 1912, Berlin 1912.

Eberstein, Bernd: Hamburg–China. Geschichte einer Partnerschaft, Hamburg 1988.

50 Jahre Ostasien- und Australdienst des Norddeutschen Lloyd, Bremen. Eine Denkschrift. Maschinenschriftliches Manuskript. Hapag-Lloyd-Archiv Hamburg.

„Geschichtlicher Rückblick auf die Entwicklung des Norddeutschen Lloyd unter besonderer Berücksichtigung der Jahre 1907–1917", in: Jahrbuch des Norddeutschen Lloyd 1916/17.

Glade, Dieter: Bremen und der Ferne Osten, Bremen 1966.

Glaser, Hermann und Thomas Werner: Die Post in ihrer Zeit. Eine Kulturgeschichte menschlicher Kommunikation, Heidelberg 1990.

Gottspenn, Arno und Bernhard Koch: Deutsche Ost-Afrika-Linie. Vorgeschichte, Postgeschichte und Seepoststempel. Sonderdruck der Arbeitsgemeinschaft der Sammler Deutscher Kolonialpostwertzeichen und der Arbeitsgemeinschaft Schiffspost im BDPh, 2 H., Hamburg 1976.

Gottspenn, Arno und Bernhard Koch: Die deutschen Reichspostdampfer im Ostasien-Verkehr mit ihrer Vorgeschichte und ihren Seepoststempeln. Sonderdruck der Arbeitsgemeinschaft der Sammler deutscher Kolonial-Postwertzeichen im BDPh und der Arbeitsgemeinschaft Schiffspost im BDPh, 4 H., Hamburg 1971/2.

Haack, Rudolph und Carl Busley: Die technische Entwicklung des Norddeutschen Lloyds und der Hamburg-Amerikanischen Packet-Aktiengesellschaft, Berlin 1893.

Hardegen, Friedrich und Käthi Smidt: H. H. Meier der Gründer des Norddeutschen Lloyd, Berlin, Leipzig 1920.

Herbert, Carl: Kriegsfahrten deutscher Handelsschiffe, Hamburg 1934.

Hieke, Ernst: Rob. M. Sloman jr., Hamburg 1968.

Himer, Kurt: 75 Jahre Hamburg-Amerika Linie, Hamburg 1922.

Hoevermann, Otto: Ostasienfahrt, Husum 1990.

Huldermann, Bernhard: Albert Ballin, Oldenburg, Berlin 1922.

„Informationsreise des Herrn Direktor Heineken nach Australien und dem fernen Osten vom Mai 1910 bis Februar 1911", in: Jahrbuch des Norddeutschen Lloyd 1910/11, S. 174 ff.

Jaensch, Georg: Die deutschen Dampfersubventionen, ihre Entstehung, Begründung und ihre volkswirtschaftlichen Wirkungen, Berlin 1907.

Kießkalt, Ernst: Die Entstehung der deutschen Post und ihre Entwicklung bis zum Jahre 1932, Erlangen 1935.

Kludas, Arnold: Die Geschichte der deutschen Passagierschiffahrt, 5 Bde., (Schriften des Deutschen Schiffahrtsmuseums 18-22), Hamburg 1986-1990.

Kludas, Arnold: Die großen deutschen Passagierschiffe, 3. Aufl. Oldenburg, Hamburg 1974.

Kludas, Arnold: Die großen Passagierschiffe der Welt, Oldenburg 1972–74.

Kludas, Arnold: Die Schiffe der deutschen Afrika-Linien 1880–1945, Oldenburg 1975.

Kresse, Walter: Hamburger Seeschiffe 1889–1914, Hamburg 1974.

Kresse, Walter: Seeschiffs-Verzeichnis der Hamburger Reedereien 1824–1888, 3 Bde., Hamburg 1969.

Langensiepen, Bernd, „Die NDL-Darmstadt-Klasse von 1890", Schiff und Zeit 3, 1976, S. 9 f.

Lehmann-Felskowski, G.: 50 Jahre Schiffbau 1857–1907 (Vulcan-Werft), Berlin 1907.

Lindemann, Moritz: Der Norddeutsche Lloyd, Bremen 1892.

Mathies, Otto: Hamburgs Reederei 1814–1914, Hamburg 1924.

Neubaur, Paul: Der Norddeutsche Lloyd, 2 Bde., Leipzig 1907.

Neubaur, Paul: Die deutschen Reichspostdampferlinien nach Ostasien und Australien in zwanzigjährigem Betriebe, Berlin 1906.

Norddeutscher Lloyd Bremen: Denkschrift betreffend die Reichspostdampferlinien nach Ostasien und Australien, o. J. o. O. (Bremen 1913).

North, Gottfried: Die Post. Ihre Geschichte in Wort und Bild, Heidelberg 1988.

Novaček, Jiři: Geschichte der Post, Prag 1989.

Petzet, Arnold: Heinrich Wiegand, Bremen 1932.

Plagemann, Volker (Hrsg.): Übersee, München 1988.

Radunz, Karl: 100 Jahre Dampfschiffahrt 1807 – 1907, Rostock 1907.

Rook, Hans-Joachim, „Der erste deutsche Doppelschrauben-Schnelldampfer ‚Augusta Victoria'. Hintergründe der Auftragserteilung an die Stettiner Vulcan-Werft", Deutsches Schifffahrtsarchiv 14, 1991. S. 139–156.

Rothe, Claus: Deutsche Ozean-Passagierschiffe 1896 bis 1918, Berlin 1986.

Schmelzkopf, Reinhardt: Die deutsche Handelsschiffahrt 1888 – 1918, Cuxhaven 1981.

Seiler, Otto J.: Australienfahrt. Linienschiffahrt der Hapag-Lloyd AG im Wandel der Zeiten, Herford 1988.

Seiler, Otto J.: Ostasienfahrt. Linienschiffahrt der Hapag-Lloyd AG im Wandel der Zeiten, Herford 1988.

Schmidt, W. und Hans Werner: Geschichte der Deutschen Post in den Kolonien und im Ausland, Leipzig 1939.

Schultz, Jürgen, „Vor hundert Jahren: Beginn des Reichspostdampfer-Betriebs", Archiv für deutsche Postgeschichte 1986, H. 2, S. 100–107.

Siebzig Jahre Norddeutscher Lloyd Bremen 1857–1927, Berlin 1927.

Stammer, Wilhelm Chr. K.: Hamburgs Werften 1635 – 1993, Hamburg 1994.

Stephan, Manfred: Zahlreiche Kasten sieht man hängen. Kleine Kulturgeschichte deutscher Briefkästen, Heidelberg 1989.

Stubmann, Peter Franz: Ballin, Berlin 1926.

Veredarius, D., (Hennicke, F. und O. Frank): Das Buch von der Weltpost. Entwicklung und Wirken der Post und Telegraphie im Weltverkehr, Berlin 1885 (Nachdruck Heidelberg 1984).

Wegner, Kurt u. a.: Fähren der Ostsee, Berlin 1991.

Windmann, Theodor: Die Reichspostdampferlinien nach Ostasien und Australien, Bremen 1972.

Witthöft, Hans Jürgen: Norddeutscher Lloyd, Herford 1973.

Wulle, Armin: Der Stettiner Vulcan. Ein Kapitel deutscher Schiffbaugeschichte, Herford 1989.

PERIODIKA:

Jahrbuch des Norddeutschen Lloyd Bremen

Lloyd-Nachrichten

HANSA, Zentralorgan für Schiffahrt, Schiffbau, Hafen

Längsschnitt

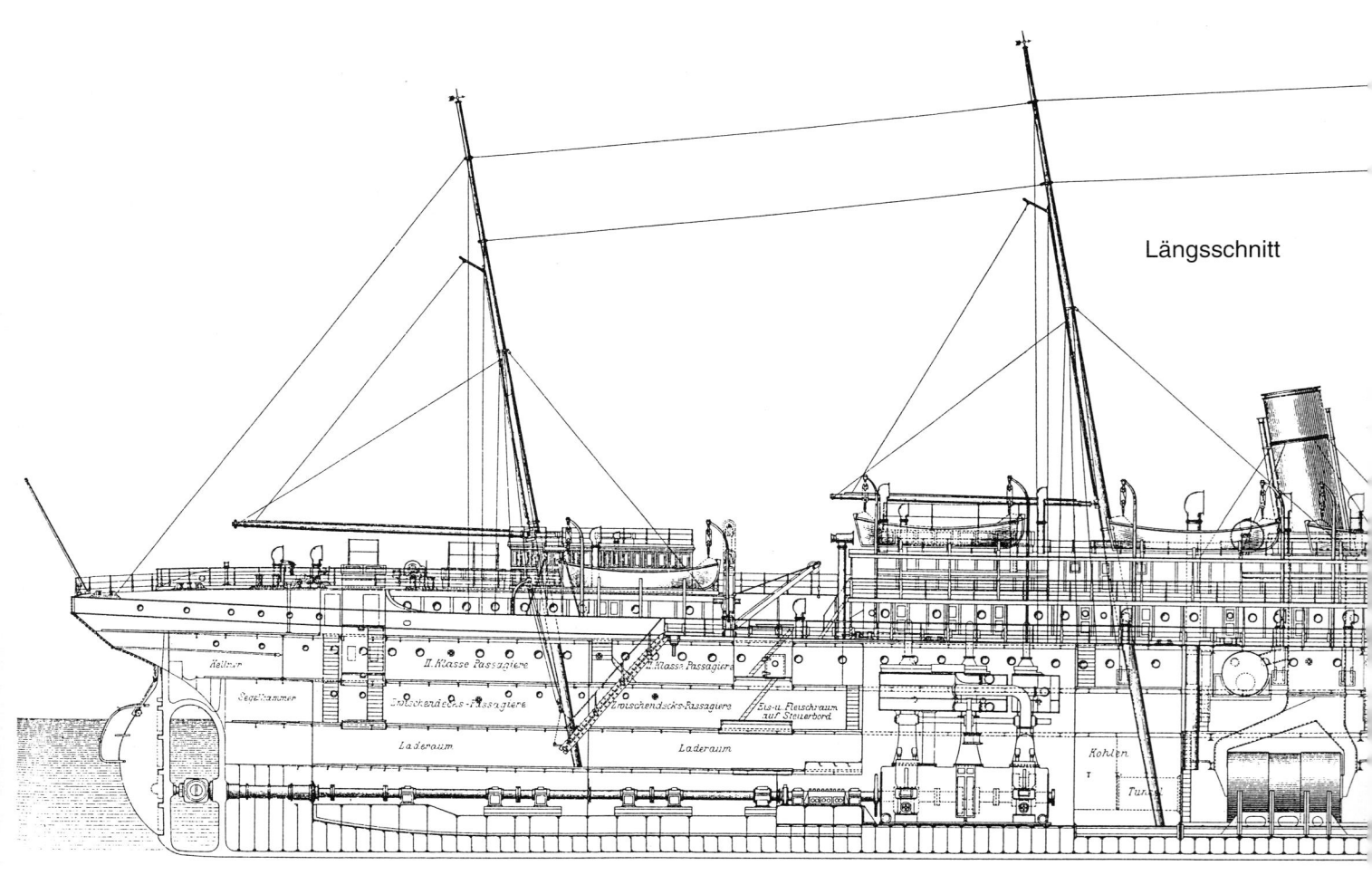

Kellner

Segelkammer

II. Klasse Passagiere

Zwischendecks-Passagiere

Laderaum

II. Klasse Passagiere

Zwischendecks-Passagiere

Laderaum

Eis- u. Fleischraum auf Steuerbord

Kohlen

Tunnel

Promenadendeck

Rettungsboot

Rettungsboot

Rettungsboot

Rett

Eingang

II. Klasse

II. Kajüte

Damenzim

I. Klasse

Rauchzimmer

Schänke

Heiz-

raum

Schach

Clow

Tank

Rettungsboot

Rettungsboot

Rettungsboot